基于沉浸式学习的
幼儿园环境创设

林丽卿　　洪欣瑜◎著

台海出版社

图书在版编目（CIP）数据

基于沉浸式学习的幼儿园环境创设 / 林丽卿，洪欣瑜著 . -- 北京：台海出版社，2024. 9. -- ISBN 978-7-5168-4004-7

Ⅰ . G617

中国国家版本馆 CIP 数据核字第 2024SH9138 号

基于沉浸式学习的幼儿园环境创设

著　者：林丽卿　洪欣瑜　著

责任编辑：戴　晨

出版发行：台海出版社

地　　址：北京市东城区景山东街 20 号　　　　邮政编码：100009

电　　话：010-64041652（发行，邮购）

传　　真：010-84045799（总编室）

网　　址：www.taimeng.org.cn/thcbs/default.htm

E - m a i l：thcbs@126.com

经　　销：全国各地新华书店

印　　刷：三河市龙大印装有限公司

本书如有破损、缺页、装订错误，请与本社联系调换

开　本：710 毫米 × 1000 毫米　　　1/16

字　数：275 千字

版　次：2024 年 9 月第 1 版　　　印　张：20

印　次：2024 年 9 月第 1 次印刷

书　号：ISBN 978-7-5168-4004-7

定　价：99.00 元

前　言

　　本书拟作为学前教育专业人才培养方案中的必修课程"幼儿园环境创设"的教科书，为学前教育专业的高阶性、综合应用型课程，通常开设在大学三年级，以学前教育学、学前儿童发展科学、幼儿游戏、五大领域教学等知识为基础。

　　本书除涵盖幼儿园环境创设基本理论与实务原则之外，同时结合笔者在课堂教学及指导学生参与项目任务操作实例，为本课程教学者以及学习者提供参考与借鉴。目前国内外的同类教材较多是以理论出发、缺乏相关教学实例以及教育理念的更新，不能帮助学生适应真实的工作场景。因此，本书基于社会实践课程的教学实践内容，帮助老师运用 CDIO 模式开展项目式教学，每项工作任务均按照"构思—设计—实现—运行"开展，详列如何在课堂上进行初步构思，课后完成设计草图或方案，到幼儿园实施与测试，最终再回到课堂进行反思、总结与修缮的步骤，以培养学生的实践思辨能力。

　　同时，本书将结合阳光学院学前教育专业独创的幼儿园沉浸式学习课堂模式，在环境创设上强调幼儿学习经验的全局性、教育系统的生态性，以及环境创设的多维性，为幼儿园环境创设带入创新的沉浸式视角。此外，本书还将结合线上微课与教学互动平台资源，创新应用型教学模式，真正做到让理论知识活起来。本书内容分为理论素养篇、实践能力篇、综合运用篇三大模块：①理论素养篇：通过解读幼儿园环境创设相关的理论基础与沉浸式学习的前沿理念，帮助学生构建环境创设的理论框架，指明幼儿园工作需要具备的职业素养，拓宽学生的理论视野。②实践能力篇：从幼儿园物质环境创设、心理环境创设与时间环境创设三方面出发，帮助学习者理解这三方面在沉浸式学习体验中的交互作用，并通过案例分析与项目实操提升幼儿园环境创设的实践能力。③综合运用篇：基于幼儿园环境创设的现实问题，帮助学生综合运用理论素养篇与实践能力篇所学的知识，思考幼儿园特色环境与主题环境的创设，以及通过已有的沉浸式学习环境创设案例，深入理解沉浸式学习理念。

本书在每一篇的开头都有简要的内容介绍，以帮助学生明确学习内容，主要包含以下要点：①思政元素：紧扣课程思政元素，根据教育部颁布的《高等学校课程思政建设指导纲要》内容，深度挖掘本课程知识体系中所蕴含的思想价值和精神内涵，把思政教育贯穿在教材的始末，从课程所涉专业、行业、国家、国际、文化、历史等角度，增加课程的知识性、人文性，提升引领性、时代性和开放性，发挥本课程的育人作用。②职业能力：结合教育部发布的《学前教育专业师范生教师职业能力标准（试行）》文件指标，罗列出每篇涉及的职业能力标准，帮助学前教育专业师范生培养自己的职业能力，做好职业规划，为自己的专业发展赋能。③教资考点：围绕幼儿园教师资格证《保教知识与能力》的考试大纲内容，帮助学生锁定考试范围，作为复习备考的一个重要参考。

另外，本书的每一章都提供了丰富的学习资源，使学生在学习中获得沉浸式的体验，主要内容包括：①学习目标：帮助学习者锁定本章节的学习目标，了解自己在学习后可以收获的知识、技能和素养。②知识点概览：以思维导图的形式呈现出每一章的内容框架，帮助学习者明确本章所涉及的主要知识点。③问题情境导入：结合教育现场的相关实践情境，为学习者呈现出未来职场中可能会遇到的真实问题情境，帮助学习者带着问题进入学习状态，培养问题意识。④章节练习：在学习每章内容之后，都有章节练习题目，学习者可通过练习题检验自己对内容的掌握情况，同时可结合实际工作与生活进行深入思考。⑤拓展学习资源：在章节末尾，列出了相关的拓展学习资源，包含纪录片、宣传片等视听资料，以及美文欣赏等文献资料，扩展了学习者学习的广度与深度。⑥参考文献：以 APA 格式列出本章所涉及的参考文献，如果学生想要进一步了解相关内容时，可以方便地搜寻到相关的参考资料。

本书各章节中使用的照片多为两位笔者在辅导幼儿园或与幼儿园合作开展课程建设，以及指导学生到园见习、实习活动过程中收集的环境实况。感谢福州市马尾区、屏南县北墘村以及多所公办、民办幼儿园的支持和协助。

01

理论素养篇

001

03

综合运用篇

213

01

理论素养篇

在"理论素养篇"中，我们将通过实际案例认识幼儿园环境创设的重要性；了解中外教育家、教育理论中的环境观，认识沉浸式学习理论对幼儿园环境创设的启示；了解我国幼儿园环境创设中存在的主要问题，理解幼儿园环境创设的基本原则。最后，通过文件的解读，了解做好幼儿园环境创设工作所必备的核心素养，为"实践能力篇"的学习打好基础。

思政元素

【爱岗敬业】将众多著名教育家的故事导入到课程中，激发学生的专业自信和专业认同感。例如，通过我国幼教之父陈鹤琴先生的事例，激发学生的爱国主义情怀，告诫学生应将个人命运与国家命运紧密结合在一起，坚定自己的理想信念，热爱学前教育事业，培养学生作为国家主人翁的责任感和使命感。

【社会责任】通过了解中外早期教育家的环境观，以及沉浸式学习的环境观，理解环境对幼儿学习与发展的重要影响，了解环境是幼儿园老师必须学会利用与开发的教育资源。作为履行学前教育工作职责的专业人员，幼儿园老师应该承担更多的社会责任，在幼儿园保教工作中发挥重要作用。

【师德师风】学习老师、幼儿、家长在幼儿园环境创设中的角色时，了解师德素养是学前教育专业工作者的基本素养。关爱幼儿、为人师表、教书育人，是教师职业道德规范的基本要求，也是社会主义核心价值观的具体体现。

职业能力

【理想信念】树立职业理想，立志成为有理想信念、有道德情操、有扎实学识、有仁爱之心的好老师。

【立德树人】理解立德树人的内涵，形成立德树人的理念，掌握立德树人的途径与方法，能够在教育实践中实施素质教育，依据德智体美劳全面发展的教育方针开展教育教学。

【职业认同】具有家国情怀，乐于从教，热爱教育事业。认同老师工作的价值在于传播知识、传播思想、传播真理，以及塑造灵魂、塑造生命、塑造新人；了解幼儿教师的职业特征，理解老师是幼儿学习与发展的支持者、合作者、引导者，创造条件激发幼儿的好奇心、求知欲，积极引领幼儿的行为，帮助幼儿自主发展。领会学前教育对幼儿发展的价值和意义，认同促进幼儿全面而有个性地发展的理念。

【发展规划】了解教师职业发展的要求，具有终身学习与自主发展的意识。根据学前教育课程改革的动态和发展情况，制定教师职业生涯发展规划。

教资考点

★ 幼儿园环境创设概述。

★ 幼儿园环境创设的原则及意义。

第一章　幼儿园环境创设的重要性

学习目标

本章将阐述幼儿园环境创设对幼儿学习以及幼儿园运营的重要性，主要学习目标如下：

1. 认识幼儿园环境创设的内涵及价值。

2. 掌握老师在环境创设中的角色和功能。

3. 掌握幼儿在环境创设中的角色和参与。

4. 理解家长在环境创设中的作用。

知识点概览

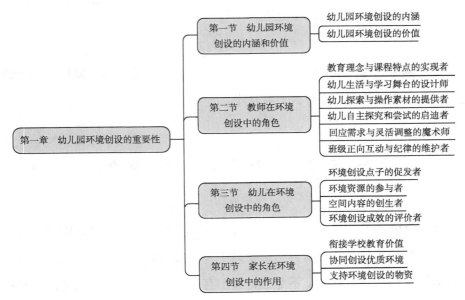

问题情境导入

早上 7：50，中红班的孩子们陆续走进教室挂好背包和外套，随后威威和立华不约而同地来到积木区，这是一天当中他们最兴奋的时段，因为可以自由地堆积木。威威将装积木的篮子直接拖到了地毯边，坐下来开始取出积木在自己面前的地毯上垒高。立华从他所坐的位置探过身来，想把装积木的篮子往自己这边拉一拉，但是被威威发现了，他紧抓住篮子的边缘说："你干什么呀？！"

"给我一些！"立华一边说，一边又拉了一下篮子，"我也要拼积木！"

"你自己去那边拿！"威威再次把篮子往自己身边拉，但因为用力太猛，往后一倒，一不小心将自己垒高的积木撞倒了。威威看到积木倒了，更加生气，站起来朝老师喊："老师，他害得我把垒好的积木撞倒了！"

立华立刻辩解道："我没有！是他自己弄倒的！"

老师正在对接一位家长，远远地朝两个男孩说："积木有很多，你们不要抢，自己玩自己的。"

立华跑到积木柜抱着一篮子积木回到地毯的另一端。两个男孩悻悻然各自拿着一篮子积木，分别玩了起来。

上述场景在幼儿园中并不陌生，你看到了什么？你认为教室中的环境设置、材料提供、规则设定对孩子会有什么影响？

第一节　幼儿园环境创设的内涵和价值

读者可能与笔者有类似的感受，每天进出许多不同的场所，但是有些环境让我们感到非常自在舒适，乐意在其中多停留些时间，多走走看看；有些环境却让我们感到不方便、不舒适，甚至有压迫感，处理完事情之后一刻也不愿多待。环境中的许多细节,通过颜色、线条、形状、空间的配置、声响等向我们发出信息,影响着我们在其中的行动和感受。孩子跟我们一样,甚至在许多场景中比我们成人的感受更加敏锐,他们往往能强烈地感受到环境对他们有声或无声的话语。

随着我国学前教育的普及以及家长对子女教育的重视,幼儿园成为我国 3-6 岁幼儿一天当中,除了家庭以外,参与活动最多、时间最长的主要场域。幼儿在幼儿园中的经验对其成长发展和学习的重大影响,不言而喻。我国《幼儿园教育指导纲要(试行)》中明确提出:"环境是重要的教育资源,应通过环境的创设和利用,有效地促进幼儿的发展。"而《幼儿园教师专业标准(试行)》中也强调,具备环境的创设与利用的能力,是幼儿园老师教育教学实践能力中重要的一环。因此,为幼儿创设良好的学习环境,以促进其身心健全发展和各项知识能力的学习,是幼儿教师责无旁贷的专业表现。

一、幼儿园环境创设的内涵

幼儿园环境有广义和狭义之分。广义的幼儿园环境是指支持与影响幼儿园老师与幼儿在园活动的一切外部条件的总和。它既包括幼儿园内部的小环境,又包括幼儿园外的家庭、社会、自然、文化等大环境。狭义的幼儿园环境仅指幼儿园内部环境,即幼儿本身以外的、影响幼儿发展或者受幼儿发展所影响的幼儿园环境中一切外部条件和事件。

幼儿园中左右幼儿成长与学习经验的环境,往往以多元面向出现。因此,老师在创设学习环境时,应将这些面向均纳入考量。

(一)物质环境面向

影响全球幼儿教育理念至深的心理学家让·皮亚杰谈到儿童智慧的起源时曾指出,儿童的智慧源于与环境中各种物质的互动。苏联著名教育家苏霍姆林斯基在《给老师的建议》中也曾说过:"儿童的智慧在他的手指尖上!"这些对儿童的观察和结论一方面说明了儿童心智的特性，另一方面也指出了儿童对具体物质环境的操作，是其心智发展不可或缺的元素。而我国幼儿教育的开创者陈鹤琴老师认为，"环境的作用直接或间接引起儿童动作的优良"。这些儿童发展与教育的大师都共同指明了生活中物理性环境对儿童的重要影响。

幼儿园中的物质环境是幼儿最直观的互动素材，通过五官的观察，以及身体动作的接触和操作，无时无刻不与这些物质环境的元素产生连接，逐渐形成其对外界事物的理解。

幼儿园中的物质环境包括下列多元面向：

★ 硬件空间的建设和安排：包括幼儿园的硬件建筑、房屋空间的大小和格局、室外场地的配置、有无绿植林荫等。

★ 物理元素的呈现和搭配：包括建筑物以及空间所采用的颜色、线条、形状、材质；物理环境中存在的光线、温度、湿度、气味、触感等。

★ 功能环境的规划和设置：包括班级教室、特定功能的活动室（例如，视听教室、音乐律动教室、体能游戏室、艺术教室、科学探索教室等）、寝室、厕所、办公室、家长接待室、厨房、餐厅、廊道、楼梯间、户外游戏场、种植区等。

★ 学习材料的投放和布置：包括教室中设置的各领域学习区所提供的材料、教具、教材；教室中的软、硬装布置，和墙面的布置和展示、公共空间的装修和运用等。

（二）心理环境面向

幼儿园的物质环境显然为幼儿的发展和学习提供了具体的空间，然而，幼儿对此环境的经验和感受并非完全取决于外在客观的物理现实，许多隐性的安排和规则往往直接影响幼儿在此空间中的行动、情绪和动机。例如，在两间大班的教室中都设置了美劳手工创作区，柜子上也摆放了多样化的工具和素材，但是其中一个班级经常鼓励幼儿发挥想象，自行或与同伴合作创作独创性的作品，另一个班级却多是按照老师设计的步骤完成指定的作品，只是加上个别的装饰。长此以往，两个班级中孩子的想象力和创意表现可能迥然不同。因此，许多研究指出，幼儿园中心理层面的环境与物质层面的环境同等重要，也是老师创设环境时应谨慎对待的议题。

幼儿园心理环境包含下列两个重要的面向：

★　人际环境的组织：包括师幼互动环境、同伴交往环境、家园协同环境。幼儿园中人与人之间的交流互动或活动中人员的组成方式（例如，个人、二人一组、多人合作或团体活动），都形成了人际的环境。

★　文化环境的建设：包括幼儿园制度文化和幼儿园精神文化，例如幼儿园的理念宣言、园方倡导的行为规范、班级的规则、班级氛围和默契等。

心理环境深深地影响幼儿对自我的认识、对人际关系的界定、对班级的认同和归属感，更影响幼儿情感、情绪和人格成长的状态。

（三）时间环境面向

幼儿园环境创设的另一个重要面向是时间环境，因为园内各种时间上的安排，往往会影响幼儿参与活动的投入及持久性、学习的质量，以及活动产生的有效成果。时间环境所考虑的元素包括活动安排的时机性、节奏性、顺序性、一日作息和例行活动的时长等。安妮塔·梵艾肯指出，安排一日作息时应维持一定的稳定性和一致性，让幼儿感到熟悉、可预期，有秩序感；另外，在内容和活动时间长度上也要符合幼儿发展的需求。多项研究发现，可预测的作息安排、例行活动和顺畅的转衔为孩子带来安全感，支持幼儿对其生活世界的掌握，帮助他们更好地适应新情境，同时也能减少可能产生的令人头疼的班级课室管理挑战[1]。时间元素上的适当配置，往往可以使物质环境充分产生效果，也可以支持创设更优质的心理环境。

---

[1]　VanAken A, "Supporting the temporal, social, and physical environments of young children," *Lutheran Education Journal*,156.no.2(2020): 7–14.

物质环境面向、心理环境面向和时间环境面向构建了幼儿园既丰富又复杂的生态。一个创设和运作良好的环境，将为幼儿园中的幼儿和成人创造和谐共生、彼此赋能、相互支持的体系。

二、幼儿园环境创设的价值

知名的幼儿教育课程模式的创始者玛利亚·蒙台梭利在其教育方法中，特别强调老师应为幼儿创造一个"有准备的环境"，此环境是一个符合幼儿需要的真实环境，能提供幼儿身心发展所需的各种活动。她通过对儿童科学且精准地研究，创发了独树一帜的蒙氏教室环境和教具，可说是环境创设的经典案例。然而，蒙台梭利并非唯一发现环境对幼儿教育具有重要价值的学者，回顾过去数十年的研究文献，可归纳出幼儿园环境创设的重要性。

（一）帮助幼儿从家庭过渡到系统性的学习场域

对于3-6岁的幼儿而言，离开家和父母进入幼儿园上学是一个很大的转变。幼儿在人际互动、日常作息、生活空间，甚至个人的情绪抒发等各方面，都面临前所未有的新局面，对其来说是很大的挑战，所以很多孩子初上幼儿园时会对父母表现出强烈的分离焦虑。

良好的幼儿园环境创设能考虑到幼儿的身心需求和发展状况，通常会以饶富童趣的布置、柔和温暖的色调来迎接孩子（如图1-1所示）；教室中家具和材料的摆设和投放，符合幼儿的年龄和能力水平，让幼儿感到亲切舒适，能自然地融入其中。幼儿在家中的各种学习经验较为随机随兴，在幼儿园中可通过计划性、游戏性的环境安排，让幼儿在安全、有趣又具系统性的操作中学习。幼儿在家中往往是一个人面对多位呵护、照顾自己的成人，而在幼儿园中开始学习与其他同伴合作，或参与小组的任务，或与全班大团体一起学习（如图1-2所示），这些人文环境的组织可帮助幼儿逐渐适应学校中较正式的、具有一定规则的活动和作息。

图 1-1　温馨柔和的环境布置，　　　图 1-2　幼儿通过与同伴的互动，
　　　营造亲切舒适的氛围　　　　　　　　适应团体生活

（二）创造幼儿个人身心全面发展的有利条件

良好的学习环境为幼儿的学习创造了最佳的空间和时间，有利于对幼儿进行生动、直观、形象和综合的教育，达到身心的全面发展。例如，幼儿和同伴一起堆栈积木建构心目中的摩天大楼，他们从中建立形状和空间的具体概念，同时在操作中也可自然地学习到如何掌握重心和平衡；幼儿搬运和摆放积木的过程，锻炼了大小肌肉的发展和手眼的协调；孩子之间的讨论或争执，促进了语言沟通和社会互动的能力（如图 1-3 所示）。其他学习角落，诸如美劳区、扮演区、益智区、科学区、户外的沙水区等，也同样给幼儿与友伴以及不同领域的素材互动提供了机会（如图 1-4 所示），对于幼儿的身体动作、认知、语言、艺术、科学和社会领域的全面发展和学习具有重大的价值。

图 1-3　积木区的建构建立幼儿的多元能力　　图 1-4　装扮区的游戏给幼儿对
　　　　　　　　　　　　　　　　　　　　社会生活的理解提供了机会

（三）启迪幼儿探索现象的自主性和实操能力

　　环境中的各种软硬件的设置，都是幼儿观察和探索的素材。良好的环境创设能引发幼儿的好奇和兴趣，并能容许幼儿进行安全又自主地操作。例如，幼儿在幼儿园主建筑的中庭发现从窗户照进来的光线位置随着时间的迁移会发生改变，便想知道光线移动的方向（如图1-5所示），老师鼓励他们用自己的方式去记录光线的位置，有的幼儿用图画纸画下不同时间点光线照射的状况，有的幼儿则是从美劳区拿了胶带贴在中庭的地板上作为证据。这些在环境中人为与自然交互产生的现象，加上老师开放式的引导和空间的提供，成为幼儿探索兴趣的焦点，也延伸出有趣的"光与影"的课程主题。

图1-5　从窗户照进来的光线位置的移动引起了幼儿的好奇

　　在另一个场景中，几个中班男孩用乐高积木拼出了陀螺，并开始进行陀螺旋转比赛，这引来了大家的围观。他们为了让自己的陀螺转得更快、更久、杀伤力更大，尝试用建构区其他的素材进行改良（如图1-6所示）。在这个过程中，他们积极地观察和思考这些不同素材的特性，设法克服拼接的困难，小心翼翼地完成作品，充分展现出自主探索的动机，也锻炼了动手操作的能力。

图 1-6 孩子们不断探索改良陀螺拼装方式

（四）建立和谐有序的团体生活和社会意识

老师在班级所创设的人文环境、班级文化、团体生活的规范，是孩子进入幼儿园后最直接感受到的心理环境。在良好的心理环境中，孩子感受到对团体的归属感，知道自己是班级的一分子，对自己的老师感到信任和尊重，对同学感到友善和喜爱。老师确立简单、易于遵守的规则，可通过有形的图文并茂的规则海报、无形的班级默契和仪式、规律性的作息安排等，建立班级的文化和人际互动的准则（如图 1-7，图 1-8 所示）。例如，老师与孩子约法三章，每天上学到班级要：跟老师和同学问好，自己放好背包等物品，换上室内鞋并洗手。这些"进班三件事"是一个简单的仪式，让幼儿知道今天一天在班级中的学习要开始了。

图 1-7 班级公约

图 1-8 班级学习区的规则

另外，在每个学习区的柜子边都张贴清晰易懂的规则，幼儿想进区域就必须遵守规则。此外，老师可以鼓励孩子，如果跟同伴起了冲突，先尝试互相讨论解决办法，不要急着告状等。这些班级中显性或隐性的约定，可以帮助幼儿学习怎样成为一个团体的成员，建立其社会意识，懂得遵守规范、公平对待和尊重他人。

（五）营造愉快自在、具美感的工作与学习氛围

环境创设的一个重要的目的是让在其间生活、工作的所有人，都能够感受到愉快的、支持性的、具生产力的环境氛围。在幼儿园中，幼儿、老师、园长和其他行政、各类事务人员可以说是园中环境的主体，而家长也是非常重要的参与者。通过良好的环境规划安排，使老师和其他人员都能获得满足工作需求和职务功能的空间，是很重要的基本要求。环境的细节往往影响使用者的感受，在幼儿园中可以通过颜色和线条的运用、美丽的花草盆栽，甚至搭配合宜的音乐，使人身处其间感到放松、自由、喜悦、乐于探索和交流；开放具有弹性的空间布置，容许多元的功能，也鼓励人际互动和创意性的活动安排；此外，建筑中能让人专注、不受打扰的小空间或小区域，让无论是幼儿或成人都能致力投入活动，而发挥自己的能力产生成果。最后，幼儿园环境的创设是潜移默化的美感教育，对幼儿尤其如此。优美的园舍建筑、协调的软硬装修和善用幼儿的创作展示，都具有自然陶冶幼儿心灵美感的价值（如图1-9、图1-10所示）。

图1-9　明亮的彩虹走廊让人心情开朗

图1-10　缤纷、整齐的文具呈现规律之美

第二节　教师在环境创设中的角色

老师在幼儿的学习过程中显然扮演着举足轻重的角色，更是幼儿园环境创设的灵魂人物。可惜的是，许多幼儿园老师曲解了环境创设的含义，把制作美观的教室装饰图案和手工劳作视为环境创设最重要的任务，不但未能发挥环境育人的最佳功能，反而徒增自己的工作负担，更剥夺了孩子对环境的自主权和参与性。所以，老师有必要明确掌握自己在环境创设中的关键角色和任务。

一、教育理念与课程特点的实现者

老师对于学习环境的规划和安排，往往根源于个人对教育的理解和信念，同时也取决于在课程上希望强调和呈现的内容。教师的教育观、教师观和幼儿观通过显性和隐性的软硬件安排，遍布在教室的每个角落。例如，一位相信幼儿具有独立性和自主能力的老师，会在布置学习区时设置开放式的柜体，摆放较多素材和教具，明确分类和标示，让幼儿可以自行观察、选择所需、自行收纳，并非将材料集中在老师管理的区域，由老师来分发。

此外，懂得善用环境的老师，会将环境创设视为课程的有机延伸，使其与教学活动相得益彰，突出课程的亮点，产生润物细无声的育人效果。例如，进行"小小设计师"的主题课程时，老师可在教室环境中呈现多元的创新设计元素或案例，以激发孩子的灵感；或跟幼儿讨论如何布置自己的置物柜，让其发挥设计的创意。如此，环境创设既是课程情境的营造，更是学习成果的展现。

二、幼儿生活与学习舞台的设计师

幼儿园的班级如同孩子在园内的家，是孩子一日生活作息的场所，更是体验学习的园地。换言之，老师创设的室内外环境就是孩子在园内生活和学习的舞台，营造了孩子言行动作的空间和时间，也无形中丰富了孩子在幼儿园的经验。以舞台作为类比，物理环境的规划设定了孩子会去哪儿？会做什么事？有多少可用的素材、工具和资源？心理环境的规划则影响了孩子会跟什么人一起，是独自一人还是群体行动？与他人如何互动？而时间环境则影响幼儿何时进行什么活动？进行多久？以及学习活动的顺序等。

老师规划设计的合宜性、周延性和稳定性，决定了孩子体验的质量、可控性和顺畅度。然而，若是规划得太固定、一成不变、没有弹性，孩子便会对这个舞台失去趣味性、新鲜感和挑战性。因此，作为环境创设的设计者，老师既要布置一个符合幼儿学习角色的初始舞台，又要因应学习"剧情"的发展变化逐渐调整，这确实是充满挑战的任务。

三、幼儿探索与操作素材的提供者

环境中的各种材料器物都是幼儿认识外在客观现象的媒介，幼儿通过感官和身体动作与环境互动，发掘各种事物的原理。因此，老师创设环境的重要任务之一就是设置丰富且具启发性的素材，以供幼儿进行操作和探索。幼儿通过操作素材、教具、玩具等，不但锻炼了手部精细动作的发展以及手眼协调的能力，同时也认识了各类物质和物理现象的特性，拓展了其认知理解。通过多元素材的探索和运用，孩子还可以获得丰富的艺术创作经验，而且还锻炼了解决问题的能力。

幼儿园中的素材具有多种类型和多面向的功能，教室中常见的素材大致可分为：①高开放性的素材，例如各类积木、各种美劳创作的原料，以及环保回收的纸盒、纸箱、瓶瓶罐罐等，这类素材一般没有固定的操作成果要求，可供幼儿发挥想象力去建构和创作；②具特定教学目的的素材，例如益智区的教具、拼图，科学区的实验器具，以及可供观察的植物和昆虫标本等，幼儿通过操作这些教具、工具和材料，可以完成各种特定领域能力的锻炼和提升；③联结幼儿生活的素材，例如各种角色扮演的服装道具，家中废弃的电器、锅具，以及幼儿可操作的居家生活用具等，这些素材给幼儿提供了实际生活的缩影，通过角色扮演、器具操作使用，甚至将废电器拆解重组，模拟了实际生活中不同职业、身份的言语和行为。

四、幼儿自主探究和尝试的启迪者

环境虽然会说话，但是幼儿与环境的互动却不是必然的，更绝非人人相同。有些幼儿对环境中的材料非常敏锐和好奇，但凡有新的元素出现便会积极地去探索尝试；而探索过程中，有的幼儿选定了一项素材或工作会专注深入完成任务，有的却不断地被新刺激吸引，从一项材料跳转到另一项。相对的，有些幼儿非常谨慎，对环境中的改变和陌生的材料会选择旁观或抗拒，或者害怕失败而不敢尝试。因此，当老师创设学习情境后，必须适当地激发幼儿的兴趣，并引导他们进行有效的探究。

老师应善于掌握幼儿与环境互动的特质，留心个别的差异化，一方面鼓励自主的探索，另一方面也要提供心理和方法上的帮助，协助幼儿安全又愉快地与环境互动。例如，在学习区投放了新的素材后，老师可示范基本的操作方式，给幼儿建立必要的程序性知识以及自信心，然后赋予他们某项任务，鼓励他们自己尝试甚至创新方法。对于特别害怕犯错的孩子，老师可以邀请他跟老师一起操作和尝试，再适时放手让其自行完成。老师搭起幼儿与环境之间的桥梁，让环境发挥教育功效，是一项重要的工作。

五、回应需求与灵活调整的魔术师

再美观的情境布置，若总是一成不变，久而久之也会如同墙上的蜘蛛网一般被视而不见，对孩子而言，就会失去新鲜感和吸引力。而且更重要的是，幼儿在不断成长变化，随着身心的发展，其对于环境的需求也逐渐转变，往往在期初提供的教具教材的形式和数量，经过一两个月的时间就需要更换、调整了。例如，小班新生刚开学时，老师可能在美劳区只摆放了基本的画笔、纸材和轻黏土，让幼儿先学习此区角的基本功能、要遵守的规则和操作步骤等。但是，当孩子熟悉了教室中的作息规律和各角落的规则，同时也能专心在座位上工作之后，老师就可能要在美劳区提供更多其他类型的创作材料和工具引导幼儿选择使用。

此外，环境创设应配合和支撑课程内容的学习。所以，随着课程经验的递进，教室情境也应该顺势调整，既供幼儿学习所需又能适时协助他们将学习成果可视化，将所学所能具体展现在环境中，以便彼此沟通分享、互相学习。老师在这个过程中要仔细观察幼儿的学习状况，掌握契机而适度增减材料的类型和数量，调整环境布置为课程的开展创造合宜的空间，有时也要弹性改变作息安排使幼儿的学习经验能连贯深入。因此，老师就像是一位魔术师，使得环境具有灵动的生命力，更好地为幼儿学习服务。

六、班级正向互动与纪律的维护者

根据国际经济合作及发展组织（Organization for Economic Cooperation and Development，简称"经合组织"，OECD）在 2009 的年度报告中指出，班级纪律氛围的好坏与学生的学习表现成正相关；而抱持建构主义理念的老师相较于抱持传统理念的老师而言，前者所带的班级往往表现出较好的班级纪律。对于大部分的幼儿来说，幼儿园是他们踏出家庭的第一个教育单位，而幼儿的班级更是他的第一个学习社群，良好的班级纪律是幼儿适应团体生活和社会规范的重要基石。因此，对幼儿园老师而言，营造并维护优质的班级纪律是心理环境创设的重要环节，也是自我效能的展现。

要建立正向的班级互动和纪律，老师本身要能尊重幼儿和园内的其他成员，对幼儿起榜样的作用。师生互动是最直接且最有力的隐性课程，幼儿从老师对他以及其他人说话的态度、在班级中执行的规则和奖惩的方式，能敏锐地察觉到班级的价值取向——是强调互相尊重、合作的，还是互相竞争、倾轧的；是彼此鼓励、包容互助，还是各扫门前雪。另外，班级作息的规律性、稳定性和适度的仪式感，营造让幼儿能安心平静地学习的时空，可帮助其很快掌握幼儿园生活的流程和纪律。班级中活动的组织形态也往往影响幼儿的学习习性，例如过度依赖团体教学活动或讲求一致的作品成果，容易让幼儿变得被动、失去自主性和独特的个性或创意。因此，老师要时时反思自己班级文化对幼儿产生的短期和长期效果，努力打造并维护有利于幼儿发展的物理环境、心理环境和时间环境。

第三节 幼儿在环境创设中的角色

幼儿园环境创设是为了给幼儿提供更好的学习经验，促进其身心的健全发展，因此，幼儿是环境创设的主要消费者也是主角。为优化幼儿的学习经验，良好的环境创设应容许幼儿能够自在、有效地使用环境资源，而且能够有机会自主地参与环境的布置和改变，而非只是被动地接受安排。因此，在环境创设中，幼儿理应扮演多重重要的角色。

一、环境创设点子的促发者

用心的老师在创设学习环境时，肯定是从幼儿的发展需求考虑，班级幼儿的年龄和发展特性是影响教室中软硬件设施设备选择的重要依据。而幼儿在课程实施过程中展现的兴趣和学习取向，往往影响老师在环境材料上的投入，激发老师在情境布置上的构想和创意。例如，针对小班孩子的教室软装，老师可能会选择较柔和的色彩和简单的图案，给幼儿提供适度的视觉刺激，而不过度丰富化，避免影响幼儿的专注力。此外，在硬件的摆设和动线的安排上，老师也会考虑幼儿的身高和肢体动作的限制，而提供适配的桌椅矮柜。相对的，对于大班的幼儿，随着其课程经验的累积和能力的提升，老师可能会在环境中布置更多元的视听信息和挑战，提高软硬件的开放性和可变动性，鼓励孩子发挥创意，自己布置教室。因此，幼儿作为学习环境的主角，他们的需要、动机、优势甚至限制往往都能激发老师对环境创设的灵感和构想。

二、环境资源的参与者

良好的幼儿园环境应该是一个时时邀请幼儿与之互动的空间，能满足幼儿的好奇心和探索的天性。幼儿园之父福禄贝尔在其著作中精辟地指出，幼儿具有四种本能，包括活动的本能、认识的本能、艺术的本能和创造的本能。幼儿受这四项本能的驱动，对于其生活范围中的事物自然会有观察、操弄、研究、实验甚至加以改变的欲望。

幼儿园老师基于其教育目的所创设的环境，可从不同层面激发幼儿不同程度地参与。例如，教室的墙面布置可能展示的是与课程主题相关的静态图片和照片，幼儿通过观赏照片就能连接到团体讨论中探讨的内容，或回想起跟小伙伴一起进行的活动，对主题的学习有更深刻的印象和理解。换言之，这些环境创设布置将课程经验可视化，而幼儿通过观察进行了二度学习。又例如，老师在科学区放置了浮沉游戏的大水箱及各种不同材质和尺寸的物品，供幼儿进行实验。对幼儿而言，能够动手操作的素材是非常具有吸引力的，尤其在老师适当的引导以及丰富的材料的刺激下，往往会积极地尝试将这些物体投入水中，发现浮沉的状况，从而形成自己的基本理论。从前述案例中可见，在合宜的环境创设情境中，尽管类型、性质和功能不同，但是幼儿都能有不同形式和程度的参与以及对资源的使用。

三、空间内容的创生者

幼儿不仅是环境创设成果的消费者，往往也可以成为学习情境的共同创造者。明智的老师懂得将空间使用的主权还给幼儿，让环境随着幼儿的学习与成长逐渐地累积变化。幼儿在课程中的学习体验，往往通过所收集、改变、制造、创作的各类成品或作品，具体地呈现出来。意大利瑞吉欧幼儿园系统的课程中，非常重视"记录"幼儿的学习历程这件事。他们记录的方式绝非仅限于纸笔文字，而是运用各式各样的媒材，在整个幼儿园室内外空间中多元地展示。此外，记录者更绝非只有老师，幼儿自己也是其学习轨迹和方向的创造者和展现者。在瑞吉欧幼儿园中，我们看到幼儿在空间中的自由度，更看到环境创设内容是为幼儿而生，更是创生于幼儿的课程实践中。优质的幼儿园教室应该是一个鲜活的、萌发式的学习环境，留出适当的空间让幼儿可以布置或展示作品。例如，在"吃出健康"的主题中，可以让幼儿通过分组规划和布置，将教室变成一个温馨的餐厅，菜单和食谱也由幼儿自行设计和制作等。幼儿在老师适当的引导和协助下，往往会成为环境创设中很称职的创造者和贡献者。

四、环境创设成效的评价者

幼儿对于环境的敏感性往往超乎成人的想象，对于一个为他们规划布置的环境，他们理应是最直接的评价者。良好的环境创设应从幼儿的视角考虑，幼儿喜欢什么颜色？什么内容？会关注什么细节？需要什么样的活动？只有从幼儿的心理去分析这些环境创设涉及的元素，才能创设出幼儿喜欢并投入的空间。许多幼儿园老师抱怨，班级中有些学习角落总是乏人问津，或者幼儿进入其间之后只是蜻蜓点水未能开展持续或深入的学习，老师自认为已经精心安排布置了许多童趣的图案，也投放了新的绘本或玩具，其实这正反映出幼儿对环境的兴趣和动机。多项研究发现，幼儿会感到有趣、好玩的，往往是他们能够自主操作或互动性高的素材，或者能够跟同伴一起参与、共同完成任务的活动。老师不妨反思，为何幼儿对你所创设的环境缺失兴趣？

例如，主题墙面上老师针对主题内容进行了精美的手工布置，幼儿并不驻足观赏，因为只是静态的呈现，他无法操作，看过之后自然就离开了。若是能在墙面上设置几个有趣的问题，让幼儿自己去寻找答案，然后用图画的方式或粘贴实物的方式在墙面上作答，那幼儿就会与老师布置的墙面互动了。又例如，开放学习区自由选角时，幼儿大都不选择语文区，究其原因多半是因为语文区只提供了图书，幼儿会感觉"只能看书，不好玩！"或者语文区的教具幼儿不懂得如何自行操作，一定需要老师的指导，而老师又需要照顾所有角落无法分身，幼儿自己操弄两下觉得无趣便换角落了。因此，老师应留意幼儿对环境创设的感受和互动需求，从其评价中找到改善环境的契机。

第四节　家长在环境创设中的作用

幼儿园另一个重要的主体是家长，他们将自己的孩子托付给园长和老师，信任幼儿园在白天能够成为幼儿生活和学习的乐园。因此，幼儿园的教育和运营也应考虑和满足家长的期许和需求，同时更应结合家长的资源和力量，以落实完整的家园协同育人的成效。针对环境创设，家长可发挥莫大的作用，成为老师最佳的伙伴。

一、衔接学校教育价值

教育要在幼儿身上产生持久深刻的效果，绝非只是学校单方面的作用，家庭与学校协力才是关键。因此，家长扮演着衔接学校教育价值的重要角色。幼儿园通过各项教育措施所展现的理念，需要靠父母的配合和支持，才能带给幼儿一致的教导，帮助他们建立明确、稳定的信念。

老师争取家长的认同和协助，鼓励家长配合学校推动家庭中的相关活动，往往能够激发幼儿的积极性和提升学习成效。在环境创设上也是如此。幼儿园往往鼓励幼儿自主独立完成生活自理和学习活动，在环境创设上尽量让幼儿可以自由选择、自己负责收拾。但是家庭中却因为害怕有危险或麻烦，往往禁止幼儿自己动手或限制幼儿使用工具。所以，我们常见到在幼儿园里的小能手一回家就变成茶来伸手饭来张口的小霸王，实在可惜。老师应帮助家长认识到家庭环境对幼儿的重大影响，让家长认清家园共育的重要性，家园要建立一致的教育理念和共识。

二、协同创设优质环境

不可讳言的，幼儿园环境创设相当耗费心力，老师在忙于课程与教学以及辅导照顾幼儿的同时，还要兼顾良好的物理、心理和时间环境的规划安排，负担十分沉重。作为孩子的第一位教育者，家长可以说是老师最好的伙伴。在幼儿园环境创设上，不同的家长可以发挥其职业上和技能上的优势，通过经验的分享与协助，能够与老师协力为孩子的班级创设具有特色又能支撑课程内容的学习环境。例如，老师可邀请具有绘画和手工专长的家长，共同来布置主题墙和廊道中的公告栏；可邀请厨艺不错的家长为烹饪区域"健康饮食"的主题进行环境设计，并指导美食 DIY 的活动等。

家长的参与往往能在环境上产生更加别出心裁的造型、色彩和整体的布局，或提高活动的层次，以激发孩子的热情和好奇心，产生更好的学习效果。不过，在邀请家长协助环境创设时，老师应留意对家长的尊重、感激和适度适时的表扬，千万不可以交办任务的心态为之。此外，老师更要能体谅部分家长因为工作原因无法经常参与，可以提供多种形态的方式让不同的家长为班级付出。总之，家长体认到环境创设的协同者角色，不但能助力老师的教学，更有助于幼儿的成长。

三、支持环境创设的物资

幼儿园的资源往往很有限，老师们一般会将最大的资源投入幼儿的学习活动中，以保障学习的质量。因此，在物理性的环境创设上往往必须发挥创意，以有限的素材来达到最好的效果。家长提供的物资或素材，对幼儿园环境创设而言，无疑是宝贵的资源，也是最便捷、直接的支持。其实，家长捐赠给幼儿园的物资往往无须花费巨资，生活中收集的可再用素材，例如旧报纸、包装纸、各类纸盒纸箱、洗净晒干的各类塑料瓶和玻璃瓶，甚至老旧的小家电、小盒盖、不用的纽扣等，都可以成为相当经济实用的材料（如图1-11 所示）。

图 1-11　家长与幼儿、老师共同用回收的玻璃瓶创作的墙面装饰

此外，有些家长将取得的企业报废丢弃的瑕疵产品，例如光盘片、各类尺寸的木片、瓷砖、废轮胎、昆虫标本等，作为幼儿园环境创设的珍宝（如图 1-12 所示）。懂得变废为宝的老师，可以发挥创意与幼儿共同讨论如何将班级教室创设成理想的学习空间，并跟家长沟通班级环境创设的构思，号召家长一起合作收集所需的材料，不但环保，更可促进亲子间的互动，成为家园共育的宝贵经验。

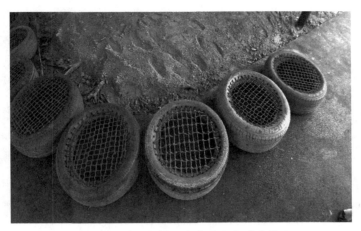

图 1-12　家长提供的废轮胎变成游戏器具

章节练习

1. 请找出一个环境中让你感到不舒适或不愉快的例子，以及一个令你觉得赏心悦目或愿意探索的环境，并比较这两者最主要的不同点。

2. 请举出一个环境影响幼儿发展或学习的实例，并加以分析说明。

3. 假设你是一位幼儿园老师，将如何让幼儿参与班级的环境创设活动？

拓展学习资源

Early Essentials Webisode 7；Environments| ECLKC（hhs.gov）

简介：这是美国卫生与公众服务部，早期学习与知识中心开端计划（Head Start Program）的"Early Essentials"系列视频之一。该视频说明了环境对幼儿的重要影响。

Designing Environments| ECLKC（hhs.gov）

简介：这是美国卫生与公众服务部，早期学习与知识中心开端计划（Head Start Program）的"Managing the Classroom；Designing Environments"系列视频之一。该视频主要探讨如何利用教室中的环境，以及如何让幼儿在教室空间中参与最大化，如何创造学习区域。

第二章 沉浸式学习的环境观

学习目标

本章主要阐述各式各样的教育环境观及其对幼儿园环境的创设，主要学习目标如下：

1. 了解中外早期教育家的环境观，理解环境对幼儿学习与发展的影响。

2. 了解沉浸式学习背后的理论基础，理解沉浸式学习的特性和原则。

3. 理解沉浸式学习对幼儿园环境创设的启发。

知识点概览

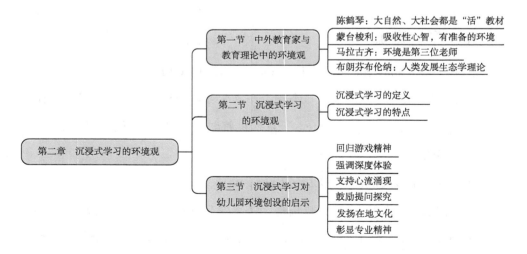

问题情境导入

在一节课堂的"吐槽大会"上，学前教育专业的同学们开启了对"匪夷所思的环境创设"大吐槽：

"幼儿不参与，都是老师在做。"

"布置了手抄报，都是家长借着幼儿的名义做的，老师再剪下来贴上去。"

"贴在环创墙的作品，竟然是老师代表幼儿乱画的。"

"老师自己剪纸，故意做得很丑、歪歪扭扭的，当成是小朋友做的。"

"做了攀爬架，不让小朋友去爬，怕出危险。"

"睡室跟活动区的一个分隔栏，用纸板做窗帘。"

"园方让实习老师在轮胎上画画，搭成动漫人物，但不让幼儿靠近。"

"一层楼一个创设主题，但从来不变，新的一年换了一层教室，直接用之前班级留下的主题。"

"创设都是做给学校领导看的，而且要按照领导的想法去做，领导说改就改。"

"园方花很大价钱做了创意墙，却不让幼儿去操作。"

"存在安全问题，有竹签做的棒棒糖，剪开的易拉罐制品。"

"赶工很积极，展示五分钟。"

……

同学们七嘴八舌地讨论也体现了幼儿园环境创设中严重的"形式主义""以检查为中心"等问题。当前主要存在三大类问题：一是忽视心理环境创设，二是幼儿与老师主次颠倒，三是过于求新求奇与浮夸繁杂。此外，老师对环境创设概念的理解不透彻，主要考虑的是为自己教育教学带来方便，全凭自己感觉与标准进行评价，很少倾听幼儿的想法与意见、顾及幼儿的感受与体验，都是环境创设的突出问题。

不难发现的是，基于成人立场的环境观是上述环境创设问题的根源：幼儿的主体性缺失，被工具化对待，环境体现的成人的价值与审美，幼儿精神需求被忽视，环境"见物不见人"，环境本身与环创的过程体现的都是成人立场环境观的特点。

老师的环境观对幼儿园环境起着至关重要的作用，影响着幼儿学习与生活的方方面面。幼儿园的环境创设需要有理念的支撑，环境是理念的一种显性表达。本章将带领大家深入了解各种类型的环境观，理解环境对幼儿学习与发展的重要作用。

第一节　中外教育家与教育理论中的环境观

一、陈鹤琴：大自然、大社会都是"活教材"

美文欣赏

中华儿童教育社社歌《教师歌》[1]

作词：陶行知

（一）

来，来，来，

来到小孩子的队伍里，

发现你的小孩。

你不能教导小孩，

除非是发现了你的小孩。

---

[1] 陈秀云、陈一飞：《陈鹤琴文集》，南京：江苏教育出版社，2007年，第367-368页。

（二）

来，来，来，

来到小孩子的队伍里，

了解你的小孩。

你不能教导小孩，

除非是了解了你的小孩。

（三）

来，来，来，

来到小孩子的队伍里，

解放你的小孩。

你不能教导小孩，

除非是解放了你的小孩。

（四）

来，来，来，

来到小孩子的队伍里，

信仰你的小孩。

你不能教导小孩，

除非是信仰了你的小孩。

（五）

来，来，来，

来到小孩子的队伍里，

变成一个小孩。

你不能教导小孩，

除非是你变成了一个小孩。

从古代起，我国历史上就有许多关于环境对儿童影响的探讨，有墨子的"染丝说"，将环境比作素丝和染丝，阐述了环境对个人发展的影响；有荀子提出的"近朱者赤，近墨者黑"，体现了环境教育的重要作用；还有"孟母三迁"的佳话，表现出父母为子女创造良好的学习环境的必要性。但是这些论述只从哲学角度提出环境的重要性，缺乏系统性和科学性，而陈鹤琴先生是我国从理论和实践的角度系统地探讨幼儿园环境创设的第一人。

陈鹤琴是我国近代著名的儿童教育家，以及现代幼儿教育的创始人和开拓者。早期在美国留学的陈鹤琴先生，回国后将杜威的教育思想与中国教育实际结合起来，通过深入的实践探索，提出了适合中国国情、符合中国儿童发展的"活教育"理论，主张教育要以儿童的活动为中心，强调"做中学，做中教，做中求进步"。

（一）学以成童

1934 年，陈鹤琴邀请陶行知为中华儿童教育社谱写《教师歌》，在这首歌中陶行知写到，要到小孩子的队伍中来，才能真正地发现、了解和解放小孩，而更为重要的是要"信仰你的小孩"，甚至把自己"变成了一个小孩"。而"发现小孩、了解小孩、解放小孩、信仰小孩、变成小孩"成为陈鹤琴"活教育"思想的精准表达。吴晶等人（2021）对陈鹤琴的上述思想进行了总结，提出了幼儿教师专业发展的理念——重新发现儿童，向儿童学习，成就儿童。"学以成童"不仅强调小孩并非成人的缩影，还意味着教学相长的过程，小孩与成人都是平等的探索者，成人教会孩子生活的能力，孩子的纯真让成人远离喧嚣的功利，找回"赤子之心"。

（二）何以成童

关于"环境"的定义，陈鹤琴认为"环境"两字，通常是指儿童所接触的那些静的、呆板的物质。其实，凡是可以给幼儿刺激的，都是他的环境，一切物质都是他的环境，人也是他的环境，而且人的环境比物的环境还要重要。他强调环境在儿童发展中的重要作用：小孩子生来大概都是好的。到了后来，或者是好，或者变坏，这是环境的关系。环境好，小孩子就容易变好；环境坏，小孩子就容易变坏。一个小孩在诡诈恶劣的环境里生长，到大了也会变成诡诈恶劣的。一个小孩在忠厚勤俭的环境里生长，到大了也是忠厚勤俭的。这是什么缘故呢？他所看见的，所听见的，都给他坏的印象，那他所反映的大概也是坏的；假使他在很好的环境里生长，他所听见的，所看见的，都给他好的印象，那他所表现的大概也是很好的。

陈鹤琴在《我们的主张》中指出"幼儿园的课程可以用自然、社会为中心"，他说"我们应当把幼儿园的课程打成一片，成为有系统的组织。但是这种有系统的东西应当以什么为中心呢？这当然要根据儿童的环境。儿童的环境不外乎两种：一种是自然的环境；一种是社会的环境。自然的环境就是各种动植物的现象。社会的环境就是个人、家庭、集社等类的交往。这两种环境都是与儿童天天要接触的，所以我们应当利用这两种环境作幼儿园课程的中心"。他认为"大自然、大社会是我们的活教材"，应当"注意环境，利用环境"，因此"活环境"是"成童"的重要途径。

（三）"活"的环境

环境的活动性强调环境应该是可操作的，具有游戏性与趣味性，是经常变换的，能让幼儿动手，从游戏中学习，从"做"中进步。陈鹤琴在分析"怎样布置环境"时指出，"通过儿童的思想和双手所布置的环境，可使他对环境中的事物有更深刻的认识，也更加爱护。因此，老师应该学会如何引导儿童运用大脑和双手来布置环境"。幼儿园老师要让幼儿充分参与到幼儿园的环境创设中，让幼儿开动脑筋，集思广益。

除了环境的活动性，环境不可一成不变，成为摆设，而要根据幼儿的学习情况和自然环境的变换及时调整，使环境成为"活环境"而非"死环境"。

陈鹤琴提到："我们布置环境，要依据社会活动和自然现象，因此，需要常常变化。就是报表，如气候图、整洁表等，也要常常变化"，"自然现象，四时不同。如果依时令，利用每一时季中的特殊自然物来布置，可以使儿童认识各种不同的自然现象，这是很有意思的。"老师可以与幼儿共同创设季节主题墙环境，去感受四季的变化，体验四季的特点，欣赏四季的美。

（四）"美"的环境

爱美之心，人皆有之，环境创设也需要兼具审美性。不论是幼儿园的室内环境还是室外环境，老师都要让幼儿感受到美，在充满美的环境中陶冶情操。陈鹤琴认为，老师可以用自然物、儿童作品与有教育意义的图画、挂图和画片布置幼儿园的环境。

此外，室内布置应以幼儿的成果为主，比如幼儿画的图画，剪的剪贴，做的纸工、泥工、木工和其他手工，都应该陈列出来，这样可以鼓励儿童。但是陈列出来的不一定是一班中做得最好的，应该将所有孩子的成果分别布置出来，使幼儿可以得到自我比赛的机会。陈鹤琴认为，这一做法旨在提升幼儿完成作品后的成就感，使幼儿认识到自己的"进步之美"。

（五）儿童的环境

陈鹤琴指出，在布置环境时，高度应以儿童的视线为标准，例如一幅照片、一张挂图，打算给幼儿看的，就应当挂得低些，使其看的时候不用十分吃力地高仰脑袋。幼儿园是幼儿生活和学习的重要场所，在布置环境时，老师要充分考虑到幼儿的年龄特点、身心发展规律和兴趣爱好，要充分尊重幼儿，使幼儿在舒适、宽松、自由的环境中和谐、健康地成长。

陈鹤琴在幼儿园环境创设的过程中，始终坚持"儿童参与"的原则，即布置环境应根据自然现象和社会情况，在各个幼儿园现有的条件上，老师、儿童一同布置，使儿童从布置环境之中认识四周环境中的事物，了解事物与事物之间的关联。使儿童从改造环境之中创造环境，并培养坚毅、积极、合作互助等优良品质。

（六）游戏的环境

玩是幼儿的天性，游戏是幼儿学习的重要手段，也是幼儿园的基本活动。陈鹤琴认为游戏可以给儿童带来快乐、经验、常识、思想和健康，所以父母要注意游戏的环境，给儿童很好的设备，使其得到充分的运动；父母应当让儿童有适宜的游戏伙伴，有益于其身体强健、心境快乐、知识增进、思想启发。此外，游戏环境的创设还须包含必要的设备。

在玩具的选择方面，陈鹤琴认为好的玩具应符合以下标准：

★　好的玩具，要能启发儿童的思想。

★　好的玩具，要能陶冶儿童的情绪。

★　好的玩具，比如各种大小积木，能发展儿童的创造力。

★　好的玩具，能唤起儿童的尚武精神。

（七）整合的环境

陈鹤琴十分强调环境的协同作用，提出了"五指活动"计划——五种活动就像一只手的五个指头，各指头相互联结构成一个整体。五个中缺少一个，就会破坏这个活动的目标。其具体内容如下（如图2-1所示）：

①儿童健康活动，旨在发展儿童心理与身体的健康，包括身体活动、个人健康、公共卫生、心理健康、安全教育等内容。

②儿童社会活动，要求儿童有能力和带着对公共服务的兴趣参加社会活动，懂得个人与国家的关系，国家与世界的关系等。

③儿童科学活动，使儿童增加科学知识，激发儿童对科学实验的兴趣，鼓励创造性。

④儿童艺术活动，培养儿童对音乐、艺术和戏剧等的热情、欣赏力与创

造力。

⑤儿童文学活动，旨在训练儿童欣赏与写作文学，并有效地运用中文，包括儿童寓言、诗歌、谜语、故事、戏剧、演讲、辩论、每日书写与书法等活动。

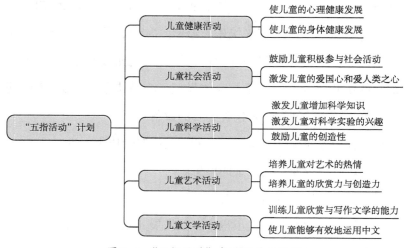

图2-1 "五指活动"各项活动的目标

陈鹤琴认为幼儿园的课程是整体性的，在环境创设中也要注重不同领域之间的联系。任何一种环境都可以为其他领域的活动服务，比如阅读环境也要体现老师和儿童的社会交往、同伴的互动，同时也可以和艺术领域的画图相结合。一种环境可以为儿童多方面的发展服务，比如户外种植、饲养环境能够给儿童提供健康、艺术、社会、科学领域的活动。通过种菜和饲养小动物，儿童能够从中认识植物和动物，从劳动中获得身体的健康，从户外环境中获得艺术的美感，同伴的合作能够增强社会性的发展，所以要强调环境的整体性功能与综合性创设，让环境为儿童的全面发展服务。

（八）自然的环境

陈鹤琴曾明确指出当时我国幼儿园教育出现的问题——与环境的接触太少，在游戏室的时间太多。他认为："爱自然也是儿童的天性，透过这种天性，可以培养儿童爱科学爱劳动。因此，幼儿园需要布置一个科学的环境，尽可能地领导儿童栽培植物（花卉、菜蔬），布置园庭，从事浇水、除草、收获种子等工作，并饲养动物……通过儿童的双手和感官，使儿童对自然界的事物得到正确的认识。"

陈鹤琴还提出大自然是最好的老师，并列举了生活中很多用自然物来布置环境的例子，比如泥土、葱、树叶。他认为，幼儿园应该为孩子设计一个庭院，由老师和孩子们一起布置。在庭院中开垦土地，种植植物和各种庄稼、蔬菜，饲养各种小动物。老师要充分利用孩子的各种感官，让孩子亲自浇水、锄草、施肥、收获，让其置身自然中，认识各种植物、动物，通过实践得出真知，获得劳动的能力、审美的能力。

（九）生活化的环境

"活教育"理论源自杜威的实用主义教育，其特点之一就是"教育即生活"，也就是生活与教育是合二为一的，因此，教育的环境也要和生活相结合。陈鹤琴认为，幼儿期的教育目的之一就是要培养人生基本的优良习惯，锻炼生活的艺术，提高生活技能，包括卫生习惯和行为等方面，为此制定了"二十五条原则"，其中包括认真洗脸、按时午睡、定时便溺等。

陈鹤琴认为幼儿园所有的课程都要从人生实际生活与经验里选出来，课程内容应充分考虑到幼儿的已有经验，应选取幼儿周边的环境，以调动幼儿的积极性和主动性，激发激情和活力，促使其自主地去发现、去探索、去尝试，去寻求对个体所熟知的周围世界的更深入的理解。同时，源自幼儿真实生活中的课程是不以获取新异的、可炫耀的知识为目标的，要能够充分揭示幼儿日常生活的意义。这种源自生活的课程内容观，充分尊重了幼儿的年龄特点、兴趣和爱好，是建立在幼儿真正的需求基础之上，体现了幼儿在学习活动中的主体地位。

（十）中国化的环境

陈鹤琴强调儿童所处的环境要具有本土化、中国化、儿童化、时代化，要符合本民族儿童发展的需要。在《我们的主张》中，第一条主张即"幼儿园是要适应国情的"。虞永平曾评价道："陈鹤琴之所以是科学的幼儿教育的积极推动者，是因为他的研究是立足国情的，不是照搬西方的。这也是陈鹤琴教育思想科学性的重要标志。"作为留美学者，陈鹤琴反对纯粹的外来式教育，认为我们不能一味地模仿外来教育思想，他指出："要晓得我们的小孩子不是美国的小孩子，我们的历史、我们的环境均与美国不同，我们的国情与美国的国情又不是一样的，所以他们视为好的东西，在我们用起来未必都是优良的。"

陈鹤琴在玩具的设计与选择中，也充分体现了中国化的原则。何洁基于生态系统理论分析了陈鹤琴的玩具思想的成因，发现其既与个人家庭、工作、人际社交等因素有密切联系，又与特定的政治经济文化背景分不开（如图 2-2 所示）。他擅长发扬传统文化，比如将街头小贩的转糖盘改造为"得赏盘"（如图 2-3 所示）和"益智盘"（如图 2-4 所示），作为幼儿识字、识数的教具；他还十分懂得引进国外的优质产品，比如引进图纸改制了"摇马"（如图 2-5 所示），供 2 岁以上幼儿玩耍，可谓是洋为中用。总之，陈鹤琴在幼儿园环境创设的过程中始终坚持"中国化"的原则，即使是在吸收国外精华时也是有所改造，而非照搬照抄。

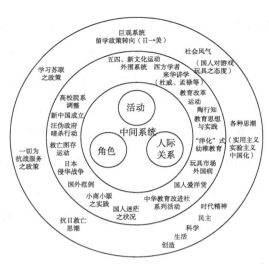

图 2-2　陈鹤琴玩具思想成因的生态系统模型图[①]

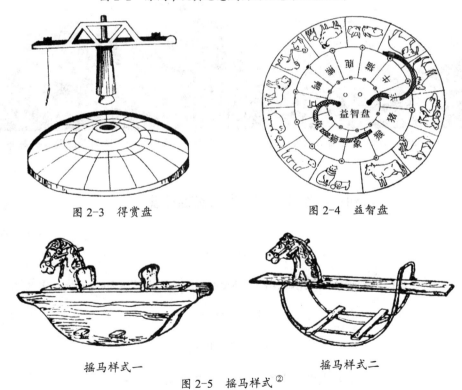

图 2-3　得赏盘　　　　　　　　　　　图 2-4　益智盘

摇马样式一　　　　　　　　　　　摇马样式二

图 2-5　摇马样式[②]

---

① 何洁:《陈鹤琴儿童玩具思想研究》,南京师范大学硕士学位论文,2015 年,第 63 页。

② 陈秀云、陈一飞:《陈鹤琴文集》,南京:江苏教育出版社,2007 年,第 301-323 页。

如今，许多幼儿园、师范院校深入研究陈鹤琴的教育思想与理论，将他的优秀理论与实践成果运用于师范生人才培养、课程设计中。比如绍兴文理学院学前教育专业基于陈鹤琴先生"活教育"思想的深入研究，提出"学以成童"的人才培养核心理念，并在该理念的引领下探索构建学前教育专业本科课程设置的优化，建构"活课程"。南京市鼓楼幼儿园（如图 2-6 所示）的前身即陈鹤琴先生于 1923 年创办的鼓楼幼儿园，是中国历史上第一所开展教育科学研究的幼儿园，园内的纪念室还陈列着陈鹤琴的著作（如图 2-7 所示）。如今的鼓楼幼儿园结合了新时代的特色与要求，对陈鹤琴的教育理念进行了升华和改造。

图 2-6 南京市鼓楼幼儿园园门　　　图 2-7 园内纪念室陈列着陈鹤琴的著作

二、蒙台梭利：吸收性心智，有准备的环境

美文欣赏

一个蒙台梭利孩子的请求之诗（A Montessori Child's Plea Poem）[①]

作者：佚名

翻译：Annie Li

今天我做了数学、语言和日常生活工作，

我用我的眼睛、耳朵和手，

———————————

① 资料来源：厦门爱幼思国际幼儿园公众号，2018-09-14。

用我的所有感官整日忙碌，

我学习了加法和减法，

全天都练习耐心。

我使用了镊子、积木和拼图，

还练习了擦洗工作。

我学了如何混合颜色，

也学习了如何分辨轻重。

所以，爸爸妈妈，请不要说：

"你今天带作业纸回家了吗？"

Today I did my math and language

practical life too

I used my eyes, my ears and hands

my senses the whole day through

I added and subtracted

learned patience all the day

I used tweezers, blocks, and puzzles

And worked with the scrubbing tray

I learned how to mix colors

And learned how to weigh

So mom and dad，please don't say

"DID YOU BRING ANY PAPERS HOME TODAY？"

你看到

我在玩耍中学习分享

整日都学习自我管理

我正在学习讲话时要倾听和表达清晰

学习等待和在室内优雅地走路

学习将单字组成短语

学习在红棒迷宫中平衡地行走

学习找到自己的名字并写下它

我做这些时带着微笑

而不是愠怒

所以，爸爸妈妈，请不要说：

"你今天没有一页作品吗？"

You see, I'm sharing as I play

Learning self control throughout the day

I'm learning to listen

and speak clearly when I talk

To wait my turn and when inside to walk

To put my words into phrases

To balance along the "Red Rod" maze

To find my name and write it down

I do it with a smile，not a frown

So mom and dad，please don't say

"WHY DON'T YOU HAVE ANY PAPERS TODAY？"

我了解了蜗牛

也认识了蠕虫

我学习了国旗和地图

还学习如何轮流

我在朋友需要的时候给予帮助

了解了鸭的羽毛不怕水

我能从左到右认字

我学习接受差异而不争斗

今天我学习唱大洲之歌

也学习了对与错的不同

所以，爸爸妈妈，请不要说：

"你今天只是玩了一天吗？"

I learned about a snail

I learned about a worm

I learned about flags and maps

And how to take a turn

I helped a friend when he was stuck

I learned that water runs off a duck

I looked at words from left to right

Agreed to differ，not to fight

Today I sang the continent song

I learned the difference between right and wrong

So mom and dad，please don't say

"DID YOU ONLY PLAY TODAY？"

是的，我一整天都在玩

我通过所做的事情而学习

遇到难题，寻找线索，自己解决它

我的老师看到了全部

在近处支持我

他们希望我自己取得成功

他们教我如何尝试

他们给出问题

让我学习思考

他们帮助我浮起来而不至于沉下去

因此我才不会气馁和沮丧

我每天都在尽最大的努力学习

所以，爸爸妈妈，请不要说：

"你今天学到什么了吗？"

Because yes

I played the whole day through

I worked to learn the things I do

Encounter a problem

find the clue and work it out for myself, I do

My teachers set the scene and stand near-by

They want me to succeed

and teach me how to try

They pose the questions

and help me to think

They keep me afloat and would never let me sink

So don't get discouraged and frustrate me

I try my best and I'm learning each day

So mom and dad, please don't say

"HAVEN'T YOU DONE ANY WORK TODAY?"

意大利著名教育家玛丽亚·蒙台梭利最广为人知的一项原则，就是"环境的预备"（preparation of environment），她认为："教育并不是由老师进行的工作，而是人类内在自然发展的过程。受教的途径不是通过听讲，而是儿童在环境中活动所得到的实际经验。老师的任务不是口授言传，而是在一个属于儿童的特别环境中，准备、安排一系列各种主题的文化活动。"

（一）吸收性心智

蒙台梭利认为，儿童具有一种"吸收性心智"（The absorbent mind），他们利用周遭世界发现的一切创造"心智肌肉"（mental muscles），在活动时，他们就用自己善于吸收的心智，将环境吸收进去，这便是儿童的学习方式——从无意识到有意识，他们一路行走在充满欢愉与爱的道路上。他们能够积极地吸收周围环境中的各种刺激和影响，获得自身发展所需的经验。因此，教育者首先要创设适宜的环境，让儿童充分吸收环境中有利的因素。

蒙台梭利把指引儿童吸收环境的创造性能力比喻成为天体起源的明亮"星云"（nebulae）。空中星云的粒子相互离散，它们并不是真的连在一起。然而，它们却都同样地形成了在遥远太空中伴随星星出现的可见物体。随着时间的流逝，这种星云逐渐变成较坚实的东西，借由遗传的本能倾向，慢慢产生出非遗传的东西。例如，儿童从语言的星云中，接受适宜的刺激与引导，形成自己的母语。这并非是他与生俱来的，而是他在环境中发现，并根据某种不变的法则加以吸收的。依靠语言星云的能量，儿童逐渐能将所接触到的语言，与种种声响和杂音加以区分，最终将听到的语言吸纳为自身的。

其次，遵循心理发展的敏感期（the sensitive period）。蒙台梭利认为，敏感期是指一个生物刚生下来，还在成长的时候，所获得的特别的感觉力（sensibility）。这种感觉力是一种短暂的倾向，仅限于取得一特定的特质。一旦取得这个特质或特征，这个特殊的感觉力就会消失。敏感性可以促使儿童从复杂的环境中积极地选择对自己生长有利的东西，因此教育者要为儿童提供有准备的环境。

再次，遵循发展的阶段性。蒙台梭利将儿童的发展分为四个阶段，每个阶段的成长都需要一个适宜的环境。如果这个环境与儿童不相容，那么儿童就会出现行为和心理上的变化，比如会坐立不安地乱动，具有强烈的占有欲和权力欲，出现神游等。由此可见，儿童的成长和心理发展都受到吸收性心智、星云和敏感期的影响，唯有在环境中透过自由活动的经验，这些遗传与特质才有实现的可能。因此，教育者要根据儿童的心理特征，为儿童创设"有准备的环境"。

（二）有准备的环境

蒙台梭利指出"创造"一次并不仅意味着"制造"某物，并且还指被造之物必须能发挥功能，这种功能可以称为"环境经验"（environmental experience）。如果未获得这种经验，器官便无法正常发展，因为它一开始尚未完善，唯有运作才能让它日益健全，儿童只有借助环境经验，才能够充分得到发展。而蒙台梭利把这种经验称为"工作"（work），儿童一旦习得语言，就开始说个没完，谁都无法劝他停止。如果不让儿童走路和说话，儿童就无法正常发展。因此，在获取新能力的过程中，儿童增长了自身的独立性。

蒙台梭利时代的教育只关注老师和儿童两个要素，没有考虑环境对儿童的教育价值。蒙台梭利批评旧教育中对环境的不重视，她认为若要改变传统教育中限制儿童自由、压抑儿童本性的做法，就要从改变环境开始。基于此，蒙台梭利提出了"通过提供适宜的环境，让儿童的天性在活动中得到自由充分的发展"的教育主张。

此外，有准备的环境还需遵循儿童发展的心理特征。蒙台梭利指出儿童具有生理胚胎期和心理胚胎期，新生儿需要的是心理方面的形塑工作，换而言之，新生儿所要面临的是与其在子宫内不同的生命阶段，但又有别于成人的生活。因此，儿童需要在适宜的环境中构建自己的精神世界。

在幼儿园中，老师需要成为环境的维护者与管理者，应该使所有设施都有条不紊、美丽光洁、保持完好。除此之外，老师本人也应该富有吸引力，仪态大方、衣着整洁、沉稳端庄。虽然环境的影响是间接的，但无论在身体、智能或精神方面的安排不当，都得不到有效而持久的效果。老师要充分了解儿童的内在需要，为儿童剔除周围不适宜他们发展的因素，创设自由而有秩序、满足儿童需要、真实而自然、充满理解与爱的环境，这就是"有准备的环境"。

1. 自由而有秩序的环境

自由的环境，指儿童的身体和精神在适宜的环境中不受拘束而自由发展。蒙台梭利认为，压迫式的教育思想一直充斥在教育学中，这一点从学校固定学生的桌椅就能有所体现。在旧学校里，儿童如同被针钉住的蝴蝶一样，被钉在各自的座位上，被钉在课桌旁，张开着他们所得到的乏味的、没有意义的知识的翅膀，然而这翅膀已失去了作用。而在"儿童之家"中，学校设备最主要的改动就是撤掉了所有的课桌椅或固定椅子。蒙台梭利制作了一些又大又结实的八边形桌子，既稳定又轻便，两个 4 岁的儿童就能轻易地搬动它。这些容易搬动的桌椅允许儿童自由选择自认为最舒服的位置，这种自由选择不仅是自由的外部象征，而且是一种教育方法。如果儿童由于笨拙的动作把椅子翻倒在地上，并制造出噪声，他就会发现并改正自己的缺点；如果儿童绊倒在固定椅子之间，就不会注意到这是由于自己的过失造成的。

2017 年，位于美国得州的 Post Oak School 170 位 3-6 岁的儿童在一个巨大的教室——学校的篮球馆（如图 2-8、图 2-9 所示），开始了他们的新学年。受飓风"哈维"的影响，原校区被洪水浸泡了。由于遭到洪水的破坏，这个拥有 54 年办校历史的蒙台梭利学校不得不暂时关闭 15 间教室和一些其他的学习区域。经过三天的努力，Post Oak School 的员工、家长以及来自 Austin Montessori School（奥斯汀蒙台梭利学校）的志愿者用 6 大包他们所能找到还未被洪水损坏的家具、教具以及其他用品，布置了一个巨大的蒙台梭利教室。

图 2-8　篮球馆中的蒙台梭利教室　　　图 2-9　老师与儿童一起布置"篮球场"教室

在自由的环境中，儿童会根据自己的心理需要和倾向自由地选择物品，根据自己的兴趣自由地选择场地，由此产生一些自发性的活动，从而提高自主性，进行富有想象力的创造。可见，蒙台梭利不仅强调物质环境中的自由，也强调儿童的精神生命应得到自然的发展。老师为儿童创设的环境是自由的，但也不是绝对的自由，而是建立在秩序之上的。

蒙台梭利指出，只有当孩子成为自己的主人并遵循一些生活规则时，才能管住自己的行为，我们才认为他是一个遵守纪律的人。这样的纪律具有灵活性的概念，既不易被理解又不易被采用，但它包含一个伟大的教育原则，它不同于旧式教育中那种绝对的、不容辩驳的高压政策下的"不许动"的原则。在"儿童之家"中，儿童喜欢把实物整齐地排列起来，使一切显得井然有序，这些都体现了儿童的秩序感。秩序的对立面是杂乱，杂乱的环境会使儿童产生心理混乱，而有秩序的环境更容易使儿童形成富有逻辑化的思维。

案例

新生的第一天[①]

班上来了一位插班生——南南，她第一次进入蒙氏教室，对一切充满好

---

① 丁毅:《借鉴蒙台梭利环境观 创设良好儿童心理环境》,《科学咨询（教育科研）》, 2018 年第 6 期，第 156-157 页。

奇。老师想让南南先了解教室的常规，便让她先观察学习其他儿童的行为举止，可是生性好动的南南迫切地"参与"起来。她双手抓起三块粉红塔跑到正在搬教具的小悠身边，用力往工作毯上一丢："给你吧。"小悠有些惊奇："不是这样拿的，应该每次拿一块，要轻轻放，你这样做不爱惜玩具。"南南没趣地走开了。她来到正在专心做粉彩粒拼图的王斌身边，抓起几颗彩粒说："这个我也会。"王斌转过头说道："可是现在这是我的，你得等我做完了才行。"

南南叹了口气，感觉到自己碰了满鼻子灰，开始关注起教具柜上的教具。她来到老师身边，问道："我可以玩吗？"老师说："当然可以，只是你不能影响旁边的小朋友。"南南欣喜并小声地说道："我知道了，就是要安静，不能吵着别人，还要爱护玩具。"说完，南南取来了印花纸，走向美工桌，认真地叠起来。

这是一个新入园的儿童在自由的环境中，逐步建立良好秩序的案例。儿童的自由活动不仅使儿童的内在需求得到满足、个体得到发展，而且能全神贯注于其中，建立良好秩序。案例中的南南在已形成良好纪律的课室中，最初显得格格不入，最后通过与环境的互动，也踏上了"秩序之路"，最终从干扰别人到自己专心其中，建立了良好的秩序感。

2. 满足儿童需要的环境

蒙台梭利发现，成人总是无法理解儿童，因为成人总是用自己的标准来对儿童进行判断，成人认为儿童的愿望就是得到某些实在的物体，并且乐于帮助儿童。可是儿童的需要是对无意识渴望的满足，满足自我发展的要求。因此，儿童总是对已经得到的任何东西都不满意，而对那些还没有得到的东西非常渴望。比如，他们希望自己穿衣服，并且希望能够穿得很整齐；希望自主洗澡，获得清洁的满足感；希望自己整理房间，而不仅仅是拥有房间。儿童的自我发展才是他真正并且几乎是唯一的快乐。

蒙台梭利根据幼儿的身心发展划分了教育阶段，即有准备的环境必须符合儿童的身心发展规律。"儿童之家"为每个教室配备了一排存放教具的矮长橱柜，而且橱柜门容易打开，孩子们可以自己负责照管这些教具。这些柜子顶上放一些植物盆、小鱼缸或者各种各样的、可给孩子随意玩的玩具。还挂有很多非常低的大黑板，连最小的孩子都能在上面随意画画。在每块黑板旁边有一个装粉笔的小盒子和一块擦黑板的白布。在黑板上方的墙壁上挂着许多漂亮的图画，这些图画都是精心选择的，代表了那些能自然引起孩子们兴趣的简单景色。这些都是根据儿童的需要设计的，能让儿童触手可及，适合儿童发展的节奏和步调。儿童正处在创造自我的过程中，老师不要让那些不符合儿童节奏和步调的环境对儿童产生阻碍，使儿童处在一种混乱的状态。老师应该为儿童的发展扫清障碍，敞开大门，让儿童自然而然地得到发展并进行自我创造。

3. 真实而自然的环境

蒙台梭利认为，在儿童的成长过程中，儿童所需要的环境应该是富有生机、自然、真实的，这样的环境能让儿童在其中获得更加真实的体验。在蒙台梭利"儿童之家"中，幼儿最主要的活动场所是工作室，其中五大教学区又是工作最重要的教学空间，包含日常生活区、感官区、数学区、语文区、文化区，如图2-10所示。教学区中为儿童提供的教具应该是真实的、可操作的，例如在日常生活区中设置清扫工具，幼儿便可以将训练中的抓、挤、倒等动作融入真实的日常动作——拿抹布、洗涤东西、倒水等。

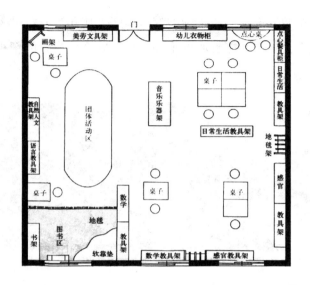

图 2-10 蒙台梭利"儿童之家"五大教学区的配置[①]

蒙台梭利认为"儿童之家"的孩子与那些在灰墙当中普通学校成长的孩子有着显著的不同。他们有着清纯和幸福，直率和开放的性格，他们感觉是自己行为的主人。当他们跑过去围在参观者边上时，他们说着甜蜜的话语，并且用文雅而庄重而友好的方式伸出自己的小手。因此，蒙台梭利主张保护人类心灵中精神的火种，保护人真实的本性而不受到破坏，并且将这种本性从社会的蜕变中解放出来。自然教育就是一种很好的方式，让儿童在室外、在公园里成长，引导儿童观察生命现象，让儿童懂得动植物需要他们的细心喂水、喂食才能得以生存，从而产生对生命负责的意识。

4. 充满理解与爱的环境

成人是儿童在日常生活中依赖的对象，儿童需要从成人那里获得安全感，获得自己所需要的有利于自身发展的东西。因此，老师应该尊重儿童、观察和了解儿童，根据儿童不同年龄阶段发展的特点设计教育活动。蒙台梭利认

---

① 单伟儒:《如何经营一所儿童之家？——蒙特梭利园管理手册》，中国台湾：蒙特梭利文化事业股份有限公司，1997 年，第 40 页。

为，要在有准备的环境中注入老师的爱与理解，让儿童时时刻刻地感受到被理解的爱所包围，让儿童能够心态平和，得到安全、温暖的精神体验（如图2-11所示）。

图 2-11　蒙台梭利教室中的师生互动场景[①]

成人应该摒弃高高在上的姿态，以谦虚的态度与儿童建立尊重、平等、民主、和谐的师生关系，甚至以儿童为师，在良性互动学习中共同成长。蒙台梭利提到，谈到儿童，人们的心灵就会变得温和、甜蜜，而整个人类都分享着被儿童唤醒的深厚情感。无论何时，只要接触儿童，我们便接触到爱，这种爱只能意会，无法言传，无人能描述其根源，或评价其巨大的后果，或总括它团结众人的效力。它征服了我们的羞怯，消除了人与人之间、团体与团体之间，在日常事物中的防卫之心。因此，老师要从儿童那儿才能学到如何成为一个完美的教育家。

蒙台梭利认为，老师既是儿童秘密的发现者，又是儿童成长环境的预备者；既是儿童教育行为的观察者，又是给予儿童帮助的指导者；既是儿童成长的协助者，又是儿童与环境互动的联络者。

① 资料来源：《蒙台梭利小教室》剧照。

三、马拉古齐：环境是第三位老师

美文欣赏

不，就是一百种①

作者：罗里斯·马拉古齐

儿童

由一百种组成。

儿童有

一百种语言，

一百只手，

一百种思想，

一百种思维方式

游戏方式、说话方式。

一百种，一百种方式

聆听、惊喜和热爱，

一百种喜悦

去歌唱和理解

一百个世界

去探索，

一百个世界

去创造

① （美）卡洛琳·爱德华兹、（美）莱拉·甘第尼、（美）乔治·福尔曼：《儿童的一百种语言转型时期的瑞吉欧·艾米利亚经验》，尹坚勤、王坚红、沈尹婧译，南京：南京师范大学出版社，2014年，第5页。

一百个世界

去梦想。

儿童有

一百种语言

（一百又一百），

但有人偷走了九十九种。

就是学校和文化

把他们身心分离。

他们告诉儿童：

不动手而思考，

不动脑而行动，

只听不说，

理解了也毫无乐趣，

喜爱与惊奇

只属于复活节和圣诞节。

他们告诉儿童

在已知的世界里探索。

一百种中，

他们偷走了九十九种。

他们告诉儿童：

学习与玩耍，

现实与幻想，

科学与空想，

天空与大地，

理智与梦想，

都是

水火不容的。

因此他们告诉儿童

没有一百种。

儿童说：

不，就是一百种。

"瑞吉欧儿童中心"（Reggio Children）于 1980 年成立，幼教协会于 1994 年成立，在瑞吉欧教育模式的创始人、领导者罗里斯·马拉古齐（Loris Malaguzzi）先生的带领和影响下，一个经典的早期儿童研究机构在几十年的时间里，在幼教界积极的努力与贡献，收获了令人惊叹的成就：1984 年，《儿童的一百种语言》展览风靡全球，被欧美各国争相巡回展出；1991 年，被美国杂志《新闻周刊》评选为"世界十大杰出学校"。数十年的艰苦创业，使意大利在举世闻名的蒙台梭利之后，又形成了一套独特与革新的哲学和课程假设、学校组织方法以及环境设计的原则。

在瑞吉欧的教育理念中，把环境作为教育的重要因素，也作为教育的内容。环境是第三位老师，包含着丰富的教育信息和资源，对幼儿的发展起着促进和激发作用。瑞吉欧教育特别重视为幼儿创设丰富的环境，让幼儿在舒适的环境中学习，与环境互动。因此，瑞吉欧的幼儿园都非常重视环境的创设，积极鼓励幼儿参与其中。在班级环境创设时，应考虑到人、空间、时间和材料四个要素，一切创设内容都要以幼儿为主体。

老师的角色尤为重要。通过项目（类似其他的日常工作），老师以小组的"记忆"角色与儿童讨论记录的结果。这可以让儿童重新系统地回顾他们的感受、收获、观察和反思，然后进行更深层面的重建和重新解释。而重温较早时期的照片和录音带所记录的活动时刻，可以使儿童所付出的努力发挥更好的作用，可促进儿童的关键记忆。如图 2-12 所示的戴安娜幼儿园 5 岁组晨间活动平面图中，圆点是儿童和老师所在的位置，每一位老师与三四名儿童密切配合，另一位老师则四处走动。

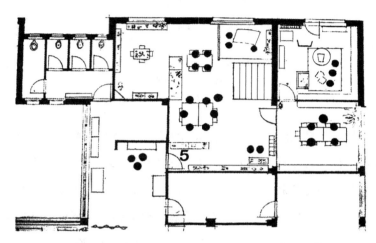

图 2-12　戴安娜幼儿园 5 岁组晨间活动平面图①

儿童是环境的主人，环境是为儿童服务而存在，老师在创设时应尊重儿童的兴趣爱好与年龄特点。例如，戴安娜幼儿园中有一个 5 岁儿童的班级要开一家小店，这是一个读写活动的生成。孩子们参观了镇上几家他们最喜欢的店铺，然后收集物品来出售，他们还定价格、做宣传。他们把小店命名为"印迹"（Punto Impronta），意为"留下印象的地方""痕迹""踪迹"，这是一个很好的比喻。孩子们做的标记能唤醒他们新的书写技巧（如图 2-13 所示），也显示出这个年龄段的孩子在以象征性的手法书写字母时倾注的情感和想法。在小店开业那天，幼儿园全体人员都参加了盛大的庆典活动（如图 2-14 所示）。

---

① （美）卡洛琳·爱德华兹、（美）莱拉·甘第尼、（美）乔治·福尔曼：《儿童的一百种语言转型时期的瑞吉欧·艾米利亚经验》，尹坚勤、王坚红、沈尹婧译，南京：南京师范大学出版社，2014 年，第 5 页。

图 2-13 小店的橱窗里有许多标示符号　　　图 2-14 幼儿园全体人员集中在小店里

　　创设班级环境时，不仅要考虑空间的合理利用与划分，还应考虑时间的要素。班级环境要根据当时的季节、节日进行创设，更有利于幼儿所熟悉与喜爱。材料是班级环境创设中必不能少的要素，材料的选择对幼儿与材料的互动与操作有直接的影响。因此，在创设班级环境时应充分考虑这些因素，让丰富的班级环境真正促进幼儿的发展，只有这样，创设的班级环境才更加合理、有效。

四、布朗芬布伦纳：人类发展生态学理论

　　布朗芬布伦纳（Urie Bronfenbrenner）（1979）从生态学的角度研究人的发展问题，提出了人类发展生态学（Ecology of Human Development）的概念，他认为人类发展生态学是对不断成长的有机体与其所处的变化的环境之间相互适应的过程进行研究的一门学科，有机体与其所处的即时环境的相互适应过程受各种环境之间的相互关系，以及这些环境赖以存在的更大环境的影响。

　　该理论有三个主要特点：

　　★ 发展中的个体受到环境的影响但并不受环境的控制，他是受环境影响并且随时重新构建环境的实体，不会受环境任意的影响；

　　★ 环境需要与发展主体相互适应，两者之间也必然会相互影响，人与环境之间的影响是相互作用的，不是单向的关系；

★ 与发展相联系的环境不是一成不变的，它还包括情景之间的相互联系和作用，以及这些情景所依托的更大的环境。

根据布朗芬布伦纳对环境研究提供的视角，我们可以把幼儿园的环境分为既互相独立又互相联系的四个系统——小系统、中系统、外系统和大系统，如图 2-15 所示。

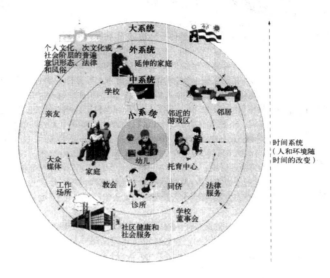

图 2-15　布朗芬布伦纳的环境生态模式 ①

①小系统是指发展中的个体在特定的环境中对活动、角色及人际关系的体验范型。对学前儿童来说，是指他们可以直接参与其中，并与之发生相互影响的环境，比如在幼儿园环境中，他们所经历的活动、承担的角色以及建立的人际关系模式。

②中系统是指两个或更多的直接环境之间的相互联系而构成的系统。对学前儿童来说，主要指他们可以直接参与并与之发生关系的、更广泛的环境，比如家庭与家庭间的关系、家庭与邻里间的伙伴关系、家庭与幼儿园的合作关系、家庭或幼儿园可利用的社区环境（博物馆、植物园、动物

---

① 汤志民：《幼儿园环境创设指导与实例》，上海：华东师范大学出版社，2013 年，第 7 页。

园、公共游乐园等）。这种环境系统会因学前儿童进入新的环境而不断生成和扩展。

③外系统是指社区中与个体积极参与的直接环境有影响的间接环境。对学前儿童来说，主要指他们一般不能直接参与其中，但对他们的成长有影响的环境，如玩具工厂、大众传媒或其他社会群体机构和社会组织（如各级教育机关和其他政府部门）等。

④大系统是指影响上述系统的一些共同因素，比如社会的观念和思想体系等。对学前儿童来说，主要是指家长的期望与态度，幼儿园教育所规定的培养目标，其他社会群体、组织乃至整个社区的主流文化和亚文化等，以及家长与老师的儿童观、教育观、价值观。这些系统相互拼接在一起，共同组成了幼儿发展的生态环境。

这几个系统是一个有机的整体，它们通过直接或间接的方式，在幼儿的发展过程中发挥着巨大的作用，极大程度地影响着幼儿的思想和行为。

第二节　沉浸式学习的环境观

你是否有过这样的感受，全情投入地做一件事情，以至于忘记了时间的流逝，突然发现半天时间都过去了！这些事情可能是画画、写作，也可能是练琴或跑步等，这样的体验叫作沉浸式体验，也叫作心流体验。在本节内容中，我们将了解沉浸式学习的环境观，并深入思考其在幼儿园环境创设中的运用。

（一）沉浸式学习的定义

沉浸理论（Flow Theory）起源于米哈里·契克森米哈赖（Mihaly Csikszentmihalyi）在 20 世纪 60 年代对游戏展开的研究，他将关注点从游戏带来的益处和功能转移到游戏带给人们的愉悦感上，并把现实游戏中产生的令人愉悦的感受扩展到多种不同形式的"自成目标"的活动中，比如攀岩、国际象棋、体育运动、艺术活动等，这些活动具有内部动机性，即参与者只关注活动本身，不求外部回报或结果的沉浸并享受在活动过程中。1975 年，他提出了沉浸（flow，也称为"心流"）概念，将其定义为"人们全面参与活动时所感受到的一种整体体验"，他认为这是人们愿意继续参与某一行为的主要原因。

1990 年，米哈里·契克森米哈赖在对沉浸理论研究的基础上，出版了《心流：最优体验心理学》一书，该书于 2017 年在我国出版发行。书中对沉浸理论进行了系统的介绍，并且重新解释了沉浸的概念，将其定义为"具有适当的挑战性而能让一个人深深沉浸于其中，以至于忘记了时间的流逝、意识不到自己存在的一种体验"，并提出心流的九大构成要素：具有挑战性的活动、知行合一、明确目标、即时反馈、全神贯注、掌控自如、浑然忘我、时间感异常、体验即目标等。心流体验的过程分为条件因素—体验因素—结果因素三个步骤（如表 2-1 所示）。

表 2-1　沉浸体验的发生伴随着九个要素

条件因素	体验因素	结果因素
1. 明确目标	4. 知行合一	7. 浑然忘我
2. 即时反馈	5. 全神贯注	8. 时间感异常
3. 挑战与技能匹配	6. 掌控自如	9. 体验即目标

"沉浸"一词，原意是指物体进入到液体中时被全方位包裹的状态，徐铷忆将沉浸划分为物理沉浸、心理沉浸，其中，物理沉浸指感官信息带来的沉浸感，包括各类可以获得信息的形式，比如视、听、触、嗅、味以及本体知觉；心理沉浸指形成过程中参与者个人主观的投入程度和注意力集中状态。

而沉浸式学习（Immersive Learning）源自语言教育领域，是一种语言培训方式，即在一个特定环境中，要求学生全方位使用目标语言，形成目标语言的思维习惯，达到灵活运用该语言的目的。浸入式（immersion）是指用第二语言（外语）作为教学语言进行学科教学的一种双语教育模式，即学生在校（园）的全部或部分时间内，被"浸泡"在第二语言（外语）环境中，除了用第二语言（外语）教授第二语言（外语），部分学科课程也以第二语言（外语）为媒介进行教授（郑秋贤，2003）。

随着教育技术和理论的发展，沉浸式学习有了更广泛的内涵和形式，比如虚拟现实空间、线上交互、情境创设体验、多感官体验等。无论是何种沉浸式学习，都强调特定环境对人的影响。本文探讨的沉浸式学习是一种学习方式，以幼儿为中心，以认知迁移为基础，以能力提升为目标。通过设计学习过程，推动幼儿进入沉浸式学习状态，更有效地实现幼儿的认知迁移与行为改变。在幼儿园的教育活动中，即在特定的人文环境和典型情境中，通过任务驱动、情境创设、游戏体验等方式，帮助幼儿获得沉浸式感官体验和认知体验，在师幼共同创设的环境中感到愉悦和满足。

（二）沉浸式学习的特点

杨凯（2021）认为沉浸式学习包括立体感、沉浸感、新颖性、交互性、感知性、构想性、传播性、自主性等特点。徐铷忆则将沉浸式体验的特点概括为无边界、交互性、愉悦性和具身性，能够促使参与者沉浸其中并进行互动、探索与及时反馈，并通过可视化、数据建模等信息处理方式，动态量化现实环境的数据，通过创造、丰富场景或情景再现，以虚实融合、虚实叠加等内容形态，为参与者的身心感悟、认知、理解等，提供全新的环境与支持。由此可见，沉浸式体验需要优质的环境支持才有可能达成。

在沉浸理论中，获得沉浸式体验必须包含七大要素：行动与意识的融合、高度集中注意力、自我意识消失、对活动本身有掌控感、有明确的目标、清晰的反馈、自足的本质（活动本身就是最大的奖励）。杰克逊和马尔什经研究补充了技能与挑战的平衡，形成了九大要素。已有研究表明，一些研究对象在活动之初并未显示强烈的内在动机，之所以参与活动是因为外部奖励或其他刺激，但在外部奖励的作用下也可以进入沉浸的状态，在活动过程中或许会对活动本身渐渐产生兴趣，也就是说，刺激沉浸体验状态的环境是可以创设的。

按照技能、挑战两个维度，我们可以将人们的常见行为模式总结为图2-16 中所示的八种。心流处在技能适中、挑战适中的理想区域。当你心中有个目标，这个目标对你来说有一定难度，而你的技能可以初步胜任这个目标的时候，你开始投入心力，注意力被立即的反馈攫住，而环境也逼迫着你做出回应。就像乒乓球高手对打时，小球成为两人之间意识流动的媒介，由此体验到人类最美妙的感觉——心流。反之，在低挑战、低技能的区域是焦虑、冷漠、厌倦。

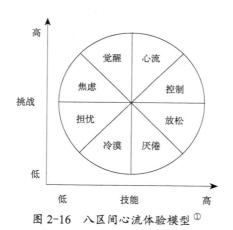

图 2-16　八区间心流体验模型 [1]

沉浸式体验是一种全身心投入的积极心理状态，很多人都曾经有过这种非常美好的心理状态，即心流通道的体验，有的是通过感官体验，比如全身心地玩俄罗斯方块；有的是认知体验，比如全身心投入读书或听课。在学习

---

[1] 米哈里·契克森米哈赖：《心流：最优体验心理学》，张定绮译，北京：中信出版社，2017 年，第41 页。

领域，沉浸式体验可以说是一种最理想的学习状态。

我们不可能长期做同种层次的事依然觉得乐趣无穷，不是因此感到厌烦，就是饱受挫折，然后寻求乐趣的意愿会促使我们拓展自己的技巧，或发掘运用技巧的新方向。就因为这种充满动力的特性，使沉浸式学习成为成长与发现的源泉。

第三节　沉浸式学习对幼儿园环境创设的启示

在幼儿园环境创设中，如何改变基于成人立场的环境观问题，如何平衡"老师预设"与"师幼生成"，避免幼儿的主体性缺失、被工具化对待、精神需求被忽视等现象，沉浸式学习提供了一个很好的视角。建构主义学习理论强调"知识是学习者建构的，不是老师提供的"，老师不是直接将知识灌输给幼儿，而是为幼儿提供有挑战性的环境和机会，鼓励他们思考、推理、解决问题。因此，好的环境创设应该支持幼儿的学习，为幼儿搭建鹰架，同时允许幼儿自主开展活动、建构认知，帮助其获得沉浸式学习的体验。

（一）回归游戏精神

当前幼儿园一日生活的现实是幼儿自身的自然生活节奏被老师主导的、单调重复的、规范化的机械节奏所打乱，班级环境的游戏文化和自由精神被弱化。所以，创造滋养儿童文化的班级环境的关键是使幼儿园一日活动尊重和跟随儿童自己的生活节奏，其最有效的方式是让儿童以游戏的方式生活。生活的过程乃是生命活动的过程，对于儿童而言，游戏是最能体现他们生命力的活动方式，儿童游戏精神赋予了儿童的生活与文化独特的人文化取向和性情化的浪漫主义色彩。儿童的游戏活动是非功利的、感性的、快乐的、直观的、动态的，对于沉浸在游戏中的儿童来说，其身体与精神、感觉与情绪、意识与行为、激情与想象水乳交融。

游戏精神应是自由的、自主的、创造的、愉悦的，是把幼儿的感受、体验放在前位的。维果茨基（Vygotsky）认为"学前期的主导活动是游戏"，此概念来自"最近发展区"理论（Zone of Proximal Development）。游戏是幼儿心理发展的重要因素，维果茨基将幼儿的游戏行为理解为，在原有行为基础上不断超越，创造"最近发展区"，这正是沉浸式学习的一大特点。

在回归游戏精神的幼儿园环境创设中，老师需要注意三个指导策略：第一，要鼓励游戏，游戏不是调节的娱乐活动，它是幼儿学习的内容、方式，有极高的教育价值，老师应建立"游戏重要"的心理氛围，构建教学中的游戏意识。第二，要服务游戏，老师应努力创设引人入胜的游戏环境，准备丰富多样的游戏材料，提供广阔安全的游戏空间，刺激游戏的有效发生和幼儿愉快的游戏体验。第三，要合理指导游戏，避免指导"过头"转化为"导演"，导向游戏手段化、形式化的结果，最终导致幼儿在游戏中丧失学习的乐趣。

（二）强调深度体验

创设体验丰富的幼儿园物质环境，老师需要增强环境的亲和力，以帮助幼儿与材料及整个世界建立联系。老师要赋予环境灵性与人格特征，需要思考环境如何唤醒幼儿的心灵，激发幼儿的感性体验与想象力，如何让幼儿有归属感、温馨感，如何能让幼儿感到心灵自由与沉浸式体验，如何向幼儿发出挑战或者是如何消除幼儿的疑虑，并在此基础上与之互动。

老师可以为幼儿创造多种感官体验的环境，例如在区角、桌子上、休息室，或者是黑暗的地方放置一些夹灯、落地灯、台灯来突出一个区域，还可以使用各种灯串、光束和光影来增加教室的新奇感，以激发幼儿的感性体验。还可以在活动室挂上风铃，或者是制造一些潺潺流水等优美而具有奇趣的声音，以激起幼儿的好奇心。此外，活动室里还可以增加一些有迷人气味的物品，如鲜花、树叶、香草等。另外，老师还可以从大自然中，比如回收站、旧货店、杂货铺、厨房橱柜、海滩、森林或公园等地方收集一些开放性材料。

这些开放性材料的作用在于留白，它们能够激发儿童的想象力，像是发出呼唤"用我来展示你的想法和创造吧！"让幼儿将自己看作发明家。老师可以将开放性材料布置在教室和户外区域的各个地方，或者将这些不同属性的材料搭配摆放，制造一些新意来吸引幼儿。最后，老师还可以和幼儿一起将幻想中的环境或者物品制作出来进行装饰，模糊班级环境中虚拟与现实的界限。

（三）支持心流涌现

如前所述，心流涌现的前提条件是清晰的目标、即时的反馈以及能达成的挑战性任务（如表 2-2 所示），老师需要根据幼儿的最近发展区，支持幼儿完成有一定挑战性、跳一跳就能达到的任务。从环境创设角度来说，需要通过物质环境、心理环境和时间环境的创设与管理，帮助幼儿进入深度学习的状态，尽可能地创造不会使幼儿分心的环境。

表 2-2　心流涌现的前置、条件和效果

分类	要素	具体执行
心流涌现前置	一项可以完成的任务	明确要做什么
	需要全神贯注在这件事情上	尽可能创造不会分心的环境
心流涌现条件	任务具备明确的目标	知道需要达成的目标是什么
	任务具备清晰的反馈	有检测任务是否达成的判定标准
	能够自由控制自己的行动	难度与技巧匹配，跳一跳就能达到
心流涌现效果	毫不牵强地行动, 忧虑和沮丧一扫而空	
	进入忘我状态	
	时间感觉会改变	

由于幼儿的注意力发展水平和心智水平尚未成熟，需要老师采用积极的支持策略，为幼儿搭建鹰架。以语言领域为例，想通过环境创设提升幼儿语

言和词汇的发展，在时间环境方面，老师可以通过过渡环节的互动向幼儿说明时间的转换，帮助幼儿理解一日生活的时间表；在心理环境方面，老师可以鼓励幼儿解释自己的情绪、体验和感受；在物质环境方面，可以创设供幼儿深入探索的区域（如表 2-3 所示）。通过全环境的支持，帮助幼儿进入心流状态，而不是打断幼儿的心流体验。

表 2-3　在环境中促进语言和词汇发展的案例

时间环境 （作息表、例行活动、 过渡和学习活动）	心理环境 （与他人的社交互动）	物质环境 （空间、家具、材料）
在具体的例行活动中，与幼儿交谈，解释在做什么	观察幼儿的情绪， 并为这些情绪命名	安排幼儿的探索区域，让他们描述正在做什么和看到什么
阅读简单的纸版书时，改变阅读语气，展现不同的表现力	鼓励幼儿用自己的话来解释感受	提供有趣的和鼓励对话的材料，比如玩偶、积木和装扮衣服等
翻阅书籍，发现并重复丰富的单词	将幼儿的牙牙学语、面部表情和动作解释成文字	给幼儿提供可以展示他们在户外探险中发现的宝藏的区域
在进行例行活动及学习活动之前和期间提供简单的说明	使用 "serve-and-return"（你发一我接）回应式互动模式与幼儿交流	营造舒适的阅读空间
通过既定的例行活动与幼儿交谈，例如就寝时间、进餐时间和午睡时间	在小团体中交流	提供各类印刷材料
过渡环节可以唱唱歌，例如清洁时间、洗手时间、进餐时间和午睡时间	唱歌、律动操，并提供节奏，一对一、小团体或大团体活动；让幼儿根据自己的兴趣加入或离开	为各个年龄段的儿童标记房间，并请他们帮忙
在活动过渡、转换之前提供简单的信息	提高音量以强调重要的单词和信息	根据歌曲或故事中的模式设置障碍训练场，例如 "Hunt Bear"
指向书中的事物，命名并描述	与幼儿一起玩躲猫猫、拍手、弹跳游戏、指点游戏等	提供一个幼儿可以参与戏剧表演的空间
要求幼儿取不同的物品	和幼儿一起玩，有时引导，有时跟随	安排多个幼儿可以参与的体验，以及需要分享的素材

时间环境 （作息表、例行活动、 过渡和学习活动）	心理环境 （与他人的社交互动）	物质环境 （空间、家具、材料）
玩一些可让幼儿识别身体部位或房间内物品的游戏	帮助幼儿学会等待，并倾听他人说话	提供低挂的亚克力镜子
玩简单的重复的游戏	展示理解和示范适当的语法，复述幼儿的想法	提供幼儿可以书写、涂色和创作的各种类型的材料
遵循日常主要体验的基本时间表，例如室内、室外、午睡时间、零食时间、进餐时间	问孩子"我想知道……"的问题	让幼儿可以在落地篮子或低架子上取用图书和其他阅读材料

（四）鼓励提问探究

老师可以通过观察或者与幼儿谈话，了解并尊重幼儿对环境的看法，以及邀请幼儿进行绘画，开展幼儿会议等方式支持幼儿多元化参与环境创设评价，在班级环创实践中表达自己的想法、践行自己的主张。老师在使用这些方法时，需要注意不要用强硬的质问、测试或者是要求赞同的语气，可以使用"我很好奇""我想知道"等这样平和的、询问的句式让孩子可以在毫无压力的情境下自由表达。老师可以通过这些方法了解孩子对班级区域布局、材料投放、墙面等方面的看法与情感体验。在了解了孩子的看法之后，老师要给予极大的尊重，并对合理想法做出回应。幼儿原有的认知结构（即"旧知"）影响着他们的学习与生活，老师需要把观察和访问幼儿作为环境"设计—评估—再设计"的一部分，以及寻求幼儿的意见，由此聚合成对整个系统更全面的理解。

例如，幼儿发现了一块不一样的石头，十分感兴趣，老师便可以"借题发挥"，设计"小小鉴宝家""鉴宝大会"等不同的情景式游戏，以石头作为切入点，让幼儿沉浸在角色中畅谈，将完整的情境融合到教育活动与环境创设中。提出的问题尽量是幼儿在生活中遇到的问题，从而激活幼儿原有的生活经验，让他们充满兴趣地学习全新的知识，将新的知识经验同化入原有的知识经验中，再通过从同化到顺应的自我调节，不断积累经验、迁移知识去解决生活中的新问题，形成受益终身的学习态度和能力。此外，一个好的学习环境应使幼儿在活动过程中犯错误或做出错误的判断，使幼儿产生惊讶、冲突和猜想，认识到自己的认知对探索问题、解决问题的影响，以改进其认知。

（五）发扬在地文化

幼儿园环境创设也应关注幼儿对本国文化、本土文化的情感认同。利用本土文化创设幼儿园环境有利于激发幼儿对家乡的热爱，也能突出幼儿园的办园特色。立足于本土文化就要根据当地的风土人情、气候条件、地理环境，进行幼儿园环境设计。针对小班儿童，老师可简单培养其节日传统文化的习俗与一些传统文化的寓意，但幼儿从中班过渡到大班以后，老师应关注其对本国文化、本土文化情感方面的认同，培养其文化自尊和民族自信力。

老师还可以充分挖掘家庭教育和社区教育的资源，例如，根据在地文化主题设计亲子学习单，在幼儿返家之后与家长共同完成，这不仅能帮助幼儿增加正在进行主题活动的经验，也让家长了解、参与和支持园所的主题活动，促进幼儿与家长之间的亲子沟通。通过编制学习单的内容，让家长与幼儿一起调查、探访当地的特色景点、风味小吃、风土人情。在活动结束后，可以邀请家长入园参与成果发表会，并将学习单展示在主题墙上，成为记录幼儿学习与成长的环境创设，形成沉浸式学习的完整闭环。

（六）彰显专业精神

环境创设最终是要影响人的发展，幼儿园环境要直面幼儿个体生命成长，这种成长既包括自然性与精神性的，也包括经验性与社会性的，而幼儿园环境创设走向滋养儿童之路正是直面幼儿个体生命成长的有效途径。幼儿园环境要做到滋养儿童，直面幼儿个体生命成长，除了以幼儿为中心进行环境创设之外，还必须让幼儿园环境成为儿童与成人对话的"舞台"。老师要尊重儿童的主体地位，让班级环境突显儿童文化。所以，需要以构建良好师幼关系为基础，进而打造和谐对话关系。

此外，老师应当明确自己在幼儿园环境创设中的主导地位，不能"全程包办"，但也不能"放手不管"，应当充分发挥自身的主观能动性，在环境创设过程中彰显自己的专业精神，而不是一味地被动执行，将其看作一种上级行政命令或者是硬性的任务。老师可以主动采取同伴交流、网上学习、书籍阅读等多种便捷的、可利用的方式随时随地地进行学习，让自己也沉浸其中，获得沉浸式学习体验。另外，幼儿园也应当为老师们创设更加适宜的学习环境，提供更多的资源和途径对老师的学习进行支持。同时，园内要多多营造以鼓励为主的、宽松的学习氛围，尊重老师们在学习上的个体差异，充分激发老师们的学习主动性，形成良好的幼儿园文化环境。

章节练习

1. 说一说你最喜欢哪一位教育家的环境观，并用一幅画将其表现出来，然后请同学猜一猜你画的是哪一位教育家的环境观。

2. 回顾教育心理学所学知识，尝试挖掘沉浸式学习背后的理论依据。

3. 请基于沉浸式学习的视角改造你的宿舍环境，拍摄"改造前""改造后"两张照片，并谈一谈沉浸式学习对你的学习和生活有哪些启发。

拓展学习资源

陈鹤琴的"活教育"17条教学原则

1. 鼓励儿童去发现他自己的世界;

2. 积极的鼓励胜于消极的制裁;

3. 大自然、大社会是我们的活教材;

4. 比较教学法;

5. 用比赛的方法来提升学习效率;

6. 积极的暗示胜于消极的命令;

7. 凡是儿童自己能够做的,就应当教儿童自己做;

8. 凡是儿童自己能够想的,应当让他自己想;

9. 教学游戏化;

10. 教学故事化;

11. 老师教老师;

12. 儿童教儿童;

13. 精密观察;

14. 你要儿童怎样做,就应当教儿童怎样学;

15. 替代教学法;

16. 注意环境,利用环境;

17. 分组学习,共同研究。

纪录片

中国幼教之父——陈鹤琴(2019)

出品:南京师范大学、中国学前教育研究会、江苏省陈鹤琴教育思想研究会、深圳特蕾新教育集团简介：五集纪录片《中国幼教之父——陈鹤琴》是中国首部全面解读陈鹤琴幼儿教育的理论与实践的大型系列纪录片。全片以陈鹤琴的人生经历和教育思想为主线，以丰富的真实影像文献资料为载体，以中外大量纪实访谈为依托，将历史与现实对接切换，相互交融，生动、形象地展现了陈鹤琴为中国幼教事业无私奉献的一生。全片共分五集，每集30分钟。按照《认识儿童》《学做父母》《生活课程》《快乐游戏》《活的教育》五个不同的主题逻辑进行分集结构，引用陈鹤琴大量的经典理论，以真实的画面和朴实无华的视角捕捉人物的灵魂，回眸陈鹤琴的教育思想对于教育的改造、儿童的解放、老师的培育等，带给后人的启示。

大师（2008）

导演：王韧

简介：百集文化系列片《大师》是上海文广传媒集团纪实频道以栏目形式打造的一个电视文化工程，是今人重读中国近现代史的一个构想，是我们共同走近大师、感受伟大的一种尝试，是用敬畏和自信来打造艺术精品的一种努力。通过展现大师的思想和精神，传播中华民族文化的精髓，彰显民族精神。这可以启示观众在今天全球化的语境中，审视和反省我们民族走过的现代化道路与历程，重新发现和阐释大师对我们的意义。其中，第八集讲述了中国幼教之父陈鹤琴的故事。

视频链接：https：//www.bilibili.com/bangumi/play/ep263463

蒙台梭利小教室Le maître est l'enfant（2017）

导演；Alexandre Mourot

主演：Anny Duperey / Alexandre Mourot / Christian Maréchal

简介：该片于2017年在法国大剧院首映，2018年在德国上映，2019年在中国台湾上映。2021 年 5 月 16 日，央视 CCTV-9 播放了该纪录片。该纪录片的导演 Alexandre Mourot 是一位年轻的父亲，女儿的降生给了他接触蒙台梭利教育的契机，激发了他对这种教育教学方式极大的兴趣，甚至成为一名蒙氏 3-6 岁的认证老师。他被蒙台梭利教育理念深深吸引的同时，也萌生了将这一历经百年考验的教育理念带给更多人的初心。该片真实地记录了 2015 年法国蒙台梭利教室里的孩子是如何学习与成长的。

官方网站：Le maître est l'enfant – Le maître est l'enfant（montessori-lefilm.org）

第三章　幼儿园环境创设的原则与要素

学习目标

本章将阐述幼儿园环境创设应遵循的主要原则，主要学习目标如下：

1. 掌握创设健康安全的环境所需依循的原则。

2. 掌握创设发展合宜的环境所需依循的原则。

3. 掌握创设情感支持的环境所需依循的原则。

4. 掌握创设鹰架学习的环境所需依循的原则。

5. 认识影响幼儿园环境的关键因素，理解各因素之间的相互作用。

知识点概览

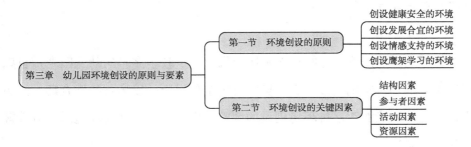

问题情境导入

馨惠是一位初上任的幼儿园老师，每天早晨走进自己的班级教室既开心又担心，过去这一学期她虽然非常用心准备课程，希望带给孩子们丰富的学习内容，但在班级中会不时出现下面的状况：

★ 一天当中，大部分的时间都在维持秩序，例如，要孩子们安静坐在位子上等老师发材料，要做完作品的孩子排队盖小花，提醒用餐时"不要讲话"等。

★ 教室里设置了多个学习区，但是孩子们在学习区里经常发生抢教具、玩具，不小心破坏了别人建构好的作品，互相告状的情况等。

★ 老师精心准备的教材、教具，孩子们似乎并不领情，玩两下就放到一边。

★ 自由选区时孩子们的声浪越来越高，自己必须提高音量管控，并且常打断孩子的活动。

★ 自己很想轻声细语跟孩子说话，却常感心浮气躁，忍不住对孩子发火。

每当想到这些困扰，馨惠就深感挫败，是自己教学能力不足吗？她不禁怀疑自己是否适合当老师了。

馨惠老师的困扰并非初任老师所专属，不少教学多年的幼儿园老师也感叹教室如战场，特别是接任新生班级时更是要经历一段痛苦的磨合期。试想想，上述的困境能否通过环境创设的调整加以改善？在创设环境时，应掌握哪些原则呢？

第一节　环境创设的原则

一、创设健康安全的环境

在著名的《幼儿园创造性课程》（*The Creative Curriculum for Preschool*）一书中提到，老师体认到环境强大的力量，往往会通过有目的、意图性的空间安排传递他们希望孩子接收到的信息。而一个优质的环境应该传递给幼儿积极正向的信息，包括以下几点：

- ★　欢迎来到这里，你属于这里。
- ★　这是一个美好有趣的地方。
- ★　这是一个值得你信任的地方。
- ★　在这里你可以放心地说出自己的想法。
- ★　在这里你可以自主地从事许多活动。
- ★　在这里你可以放心大胆地去探索和尝试。

我国《幼儿园教育指导纲要（试行）》和《3-6 岁儿童学习与发展指南》均强调应打造让幼儿感受到安全、有归属感、能够自主又快乐学习的优质环境。创设一个健康又安全的幼儿园环境重点在于能够保障幼儿的身心健全发展，并能在安全无虞的前提下鼓励幼儿安心、快乐地参与各项学习活动，因此，环创的工作宜遵循下列三项原则。

（一）保障环境的清洁卫生

幼儿园环境的清洁卫生是对幼儿健康最基础的保障。由于年龄的限制，幼儿往往自制力较弱、自律性较低、无法充分判断环境的状况，且对环境中各类器物认识不清，所以，常见幼儿捡食掉落桌上或地面的食物，或如厕不能适当的清洁、户外游戏时随意用手触摸眼睛和口鼻等部位，造成许多卫生和健康的隐患。因此，老师宜从两方面杜绝可能在卫生安全上对幼儿造成危害的现象。

首先，在物理环境的卫生保障方面。一方面对于幼儿园室内外环境，班级老师以及学校的卫生保健、厨卫体系应定期且系统地进行清洁、消毒和检查，保障幼儿园整体良好的卫生条件。另一方面，在室内外硬件设施设备的设置上，应特别注意遵循国家有关标准，如《幼儿园安全友好环境建设指南（试行）》等，尤其是饮水、食物和教学中所使用的素材等，须严格遵守规范，确保幼儿安全。

此外，针对幼儿的健康卫生教育，可结合班级作息以及幼儿园各类型活动中适当的时机，让幼儿通过身体力行的实践体认其重要性，并养成良好的卫生习惯，例如，饭前、便后洗手，咳嗽和喷嚏用手帕或袖子掩口鼻等。并可邀请并指导幼儿参与教室中简单例行的清洁工作，使幼儿学会基本的环境卫生维护的技能，例如；餐后桌面、地面的整理，美劳活动后擦拭桌面，期末清洁教具和教具柜等。胡少慧建议，让幼儿参与清洁工作应注意选择其力所能及的任务，并以简单的图解提示清洁步骤、物品定位、清扫责任分工挂牌等；并应提供适宜的工具，例如，适合幼儿自己挤干、清洗、擦拭的海绵，小尺寸的扫帚、畚斗、垃圾桶等，必要时提供自身卫生保护的袖套、罩衣、雨鞋、手套等。

（二）杜绝环境的安全隐患

幼儿园的一日生活中，安全的考虑可说是重中之重。为确保幼儿安全、健康的活动，在环境创设上应尽量杜绝隐患，可从四个方面来考虑。

1. 空间与动线的安全防护

幼儿园的建筑应严格遵照国家《托儿所、幼儿园建筑设计规范》中对于建筑空间与动线的安全要求，例如楼梯和廊道的宽度、楼梯间的安全护网、建筑物出入口的配置、逃生路线的规划和标示等。另外，也要注意幼儿在建筑物中移动时，群体容纳量和动线的合宜性，例如同时有多个班级的幼儿需要上下楼梯时，如何避免发生摔倒踩踏等。必要时，在阶梯上加贴方向性的标示来引导幼儿动线或设置区隔的中岛（如图 3-1 所示），就可以防范危险于未然。

图 3-1　阶梯上的方向标示引导幼儿动线

2. 材料器具的选择和使用

应注意尽量选取自然、无毒、无尖锐角的素材，提供质地相对柔软的材料，避免在活动过程中造成幼儿意外受伤。有些游戏活动势必使用坚硬、可摔破或厚重的器具时，例如单位积木、装扮角的锅碗瓢盆等，必须事先教导幼儿如何正确操作使用并爱惜器具，同时注意自身和他人安全。活动中需要用火（如烹饪活动）或用电（如陶泥机、小木工机）时，则一定要避免幼儿触碰（例如把插座设在 1.8 米以上的高度或有枷锁的绝缘盒），由老师专门操作为宜。所有的设备设施、教材教具和大型游戏器具应定期检查维修，以保持完整无缺损的状态，满足幼儿愉快且安全的操作学习。

3. 安全意识的教导提示

除了降低物理环境中的危险性之外，更重要的是建立幼儿对安全的意识和重视，帮助幼儿学会警觉威胁、保护自身安全。因为成人不可能随时随地在幼儿身边，对幼儿安全的最佳保障就是他们能正确地判断何时何处有潜在的危险，并避免让自己涉险。因此，平时除了加强对幼儿的安全教育，口头上的叮咛指导之外，在环境创设上，为适时提醒幼儿在活动过程中的注意事项，应将安全规则制作成可视化的图像或警示图，便于幼儿理解及辨识。另外，要提醒幼儿看到危险或可疑状况时务必向老师通报，以及时处理。

4. 安全死角的监控管理

幼儿园室内外各角落应确保能随时监督到所有幼儿的状况。教室中即便因幼儿对安静、独自的私人空间的心理需求而设置了独处的隐蔽角落，老师也要适时巡视留意。另外，对于未经许可的人士入园应该有严格的管控和防范，以保障幼儿在园的安全。

（三）高效因应危机处理

幼儿园中各项事务纷纭，难免会出现意料之外的状况，尤其幼儿活动性强，互动性高，自我管理和处理能力相对较弱，在一日作息环节中非常容易出现突发状况，例如，在奔跑中互相碰撞而摔倒擦伤，冬天不小心踩进被落叶和白雪覆盖的坑洞造成骨折，误食过敏食物等。无论当下伤、病反应的状况如何，未能妥善处理都可能对幼儿的身心危害，更可能导致严重的家园关系危机。因此，在环境创设上，幼儿园应通盘考虑，针对幼儿健康安全保障建立完善且能迅速有效应对处理的制度和机制，将教职工甚至幼儿及家长全员都纳入危机处理网络中，形成闭环，不错失关键因应的时机。目前，越来越多的幼儿园引进物联网、人工智能和大数据技术来构建智慧校园，安全管理是其中重要板块，从幼儿出勤状况、在园移动轨迹、健康及喂药申请、餐点禁忌提示等都可通过系统联动掌控。无论是否借助前述高科技的应用，园内对于健康安全事件的通报、处置、记录和后续追踪处理，以及对幼儿的机会教育指导，都至关重要，不可儿戏。

二、创设发展合宜的环境

（一）掌握分龄发展特性

学龄前儿童在不同年龄阶段有不同的身心发展特性，因此所需的教育情境和学习经验也有一定的差异，在创设环境时应掌握不同年龄的发展特征。在考虑分龄设置相应的环境经验上，我国《3-6岁儿童学习与发展指南》是最佳的参考依据，例如，五大领域中的艺术领域目标有"（二）表现与创造，目标1.喜欢进行艺术活动并大胆表现"。针对此目标，面向小班儿童（3-4岁）可能在环境和活动设置上，适合提供充分地涂涂画画、粘粘贴贴的素材，对于中班儿童（4-5岁）则可补充提供绘画、捏泥、手工制作等多种素材和活动，而针对大班儿童（5-6岁）则除了多样性的素材外，还可以准备适宜的劳作工具，让儿童可以发挥更多的创意。

掌握分龄设置合宜的原则时，可从两个面向具体思考：

1. 以幼儿身心发育为依据

教室空间的安排以及选用的家具、物品、教具等，根据幼儿年龄特点并从幼儿视角出发，如器具尺寸、高矮、重量和数量等，应确保幼儿能方便操作，能胜任、自在。在时间的规划上，也要顾及幼儿能专注、有耐性地完成任务的时长和频率。

2. 以符合幼儿生活为考虑

幼儿园环境创设将国家或社会大力推动的政策或热门议题适度结合起来，与时代情境相互呼应实是无可厚非，但应该考虑与幼儿当下生活经验是否贴切。虽然时代议题是宝贵的教育资源，但若是与幼儿的生活无直接联结，幼儿则难以直接观察、操作、实践，也不易得到真实的理解。例如，海丝文化为国家重要的推动项目，许多幼儿园在环境布置上响应并呈现相关的文化素材，但是，应考虑幼儿的兴趣和关注点，素材无法引发幼儿共鸣，则教育价值并不高，应思考如何从儿童的生活中寻找可结合的相关元素，以更贴近儿童的经验。

（二）激活混龄合作效用

一个有助于幼儿身心发展的环境，不仅要配合发展阶段提供经验，还要提供适度拓展性的教育刺激。幼儿园在创设环境上应考虑通过园内空间的通盘利用，以及跨班级间活动的开展，提供各年龄段幼儿互动交融的机会，以发挥混龄学习的效用。目前，我国的幼儿园在班级编制上大多采用同龄编组的形式，以确保老师计划性的课程与教学能够适龄适性。然而多项国内外研究发现，幼儿园中混龄学习的经验对于不同年纪的幼儿无论在利社会行为、人际互动技巧或认知水平的提升都有显著的成效。例如，杜才飞等人的研究中发现，幼儿参与混龄走班的游戏活动，能够通过自愿选项组成无结构小组，他们在选择游戏伙伴时会采取更多积极的同伴交往策略，在交往方式上也呈现出多样化的特点，而幼儿的游戏体验也多较为正面积极，不同年龄、不同性别的幼儿之间能够形成交往默契和协同合作意识。混龄学习的经验可弥补因局限于跟同年段，甚至只跟同班级的伙伴互动之不足。

在幼儿园中，要从环境设置上提供优质的混龄学习经验，可从以下方面着手：首先，就时间的规划来看，可以在每周作息安排上留出一个或两个上午，作为打破班级、跨年段开放自由选择学习项目的活动时段。其次，在活动形式的安排上，有些幼儿园是以"大学习区"的自由选区活动来进行。再次，也可以依据园内老师的专长设置跨年段的兴趣小组，或设置自由选择的项目制任务小组，例如为幼儿园设计一个空中花园，在庭院中建构一个鸟的乐园等，让不同年龄段的幼儿进行合作学习。

（三）遵循自然变化规律

发展合宜的环境除了符合幼儿本身身心发展阶段的需求外，也要呼应幼儿所生活的外在环境中自然的季节变化规律，才能让幼儿过得更健康更愉快。幼儿的天性是喜爱亲近自然，和同伴玩沙戏水、在阳光下的田野或草地上奔跑追逐，或者观察花园中的植物和昆虫，都能让幼儿感到充满活力和惊喜。自然教育带给幼儿身心各方面的发展和学习上的裨益是不言而喻的。因此，在环境创设上，也应考虑如何配合节令节气，在自然和人文环境上作适当的调整，让幼儿能感受并体验季节的变化与自身的关系，建立天人和谐共生的环境意识。

幼儿园环境创设响应自然节气变化的方式非常多，例如在户外环境上，通过种植各种花草树木，特别是在不同时令开花结果的花卉或果树（如图 3-2 所示），就可以在自然环境上呈现季节的变化，老师不妨带着儿童一起绘制一张园内的四季植物地图，这样，不但可以作为幼儿园介绍中有趣的宣传，更可以让孩子清楚地掌握植物四季成长的轨迹，也可以联想到自身的生长变化（例如，小班时这棵小树跟我一样高，今年我比小树高出一个头了）。就室内的环境创设而言，一方面可以因应节气摆放适当的盆栽，或配合课程主题的开展在教室的布置和活动的安排上，提供观察和操作的机会；另一方面，也可以像华德福学校一样，在每个班级设置季节桌，摆放当时令的植物花、果，或与节令相关的

图 3-2　春天时老师带领孩子们一起腌梅子

图 3-3　季节桌将节气生活带进教室中

物品，将大自然季节递移的缩影带到孩子身边（如图 3-3 所示）。此外，幼儿

园提供的餐点更应该注意季节变化和幼儿饮食的关系，提供时令适宜的食物来促进幼儿的健康成长。

（四）符合真实美感体验

环境对于幼儿审美观点的养成影响深刻，通过日积月累的熏陶，从环境中的用色、各类材质的触感、空间的配置、物品的选择和陈列、墙面的装饰以及整体软硬装的搭配等，获得切身的美感体验，耳濡目染形成自己的审美观。塔尔针对加拿大、美国和意大利瑞吉欧的幼儿园教室中的美感呈现进行了对比评论，他指出北美的幼儿园教室中常出现过多的学习区和素材显得相对拥挤，墙面布置的颜色常使用彩度鲜艳的纯色，而且常采用市面上教具教材社提供的大型海报和卡通图案，整体呈现出简化、粗浅和商业化的美感，这也相对反映出老师认为幼儿无法掌握较复杂的线条纹理和生活中真实的艺术性。相对的，塔尔发现瑞吉欧的教室中呈现着生活中各种自然美丽的素材（如图3-4所示），例如，餐桌旁的柜子上摆着一排装着各色豆子和干食材的透明玻璃瓶，餐具是日常生活中所用的陶瓷碗盘，墙面上挂着幼儿在课程中创作的作品或者活动照片，大片的落地窗将室外天然的阳光和庭院景观引入了教室等。这样的教室布置处处显现出对幼儿能力的信任，幼儿可直接接触和观察到各种物品的不同质地、颜色和形状，也让幼儿在幼儿园班级环境中和实际生活中接触的美感元素具有一致性和延续性。塔尔的发现值得我们反思，幼儿园的环境是否要用一些"伪童趣"的装饰和布置将幼儿与其真实生活的美感经验隔开，还是应该让教室环境更符合自然、有层次、复杂，但不失和谐的艺术趣味。

图 3-4　瑞吉欧幼儿园教室呈现自然的美感[①]

三、创设情感支持的环境

友善、信赖且接纳性的心理环境对幼儿的重要性，更胜过外在物理环境的影响，因为这是幼儿奠定健全人格发展和社会关系的重要基石。《幼儿园工作规程》指出："幼儿园应当营造尊重、接纳和关爱的氛围，建立良好的同伴和师生关系。"创设情感支持的环境以保障幼儿心理健康发展和乐群好学的态度，是幼儿园老师重要的专业任务。

（一）建构尊重、接纳的氛围

幼儿园心理环境对幼儿的重要性毋庸置疑，多篇文献阐明了幼儿在班级中的友伴关系和对班级的归属感是其社会性发展的关键因素。因此，营造良好的心理环境实为创设幼儿园情感支持环境的重要环节。班级文化和人际互动规则决定了班级中师生和幼儿彼此之间互相对待的方式，强调单一标准、竞争取胜的班级和强调尊重个别差异、合作关爱的班级氛围大相径庭，也往往导致幼儿一天在园是否感到满足、自在、受尊重、对老师和同学形成信赖和亲近感。对于幼儿而言，这些情绪和情感的体验是非常强大的心理滤网，

---

① 资料来源：Debbie M. Reggio Emilia Classroom. Pinterest, 2021. https://www.pinterest.com/pin/490822059393531261/.

不但影响幼儿对自我、他人以及世界的观点和感受，更影响他们对学校和学习的界定方式以及整体的学习状态。老师应重视营造班级正向的人际环境，以维护幼儿的发展。

（二）鼓励尝试、容许犯错

幼儿教育的可贵在于为儿童奠定终身教育的基础，因此，除了获得对基本知识和技能的掌握之外，个体的学习能力、学习态度、乐在学习的精神都是建立在此阶段。作为一个培养未来能够对学习充满热情和勇气的学习者的园地，幼儿园要能充分调动孩子的积极性，鼓励他们不怕犯错，有勇气和毅力不断探究新经验。在环境创设上如何让孩子敢于大胆尝试呢？一方面，在物理环境上多提供"欢迎试试新点子""错了可以重来"的空间和素材，让孩子放心尝试而没有压力。例如，设置"我的创意"展示区、可以水洗的涂鸦墙、可创作大型建构的空间和充足的材料，可多次使用的环保回收物资等。另一方面，老师对幼儿的引导，避免命令式、单一武断的要求和负面的批评，多以接纳性、建设性、支持性的建议帮助儿童进步，让他们感受到探索学习的乐趣，并培养冒险犯难的精神。

四、创设鹰架学习的环境

苏联心理学家维果茨基提出的近侧发展区的概念对于幼儿园的教学具有重大的发展意义。他指出，儿童的发展水平其实包括两个区间，一个是真实发展区间（指儿童已经发展完成的能力区间），另一个是近侧发展区间（指介于真实发展水平和经过他人协助之后所能表现出的能力水平之间的区间）。他认为发生在儿童近侧发展区间内的学习（而非在已经发展完成的能力区间）才是好的学习，才能促进幼儿的发展。维果茨基的论点引发教育者对以发展结果来考虑教育设计的教学模式的反思。近年来，应用近侧发展区的概念所提出的鹰架教学在我国学前教育的场景中广为采用，且证明是适宜且有效的教学干预方式。作为幼儿的第三位老师，幼儿园的环境也应该发挥鹰架的作用，能够邀请、促发并增进幼儿的学习。一个能鹰架幼儿学习的环境应遵循下列三个主要原则。

（一）放开手才能飞得更高

幼儿园的环境应该是一个教育者精心规划和设计，却又不着痕迹地让幼儿能够自在、自然地学习的场所。然而，老师往往没有意识到自己过度的指导和干预，对学习者有时反而是一个束缚，限制了他们的可能性。传统的幼儿园中，老师对于课程与教学总是居于主导的地位，环境创设更是由老师一手包办，幼儿在老师安排的框架中学习，一切按照老师的步调前进。然而，许多文献已经验证了当老师能充分信任幼儿、尊重幼儿，让幼儿发表自己的想法、尝试自己解决问题，往往能够提高幼儿的动机和主体意识。而幼儿通过自主学习，往往可以达到超乎老师所期待的水平。基于此，幼儿园环境创设应考虑如何鹰架孩子的自主学习。

创设一个鼓励幼儿自主学习的环境，老师要在空间、时间和规则的设定上信任幼儿，让其真实感受到对学习的选择权和自主权。例如，在主题课程开展过程中，容许幼儿选择他们感兴趣的探索点，让他们自己决定要用什么材料、哪种方式、在哪里搭建相关的情境（如图 3-5 所示），过程中老师应该做到尽量不深入干预。此外，作息的安排要容许较多弹性，因应他们延长性的、深入的探索，而非到点了就被打断。遇到矛盾冲突或资源分配的问题时，可以听听他们的意见，鼓励他们自行协商出可行且双方可接受的方案，而非都由老师直接评断。如此，才能更好地培养其自律性、独立性，以及完成任务的动机都会更高。

图 3-5　幼儿发挥创意搭建的高楼和大桥

（二）跳一跳才能够得着

诚如提倡鹰架教学的学者所认为的，为幼儿在近侧发展区内搭一个脚手架，能够帮助幼儿的学习到达更高的层次。因此，真正能带动学习者能力提升的教学，应该作用在他的近侧发展区，也就是在跳一跳才能够得着之处。幼儿园的环境创设也应掌握此原则，除了展示一些孩子以他目前的水平能够理解的信息（例如，跟课程主题相关的图片、实物），或是直接提供可视化的答案给孩子（例如，班级讨论交通规则时，提供交通标志的图卡）之外，更可以通过在环境中布置足以引发幼儿好奇、疑问、困惑的线索，邀请幼儿自己去解谜。例如，老师在教室一角放置一篮子各式各样造型图案的陀螺供幼儿操作（如图 3-6 所示），同时，在旁边的墙面上布置几个问题（如图 3-7 所示），让幼儿自己预测—实操—验证不同的陀螺打转之后将会产生何种图形。这样的环境设计给予幼儿思维的挑战，也制造了游戏的趣味。此外，也可以将希望幼儿学习并熟练的技能（例如简单编织的能力），分解出几个能力层次的任务，依序系统地布置在"能力大挑战区"，可以让有兴趣的幼儿自己去挑战过关。这样多能力层次的布置，让幼儿一方面可以从较有信心的任务开始，一步步往上挑战，以减少挫折感；另一方面，也将任务难度的层次具体地呈现出来，是激励孩子向上进步的动机。

 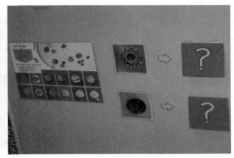

图 3-6　老师提供多样的陀螺　　　　图 3-7　墙上的问题让陀螺游戏更具挑战性

（三）越多不一定越好

在为幼儿创设学习环境时，很多老师总希望给幼儿提供丰富的学习刺激，让他们能够学得更多，殊不知，盲目的追求丰富多样性可能在幼儿与环境的互动上造成反效果。美国卡内基大学心理研究所的一项研究发现，过度装饰的环境会造成幼儿无法专注于学习活动，做更多与学习无关的事情，同时获得较低的学习成效。因为过度丰富化的环境对幼儿是一个干扰，色彩纷呈的教室让幼儿眼花缭乱，多样杂乱的素材同时堆到眼前让他们无所适从。墙面上贴得满满的图案和装饰反而限制了幼儿的想象，所以，在环境创设上并非素材越多越好。只有适量、适时、适度，才能使幼儿与环境进行良好的互动。

一位幼儿园老师在反思班级环境创设的经验时指出，"材料的投放要给孩子留有想象和创造的空间，以引发幼儿以物代物、一物多用，提高材料的使用价值。并以此来激发幼儿接近材料，能自由地用自己的方式操作、改变、组合它们"。环境上适度的留白，甚至计划性的"欠缺"或延宕也是一种教育的手段，分寸的拿捏和运用的技巧，取决于老师对幼儿学习需求的敏锐观察。

第二节 环境创设的关键因素

《幼儿园教育指导纲要（试行）》指出："环境是重要的教育资源，应通过环境的创设和利用，有效地促进幼儿的发展。"袁爱玲、廖莉从生态系统的视角看，将幼儿园环境创设的关键因素分为了理念、结构、参与者、文化与资源（如图 3-8 所示）。几个关键因素共同构成了幼儿园环境，它们相互影响、相互作用、互为补充。

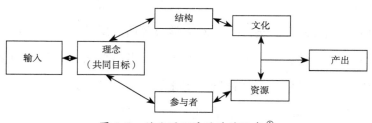

图 3-8　幼儿园环境的关键因素 [①]

在几个关键因素中，幼儿园会根据教育理念制定园所发展目标，幼儿园环境也处处体现了理念的教育内涵，在本书第二章中我们深入探讨过环境观问题，在此不再赘述。本节主要介绍幼儿园环境关键因素中的其他要素。

①在结构方面，可分为时间结构和空间结构。时间结构对应幼儿园的一日生活安排和教育活动安排，空间结构对应幼儿园的班级规模、生均活动面积等。②在参与者方面，幼儿园是幼儿的学习场所，也是老师的工作场所，因此老师的专业素养、幼儿的发展水平和人际交往与互动至关重要。③在资源方面，对于老师来说，资源的可取得性和可利用性也影响着其环境创设的

---

① 袁爱玲、廖莉主编：《幼儿园环境创设：理论与实操》，上海：华东师范大学出版社，2017 年，第 19 页。

实践工作。

下面将分别从班级规模和师幼比、生均活动面积、人际交往与互动、老师的专业素养、一日活动安排、教育活动安排与资源的可取得性等方面介绍各要素。

一、结构因素

（一）班级规模和师幼比

小班级规模和高师幼比是帮助幼儿园提高教育质量的重要因素。在一定的班级规模的基础上配备数量适宜、合格的专任老师和保育员，是幼儿园班级保教工作质量的基本保障。

班级规模和师幼比会影响诸如师幼互动、家园合作的质量。较小的班级规模和较高的师幼比被看作是老师能否对幼儿有较多的个别化关注、能否与幼儿有频繁互动的预测性指标。在较小规模和较高师幼比的班级中，较之年龄较大的幼儿，年龄较小的、弱势的幼儿能够获得老师更多的关注和与老师更多的互动机会，从中获益更多。

班级规模和师幼比这两个因素应当结合起来考虑，因为即便师幼比较高，但如果班级规模较大，同样也会影响幼儿基本的安全、生活和学习活动。

在大多数经济合作与发展组织（OECD）国家，师幼比在 1 ： 10 至 1 ： 15 之间。我国教育部 2013 年 1 月颁布的《幼儿园教职工配备标准（暂行）》〔教师（2013）1 号〕规定，小班（3-4 岁）为 20-25 人，中班（4-5 岁）为 25-30 人，大班（5-6 岁）为 30-35 人，混龄班小于 30 人。全日制幼儿园每班配备 2 名专任老师和 1 名保育员，或配备 3 名专任老师；半日制幼儿园每班配备 2 名专任老师，有条件的可配备 1 名保育员。

（二）生均活动面积

幼儿园教室面积是制约幼儿园班级规模的重要因素。在幼儿园教室面积确定的情况下，增加幼儿人数、扩大班级规模，会造成幼儿的活动空间不足，社会性密度过高，可能降低幼儿主动参与活动的积极性，减少其正向的社会性交往行为，增加幼儿之间的身体接触和攻击性行为。

国外研究表明，生均活动面积（扣除家具、设备材料等所占面积）2.3 平方米是"拥挤"的社会性密度临界线。在班级额定面积不变的情况下，扩大班额可能导致幼儿人均活动空间减小，社会性密度增高，攻击性行为增加，影响幼儿的生活、游戏和学习活动的质量。1988 年，原国家教委、建设部颁布的《城市幼儿园建筑面积定额（试行）》规定，若寝室和活动室分设，则活动室面积为 54 平方米；若寝室和活动室合二为一，则为 90 平方米。按 1987 年原国家教委、劳动人事部颁布的《全日制、寄宿制幼儿园编制标准（试行）》规定的各年龄班班级规模，若寝室和活动室分设，活动室面积为 54 平方米，则幼儿生均可使用面积约为小班 2.2 平方米、中班 1.8 平方米、大班 1.5 平方米。

近年来，为了改变传统的以"上课"为主的直接教学模式，贯彻幼儿园"以游戏为基本活动"的教育原则，开展以幼儿主动学习为特征的丰富多样的活动区活动，一些幼儿园采取了各种方法在现有的班级空间内挖潜增能。例如，把原本不能动的床改成可以堆叠或折叠的床，腾出睡眠室的部分空间作为幼儿的活动空间。尽管如此，"幼儿多、空间小"仍是我国幼儿园班级普遍存在的问题。

二、参与者因素

（一）人际交往与互动

教育活动是通过人的活动与互动进行的，人际互动决定幼儿园人际关系的性质、心理环境的质量以及教育活动的效果。幼儿园班级的人际互动主要包括师幼互动、幼幼互动、家园互动，以及教职工之间的互动。其中，师幼互动是最重要的人际互动。老师对待幼儿的态度和言行举止关系到安全、温馨的心理环境的形成，对于幼儿的学习与发展有潜移默化的重要影响。

在师幼互动中，《幼儿园教育指导纲要（试行）》要求"教师应成为幼儿学习活动的支持者、合作者、引导者"：

★　以关怀、接纳、尊重的态度与幼儿交往，耐心倾听，努力理解幼儿的想法与感受，支持、鼓励他们大胆探索与表达。

★　善于发现幼儿感兴趣的事物、游戏和偶发事件中所隐含的教育价值，把握时机，积极引导。

★　关注幼儿在活动中的表现和反应，敏感地察觉他们的需要，及时以适当的方式应答，形成合作探究式的师生互动。

★　尊重幼儿在发展水平、能力、经验、学习方式等方面的个体差异，因人施教，努力使每一个幼儿都能获得满足和成功。

★　关注幼儿的特殊需要，包括各种发展潜能和不同的发展障碍，与家庭密切配合，共同促进幼儿健康成长。

此外，《幼儿园教育指导纲要（试行）》对幼幼互动和家园互动也做出了明确的要求："幼儿同伴群体及幼儿园教师集体是宝贵的教育资源。"老师应当关注幼儿与幼儿之间的互动，鼓励和引导幼儿之间有意义的互动，帮助幼儿形成良好的伙伴关系和班级集体。教职工之间的合作是高质量的幼儿园教育环境形成的重要条件保障。家庭是幼儿园重要的合作伙伴，幼儿园应当本着尊重、平等、合作的原则，争取家长的理解、支持和主动参与，并积极支持、帮助家长提高教育能力。

（二）老师的专业素养

幼儿园老师的专业化发展水平直接影响幼儿园老师这一职业的专业性是否为社会所认可，更影响其薪酬水平；幼儿园老师的薪酬水平又影响老师工作的积极性和对工作环境的满意度，进而影响老师队伍的稳定性；幼儿园老师队伍的稳定性又影响着幼儿对幼儿园环境的安全感、归属感的形成，对于其身心健康发展所需要的支持性的师幼关系的形成以及幼儿园整体教育质量具有关键的重要性。

为促进幼儿园老师专业发展，建设高素质幼儿园老师队伍，教育部于2012年2月正式公布《幼儿园教师专业标准（试行）》。该专业标准是国家对合格幼儿园老师专业素质的基本要求，是幼儿园老师开展保教活动的基本规范，是引领幼儿园老师专业发展的基本准则，是幼儿园老师培养、准入、培训、考核等工作的重要依据。

（三）幼儿的发展水平

年龄的不同决定了儿童之间存在着个体差异，但即使是同龄的孩子，由于受家庭、先天和后天的影响，也使他们的发展产生了差异。老师必须根据幼儿的不同层次和差异性进行分层指导和个别指导，既要在运动中进行组织、观察、兼顾保护孩子的安全，又要考虑到每个孩子的发展水平的差异，有的放矢地进行指导，使他们在原有的基础上获得提高。一个班的幼儿存在年龄、能力、个体的差异，因此老师要有较强的目标意识，既要注意观察了解全体幼儿的活动情况，又要根据不同能力层次给予不同的指导。

三、活动因素

（一）一日活动安排

一日活动安排是对幼儿在幼儿园一日生活的各种性质（如生活活动、游戏活动、教学活动）和不同形式（如集体活动、小组活动、个体活动）的活动、时间与顺序的结构和规定。

《幼儿园教育指导纲要（试行）》要求幼儿园"科学、合理地安排和组织一日生活"：

★　时间安排应有相对的稳定性与灵活性，既有利于形成秩序，又能满足幼儿的合理需要，照顾到个体差异。

★　老师直接指导的活动和间接指导的活动相结合，保证幼儿每天有适当的自主选择和自由活动时间。

★　尽量减少不必要的集体行动和过渡环节，减少和消除消极等待现象。

★　建立良好的常规，避免不必要的管理行为，逐步引导幼儿学习自我管理。

一日活动的安排是否合理关系到幼儿在园生活的质量。合理安排一日活动，可以保证幼儿每天在园有足够的游戏和户外活动时间，能定时进餐及有充足的睡眠，有利于促进幼儿的生长发育，有利于幼儿安全感的形成，也能够为幼儿园教职工做好保育、教育工作创造必要条件。

（二）教育活动安排

幼儿园教育活动是旨在帮助幼儿获得有益的学习经验、促进其身心全面和谐发展而开展的幼儿园各种活动的总和。幼儿园课程的根本目的在于帮助幼儿获得有益的学习经验，促进其身心全面和谐的发展。《幼儿园教育指导纲要（试行）》要求幼儿园在组织教育活动内容时，应当"充分考虑幼儿的学习特点和认识规律，各领域的内容要有机联系，相互渗透，注重综合性、趣味性、活动性，寓教育于生活、游戏之中"。

四、资源因素

（一）资源的可取得性

老师在环境创设过程中可以获得多少资源、能够如何利用资源，也是幼儿园环境创设中的关键因素。在社区资源方面，如果幼儿园的地理位置优越，周边将会有许多可利用的教育资源，如公园、博物馆等社区资源，可以让孩子们在大自然、社会生活中学习知识，发展能力。在家长资源方面，可以通过家园协作，利用家长资源创设幼儿活动的环境。充分利用家长资源的关键在于让家长明确幼儿园的教育目的、内容与要求，以及家长如何进行配合教育等，让家长了解本阶段主题的目标和活动的内容。通过这种家园互动的方式，使主题的深入得到家长物质、信息等方面的支持。在物质资源方面，园方为老师提供的财力和物力的支持，都将影响到幼儿园的环境创设的具体落实情况。

（二）资源利用的有效性

除了资源的可取得性，资源利用的有效性也深刻影响着幼儿园的环境创设。面对同样的资源，不同的老师可能会有不同的利用方式。在一些边远地区的幼儿园，存在着硬件设置、资源配备齐全，但缺乏能够将其有效利用起来的专业老师，造成了资源的浪费。因此，幼儿园环境创设并不是一味地投入资金、注入资源就能够做好的，需要在科学的教育理念的指导下，在各参与者的配合之下，共同努力，才能创设并维护好。

章节练习

1. 请思考幼儿园的教室情境如何能够做到"邀请"幼儿进行深度探索？

2. 幼儿园的环境如何鼓励幼儿"自主学习"？请举出观察到的实例。

3. 请综合比较所观察过的幼儿园，分别符合哪些在本章中所讨论的环境创设原则？

4. 要依循本章所谈的各项原则来创设幼儿园环境，你个人认为哪一项最具挑战性？如何去克服？

5. 如何理解幼儿园环境中的关键因素的相互作用？你觉得哪一项最重要，哪一项较不重要？它们是缺一不可的吗？

拓展学习资源

Early Years Learning Environments-Designing Spaces with Children's Input

简介：这是加拿大安大略省政府公共服务部制作的"Think, Feel, Act; Lessons from Research about Young Children"系列视频之一。视频内容主要说明环境就像一位老师，创设环境时应倾听幼儿的声音，采纳幼儿的建议，创设一个更符合幼儿需求和兴趣的环境。

视频链接：https://www.youtube.com/watch?v=6vTRHjPLACo

Heavily Decorated Classrooms Disrupt Attention and Learning in Young Children

简介：本视频是 Carnegie Mellon University's Dietrich College 的 Anna V. Fisher, Karrie E. Godwin 和 Howard Seltman 三位教授阐述其研究中所发现的结果，指出过度复杂的环境对于幼儿工作的专注度的负面影响。

视频链接：https://www.youtube.com/watch?v=qt0muSzEd_M

第四章　教师环境创设的核心素养

学习目标

本章主要阐明幼儿园环境创设工作所需要具备的核心素养，具体学习目标如下：

1. 了解政府文件对幼儿教师环境创设职业能力的要求；

2. 了解幼儿教师环境创设的核心素养及具体指标。

知识点概览

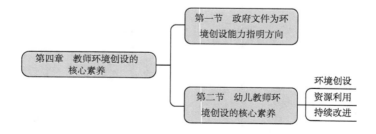

问题情境导入

"天天做环创，难道环创就是手工、剪纸吗？"

"我最怕的就是做环创，太浪费时间了。"

在一次新入职教师交流会议中，几位新老师说出了自己对幼儿园常规环创的疑惑与"怨言"，反映出当前幼儿园环境创设的几个误区。近年来，幼儿教师专业发展问题受到广泛的关注。其中，关于幼儿教师专业发展的核心素质及老师专业能力的讨论非常广泛。但就已有的研究来看，学者们尚未就幼儿教师的环境创设核心素养结构达成共识。作为一个特殊的教师群体，幼儿教师应该具备怎样的环境创设能力？其专业能力结构以及专业能力的内容应该包含哪些方面？在本章中，我们将在梳理政策文件对幼儿教师环境创设能力的要求以及已有研究的基础上，对我国幼儿教师的环境创设核心素养的结构框架进行初步探讨。

第一节　政策文件为环境创设能力指明方向

教育的力量对经济的推动作用让人们逐渐将目光放在了幼儿教育，人们开始意识到，过去大众认为"一个有知识的人可以成为幼儿教师"，是有待商榷的，如果缺乏必要的职业培训，那将会对幼儿教育质量和效果产生影响。教师专业化是现代社会发展的必然结果，幼儿教师专业素质的高低决定着学前教育质量的好坏。幼儿园所面对的特殊教育群体不仅要求幼儿教师具备基本的教师专业能力，而且在其专业能力发展上提出了更高的要求。

提高幼儿教师环境创设能力，不仅促进其专业能力的发展，更是有利于幼儿园教育环境质量的提高。近年来，随着国家逐渐加大对学前教育事业的投入，对于幼儿教师专业能力的要求也随之提高。为了促使幼儿教师提高自身专业能力水平，提高幼儿教师环境创设的能力，国家出台了一系列政策文件为幼儿教师队伍的建设指明了方向。

早在1989年《幼儿园管理条例》中，就提出"幼儿园应当贯彻保育与教育相结合的原则，创设与幼儿的教育发展相适应的和谐环境，引导幼儿个性的健康发展"。

1996 年 3 月《幼儿园工作规程》中提出："创设与教育相适应的良好环境，为幼儿提供活动和表现能力的机会与条件。"幼儿园作为幼儿的第二个家，作为他们最适合的学习与娱乐环境，对其日后的发展起着决定性的作用，幼儿园应充分合理的利用各种资源，使幼儿与环境相互交融、适应，促进幼儿各方面的发展。

2001 年《幼儿园教育指导纲要（试行）》中指出："幼儿园应为幼儿提供健康、丰富的生活和活动环境，满足他们多方面发展的需要，使他们在快乐的童年生活中获得有益于身心发展的经验。"

2012 年教育部向社会公布了《幼儿园教师专业标准（试行）》，分别从专业理念与师德、专业知识和专业能力三个维度对幼儿教师提出了应当具备的专业条件，文中明确提出要重视环境对幼儿发展的独特作用，创设富有教育意义的环境氛围。同年发布的《3-6 岁儿童学习与发展指南》中指出："珍视幼儿生活和游戏的独特价值，充分尊重和保护其好奇心和学习兴趣，创设丰富的教育环境。"创设温馨的人际环境，可让幼儿充分感受到亲情和关爱，形成积极稳定的情绪和情感。

2021 年 5 月，教育部发布了《学前教育专业师范生教师职业能力标准（试行）》，更加明确了学前教育师范生应该具备的职业能力，从师德践行能力、保育和教育实践能力、综合育人能力和自主发展能力四个方面规范师范生的专业核心素养（如图 4-1 所示），指出师范院校的教育应该为师范生的成长赋能。

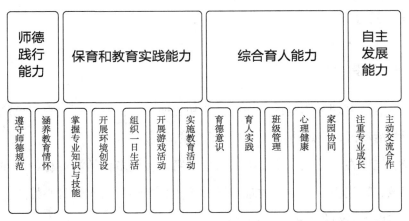

图 4-1 《学前教育专业师范生教师职业能力标准（试行）》整体框架

该标准将"开展环境创设"分为了两部分内容：①"创设物质环境：能够创设安全、适宜、全面，有助于促进幼儿成长、学习、游戏的物质环境，合理利用资源，为幼儿提供和制作适合的玩教具和学习材料"；②"营造心理环境：理解教师的态度、情绪、言行在幼儿园及班级心理环境形成中的重要性。能够构建和谐的师幼关系，帮助幼儿建立良好的同伴关系，营造良好的班级氛围，让幼儿感受到安全、舒适"。并在"开展游戏活动"中提到了"创设游戏环境：能够合理、有效地规划和利用户内外游戏活动空间，能够根据幼儿的发展和需要创设相应的活动区，提供丰富、适宜的游戏材料，引发和促进幼儿的游戏"，可见物质环境、心理环境与游戏环境的创设在幼儿学习与发展中的重要地位。

第二节　幼儿教师环境创设的核心素养

在结合政府文件对幼儿教师、学前教育专业师范生的职业能力要求的基础上，本章节分别从环境创设、资源利用和持续改进三个方面对幼儿教师环境创设的核心素养提出了要求。

一、环境创设

（一）创设物质环境

（1）能够合理利用室内空间，设置功能明确、位置合理、空间充足、划分清晰的活动区，满足幼儿多种类型活动的需要。

（2）能够在活动区为幼儿提供数量丰富、种类多样的游戏材料，并能够分类存放，适当更换。材料的难度层次既适合本年龄幼儿的身心特点，又能够满足本班不同幼儿发展水平的需要。

（3）能够根据幼儿的身心发展水平让幼儿不同程度地参与班级的墙面布置，并能够展示每个幼儿的个性化作品。墙饰与作品展示的高度适合幼儿的视角，且易于保存。

（4）能够合理利用户外活动空间和设施器材，根据幼儿的身心特点以及天气变化等各方面的情况，调整活动场地，更换活动器材。

（5）能够合理、有效地规划和利用户内外游戏活动空间，能够根据幼儿的发展和需要创设相应的活动区，提供丰富、适宜的游戏材料，引发和促进幼儿的游戏。

（二）营造心理环境

（1）能够大范围地与幼儿进行个别化的深度互动，能够随时随地关注幼儿的发展与需要，鼓励幼儿的探索，给予幼儿适宜的帮助与支持。

（2）能够在各个生活活动环节中与幼儿温和、轻松地交往，入园、离园时亲切问候幼儿，在午睡、餐点、盥洗、过渡活动中创造轻松的心理氛围。

（3）能够关注幼儿的情绪情感，欣赏并肯定幼儿的积极行为，以适当的方式处理幼儿违反规则或不恰当的行为。

（4）能够在日常活动中有意识地为幼儿创设机会，引发幼儿之间产生各种有意义的互动，形成良好的同伴关系。

（5）能够提供充足的游戏时间，鼓励幼儿自主选择游戏内容、伙伴和材料，支持幼儿主动地、创造性地开展游戏，充分体验游戏的快乐和满足。

（6）理解学习共同体的作用，掌握团队协作的基本策略，了解学前教育的团队协作类型和方法，具有小组互助、合作学习的能力。

（7）掌握基本沟通合作技能与方法，能够在教育实践、社会实践中与同事、同行、专家等进行有效的沟通交流。

（三）管理时间环境

（1）能够设置合理的作息制度，并帮助幼儿熟悉作息制度。

（2）能够根据不同的过渡环境的特点安排适宜、合理、多样化的活动，避免幼儿长时间等待。

（3）能够在入园时关注到每个幼儿的身体与情绪状况，能够安排充分适宜的离园活动，避免幼儿的消极等待。

（4）能在餐点、午睡和盥洗等生活活动当中培养幼儿的独立性，根据幼儿的身心特点，培养幼儿独立进餐、独立穿脱衣物、独立饮水如厕的习惯。

（5）能够在餐点、午睡和盥洗等生活活动之中照顾到幼儿个体的需要。比如，根据幼儿吃饭快慢、过敏问题或身体状况进行不同的处理，根据幼儿睡眠质量的不同灵活安排睡眠时间等。

（6）能够与本班老师就幼儿的身体、健康、学习和行为发展问题展开讨论，并以此为依据制定工作计划。

（7）能够在一日活动中与本班老师分工明确，具有良好的合作默契。

二、资源利用

（一）家庭资源的利用

（1）能够在入园、离园时与家长就幼儿的身体、健康与发展进行简单交流。

（2）能够利用家访、家长会、开放日等机会与家长交流教育计划，征求家长意见，邀请家长参与教育计划的制定、幼儿园的管理与评价工作等。

（3）掌握人际沟通的基本方法，能够运用信息技术拓宽家园沟通交流的渠道和途径，积极主动地与家长进行有效交流。

（4）掌握开展幼儿园、家庭和社区各种协同活动的方式方法，能够开展幼儿园与小学教育的衔接工作。

（5）能够利用家长的职业优势，吸引家长加入老师队伍，与老师形成优势互补的关系，以充实教育的力量。

（二）其他资源的利用

（1）充分运用社区的资源，组织社区活动，增强幼儿对社区的感性认识，使幼儿知道社区是由不同的家庭、街道、建筑物组成的，以培养幼儿的本土情结。

（2）具有教书育人的意识，理解活动育人的功能，能够在保教活动中有机地融入社会主义核心价值观、中华优秀传统文化、革命文化和社会主义先进文化教育，为培养幼儿适应终身发展和社会发展所需的正确价值观、必备品格和关键能力奠定基础。

（3）充分利用互联网资源与信息技术开展幼儿园环境创设、幼儿园教育保育工作与家长协同工作。能够利用新媒体传播途径展示幼儿的学习成果，传播科学的教育理念。

三、持续改进

（一）幼儿评价与支持

（1）了解幼儿园教育评价的目的与方法，运用观察、谈话、家园联系、作品分析等多种方法，了解和评价幼儿。能够基于幼儿的身心特点，利用技术工具分析幼儿学习过程、收集幼儿学习反馈。

（2）能够有计划地对幼儿进行观察，记录幼儿各个方面的进步和发展，并以此作为幼儿园环境创设的依据。

（二）教育评价与反思

（1）能够从幼儿园物质环境、心理环境与时间环境创设等方面进行自我评价与反思。

（2）能够在活动前、活动过程中以及活动结束后三个阶段进行适当的预想、调控和回顾，把反思与评价活动渗透在一日生活的各个阶段。

章节练习

1. 请认真研读教育部于 2021 年 5 月发布的《学前教育专业师范生教师职业能力标准（试行）》，在了解了幼儿教师环境创设的核心素养后，请你为自己制定一份《环境创设核心素养提升计划》，在评估自己优势与不足的基础上，提出改进的方向与计划。

2. 你喜欢用什么样的学习工具来改善学习环境？和同学们分享一下吧！

拓展学习资源

日比野拓：自由而真实的幼儿园是什么样的

简介：建筑专业毕业的日比野拓，1972 年出生，40 多年的时间里，为孩子们设计了 430 多所幼儿园、保育园，足迹遍布亚洲与欧洲。斩获第十一届 Kids Design 八大奖项的他，一心只想给孩子一块自然又纯真的玩耍园地！日比野拓到现在都记得自己的童年时光：3 岁起，生活在日本神奈川县的藤泽市湘南台，虽然现在是繁华城市，但 40 年前那儿只是乡村。

森林、稻田、溪流都是孩子们最自然的玩耍场所，"我小时候，幼儿园只是一个长方形、里面隔成几间教室的建筑物，并没有什么特别的设计，所以我小时候常喜欢去外面玩耍，尽情地去和小伙伴游戏"，"幼儿园是什么？我想结合当下环境与未来需求将幼儿园设计成简单、朴素、自然、真实的模样"。

视频链接：https：//www.bilibili.com/video/BV1FJ411i7uV/

02

实践能力篇

在"实践能力篇"中，将分别从幼儿园物质环境创设、幼儿园心理环境创设、幼儿园时间环境创设以及幼儿园环境创设的评价四个方面，来了解幼儿园环境创设实践中需要掌握的主要工作内容与工作方法，帮助学生积累实践能力，为未来工作打下坚实的基础。

思政元素

【科学理性】理解环境中各种因素的相互影响与制约作用，通过学习幼儿园物质环境、心理环境与时间环境创设以及幼儿园环境评价的科学理论知识，树立正确的教育理念，指导教育实践。

【创意创新】坚持与时俱进，结合最新的政治要求、研究成果与实践案例，掌握前沿的环境创设理念与方法，积累丰富而优质的环境创设相关案例，帮助学习者培养创新意识、创新思维和创新个性。

职业能力

【组织一日生活】能够安排和组织幼儿园一日生活的主要环节，具有将教育渗透一日生活的意识，能够与保育员协同开展班级常规保育和卫生工作。

【创设物质环境】能够创设安全、适宜、全面，有助于促进幼儿成长、学习、游戏的物质环境，合理利用资源，为幼儿提供和制作适合的玩教具和学习材料。

【营造心理环境】理解教师的态度、情绪、言行在幼儿园及班级心理环境形成中的重要性。能够构建和谐的师幼关系，帮助幼儿建立良好的同伴关系，营造良好的班级氛围，让幼儿感受到安全、舒适。

【心理健康】关注幼儿心理健康，了解幼儿身体、情感发展的特性和差异性，掌握幼儿心理健康教育的基本知识，及时发现和赏识每个幼儿的点滴进步，注重激发和保护幼儿的积极性、自信心，能够参与心理健康教育等活动。

【创设游戏环境】能够合理、有效地规划和利用户内外游戏活动空间，能够根据幼儿的发展和需要创设相应的活动区，提供丰富、适宜的游戏材料，引发和促进幼儿的游戏环境。

【班级管理】熟悉校园安全、应急管理相关规定，基本掌握班级空间规划、班级常规管理等工作要点。熟悉幼儿教育及幼儿成长生活等相关法律制度规定，能够合理分析、解决幼儿教育与管理实践的相关问题。

【家园协同】掌握人际沟通的基本方法，能够运用信息技术拓宽家园沟通交流的渠道和途径，积极主动与家长进行有效交流。掌握开展幼儿园、家庭和社区各种协同活动的方式方法，能够开展幼儿园与小学教育的衔接工作。

【实施教育评价】了解幼儿园教育评价的目的与方法，运用观察、谈话、家园联系、作品分析等多种方法，了解和评价幼儿。能够基于幼儿的身心特点，利用技术工具分析幼儿学习过程、收集幼儿学习反馈。

教资考点

★ 幼儿园心理环境创设的意义、要求与策略；幼儿园中的师幼关系。

★ 幼儿园物质环境的创设：户外环境的创设；室内环境的创设。

★ 幼儿园区域活动环境创设：区域活动概述；活动区的种类及设置；活动区材料投放的原则；区域活动组织与指导。

第五章　幼儿园物质环境创设

学习目标

本章主要介绍幼儿园物质环境创设的常用方法，具体学习目标如下：

1. 掌握幼儿园班级环境创设的方法，能够依据幼儿年龄有针对性地设计。

2. 掌握幼儿园区域环境创设的方法，能够规划与管理区域。

3. 掌握幼儿园公共环境创设的方法，能够整体考量幼儿园环境创设。

4. 掌握幼儿园户外环境创设的方法，能够充分利用户外资源。

知识点概览

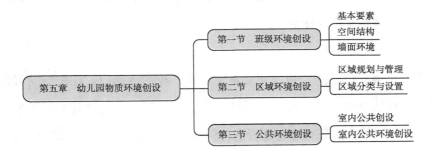

问题情境导入

小班的花花老师最近比较苦恼，刚毕业的她特别想把班里的孩子教好，可常常事与愿违。比如，为了帮助幼儿找到自己的物品，她在物品摆放处贴上幼儿的姓名、学号或编号，她也尝试着贴上不同的小动物贴纸以示区分。尽管如此，仍然有很多幼儿分辨不出自己的物品。再比如，学习洗手、漱口、刷牙等小班生活教育的内容，花花老师采用亲身示范、讲故事、念儿歌等形式教幼儿掌握方法，但还是有很多幼儿不能正确掌握……带着一系列的困惑和烦恼，她向经验丰富的静静老师请教，终于找到了问题的症结。

花花老师在静静老师的帮助下，认真分析了小班幼儿的认知特点之后，改变了以往的做法。她以幼儿的照片代替数字和动物贴纸，这样，幼儿很容易就找到了自己的物品，还能通过照片尽快熟悉班里的同学。她用相机把幼儿正确洗手、漱口、刷牙的情景拍下来，每个幼儿都有镜头，分别代表其中一个步骤，然后按流程把照片排好，贴在盥洗池的墙面上。这样，幼儿就可以边看照片上的步骤提示边模仿学习。这种方式生动形象，很符合小班幼儿的特点。由于照片上的人物都是幼儿熟悉的同伴，甚至还有自己，所以他们很自豪，也非常乐于模仿学习。

环境是第三位老师，物质环境贯穿在整个教育活动中，任何活动都是在一定物质环境下进行的，而在物质环境中，班级环境又是幼儿学习和生活的核心。因此，幼儿园班级环境能否进行科学的创设对幼儿的发展至关重要。

第一节　班级环境创设

幼儿园班级环境是指在幼儿园的班级中，以班级为单位，对幼儿身心发展产生影响的物质与心理要素的总和，因此包括班级物质环境和班级心理环境两方面。在本章中，我们主要讨论的是班级物质环境的创设。

幼儿园班级物质环境是指影响幼儿发展的、与班级物理环境相关的客观因素，包含室内空间布局、家具设备、游戏材料的投放、墙面布置与幼儿作品展示、幼儿所能观察到的班级内其他的环境，比如睡眠室、盥洗室的环境等。

一、基本要素

班级物质环境的基本要素主要包括：空间大小、通风条件、采光条件、声音控制、色彩应用、功能设置等，是活动室内部建筑设计必须充分考虑的。

（一）空间大小

国家建设部于 2015 年公布的《城市幼儿园建筑面积定额（试行）》（以下简称《定额》）中有明文规定幼儿园活动用房的面积：

★　活动室：每班一间，使用面积 90 平方米，供开展室内游戏和各种活动以及幼儿午睡、进餐之用。如果寝室与活动室分设，活动室的使用面积不宜小于 54 平方米。

★　卫生间：每班一间，使用面积 15 平方米，内设大小便槽（器）、盥洗池和淋浴池。

★　衣帽、教具贮藏室：每班一间，使用面积 9 平方米，供贮藏中型教玩具、衣被鞋帽等物（如图 5-1、图 5-2 所示），也可兼作活动室的前室。

考虑到全日制幼儿园每天午睡时间仅 2 小时，《定额》将午睡、进餐和活动合并于一室。如果寝室与活动室分开设置，活动室的使用面积不宜小于 54 平方米。

图 5-1　书包储藏柜　　　　　　　　图 5-2　室内拖鞋储藏柜

（二）通风条件

户内通风设备直接影响户内温度、湿度、空气流动、空气清新度等，而这些因素无时无刻不作用于幼儿，如果通风不畅，室内空气污浊，容易使幼儿产生窒息的感觉，导致头昏、精神萎靡、心情不快。此外，室内通风不畅还容易导致室温升高，而过高的室温会使幼儿烦躁不安，无法专心活动。

因此，必须采用适合幼儿的通风设备，建立合理的通风制度。幼儿的活动室应以自然通风形式为主。在冬季，为了室内保温，又不使空气污浊，必须保证每小时换气一次，并保证新鲜空气分布均匀；在夏季，应设置变速风扇。室内空气要流通，最好对侧设窗，使空气对流；还可以设气窗，便于迅速通风换气，保持室内空气新鲜。如果确需安装空调，要选择能产生自然风和清新空气的空调。即使如此，幼儿园不宜长时间开空调。

（三）采光条件

光线对幼儿的影响是显而易见的。过强的光线会使幼儿感到紧张、眼睛疲劳、恶心、浮躁不安，甚至影响学习兴趣和效率，导致错误行为。过暗的光线会使幼儿产生视觉疲劳，甚至使眼球变形，成为近视眼。此外，昏暗的环境容易使幼儿感到心情压抑，产生较多的消极情绪，进而影响活动的开展。

住房和城乡建设部于 2016 年颁布的《托儿所、幼儿园建筑设计规范》（以下简称《规范》）规定：幼儿活动室应布置在当地最好的日照方位，并满足冬至日底层满窗日照不少于 3 小时的要求，以向南或向东、自然采光好的房间为宜。温暖地区、炎热地区的生活用房应避免朝西，否则应设遮阳设施。单侧采光的活动室其进深不宜超过 6.6 米。楼层活动室宜设置室外活动的露台或旧台，但不应遮挡底层生活用房的日照。

活动室尽可能采用自然光，因为强弱适度的自然光，最能使人的眼睛产生舒适、轻松的感觉，所以，这就需要有足够大的窗户和适当的楼间距。当自然光不足时，要补充人工采光（灯光），以保护幼儿的视力。为保证光线强弱适度，光线的控制很重要，可通过房舍的走向、窗户的大小以及灯光等途径来进行光线的控制。

（四）声音控制

幼儿的听觉器官比较娇嫩，正处在不断发展完善的过程中。40 分贝以下是较为安静的环境；声音超过 70 分贝，就会对幼儿的听觉系统造成伤害；80分贝的声音会使幼儿感到吵闹、难受；如果声音经常达到并超过 80 分贝，幼儿就会产生心理问题。因此，要注意室内的声音控制，保持适度的音量，这样不但可以使幼儿集中注意力，减轻精神压力和疲劳，而且可以使幼儿产生愉悦的心情，提高学习的兴趣与效率。《规范》要求，幼儿园活动室内允许噪声级不应大于 50 分贝。另外，无论是噪声还是音乐声，如果太强或持续时间过久，都会对幼儿产生有害的影响，所以无论是音乐声还是老师与幼儿的讲话声，都不宜过大。特别是应让幼儿从小养成在公共场合轻声说话的习惯。

活动室之间应设隔音设备，如双层砖、防音天花板等。室内应有一些吸音设备，如地毯、窗帘等。发出较大声音的活动区或活动室，如音乐区、语言区等，要相对独立，安装好隔音设备。格雷维斯等人针对如何使教室成为更加安静的环境，提出了9点建议：

（1）铺地毯：吸音并能用于特定的场地，如图书区。

（2）悬挂窗帘或将布折缀在窗上，或将幼儿的美术作品挂在窗户或窗帘上，控制教室的采光和声音。

（3）降低天花板高度，通过运用固定的移动物、从天花板悬吊学习中心的铭牌，或以细线悬挂幼儿的美劳作品，以吸引参观者的视觉，并协助回音。

（4）教室布置植物：吸收声音、过滤空气，给幼儿提供关照和学习植物的机会。

（5）安置宠物：宠物在某种程度上可以软化环境，幼儿通常在自然的宠物面前会降低他们的声音。

（6）教室内散布枕头：豆荚袋子、掷枕或毛绒玩具吸收声波，并提供独处和分享经验的温馨氛围。

（7）运用老师的影响力：柔和的声音、有计划的活动和建立可预知的场地。

（8）提供书籍和报纸杂志：教材可影响教室的每一个区域，这些工具可以提高阅读能力并吸收活动的声音。

（9）增加公布栏：覆布的公布栏吸音，如果室内展示空间有限，提供可移动板或在墙上覆布另创空间。

（五）色彩应用

色彩是幼儿园教育环境设计的重要语言和因素，也是设计心理学功能表现的突出方面。在进行幼儿园色彩设计时，要科学、合理地利用色彩的统一与变化，创设出舒适、优美、和谐的教育环境。过于缤纷、纷乱的颜色不仅容易分散幼儿的注意力，而且还会引发幼儿烦躁、不安的情绪以及其他不良行为。

色彩应用的一般要求如下：

★　考虑当地的气候、活动室的大小、年龄班等条件。例如，中国大陆南方气温高、日照多，室外照度高，空气透明度大，不宜过多使用暖色，宜用浅淡的冷色调或中间色，使之有固定、舒适的感觉；大陆北方气候寒冷，日照少，室外照度低，空气透明度小，一年中有近半年时间处于冰天雪地的环境，选用暖色调为宜。此外，阴雨天气较多的地区，应用亮度较高的色彩。

★　色彩应明快和谐，突出主色调，不宜过分杂乱，以使幼儿产生稳定、和谐的感觉（如图5-3和图5-4所示）。

★　考虑活动室本身的采光条件，采光较差的活动室宜使用浅色。

★　充分运用色彩所具有的空间导向、空间识别和安全标志等作用（如图5-5和图5-6所示）。

图5-3　蓝色调在班级环境中的运用

图5-4　用淡黄色进一步装饰

图5-5　核酸检测引导标志

图5-6　用小脚丫提醒幼儿排队距离

（六）功能设置

（1）睡眠室。

睡眠室宜每班独立设置。其中，寄宿制幼儿园的睡眠室必须是独立的专用空间，全日制幼儿园的各班睡眠室应与本班班级活动室毗邻。

睡眠室可有三种布置方式：

①在活动单元内独立设置（如图5-7和图5-8所示）。这种布置方式可做到活动室与睡眠室的功能分区明确，使用方便，易保持各自空间的独立整洁。但是，睡眠室仅为午睡用，使用率较低。

②与活动室空间合并设置（如图5-9所示）。这种设置方式可使空间开阔，可根据需要进行功能的调整。但是由于床具在活动空间明露，如果处理不当，易导致室内凌乱，可增设灵活隔断加以改善。

③活动室兼睡眠室。这种布置方式实际上是在活动室内临时搭设铺位，以解决幼儿午睡的问题，空间利用率较高，但是每天搭设铺位会给保教人员增加工作量。

图5-7　独立睡眠室一　　　　　　　　图5-8　独立睡眠室二

设置睡眠室时，需要注意以下要点：

①床位排列应符合睡眠需要的必要面积，床位的排列应便于保教人员开展巡视、照顾及管理工作（如图5-10所示）。

②应有较好的朝向和良好的通风条件，避免阳光直射，保持空气新鲜。

炎热地区亦可安装遮阳设施，寒冷地区应保证冬季室内有足够的新鲜空气。

③温度、湿度要适宜，有利于入眠。冬季睡眠室的温度大体应保持在19摄氏度，其他季节22摄氏度最适宜。睡眠时适宜的相对湿度应为60%-70%。使用空调、暖炉时，要注意湿度的维持，可在暖器上放块湿毛巾或安装一台加湿器。

④睡眠室的色彩应帮助幼儿更好地睡眠。睡眠室内不宜做过多的色彩装饰，环境色彩以简洁为宜，其墙面颜色应选择明度不高的冷色调，如淡绿、淡蓝等颜色。温馨、细腻的浅色搭配，可以帮助幼儿稳定情绪，给幼儿一种安全感，令他们身心放松，能更好地入眠。

⑤光线宜暗。人们一般在光线较暗的环境里更容易入睡，幼儿午睡时老师最好把窗帘拉上，或以屏风或隔窗与活动场所隔开。窗帘以冷色调为佳，这样有助于幼儿入眠。

⑥各班睡眠室应有存放幼儿衣物的储藏空间。寄宿式幼儿园应在睡眠室内设小卫生间，方便幼儿和老师夜间如厕。由于幼儿卧具要定期进行日光消毒，所以睡眠室最好设置室外平台或阳台以方便晒卧具。

图 5-9　利用帐篷将活动室改造为睡眠室　　图 5-10　老师在睡眠室巡视

（2）盥洗室。

盥洗室包括盥洗区和厕所两大块（如图 5-11 和图 5-12 所示）。盥洗区内设有符合幼儿年龄特点的洗手台、毛巾架、污水池、镜子、淋浴、清洁柜等设施，有序的盥洗工作程序能够有效促进幼儿掌握生活技能和自我卫生护理

图 5-11　盥洗区

图 5-12　盥洗区内的厕所

图 5-13　为幼儿提供洗漱用品

图 5-14　实行男女分厕

的能力。厕所是幼儿使用频繁的生活用房，幼儿通过如厕行为养成良好的大小便习惯，学会自理。

设置盥洗室应注意以下要点：

①为减少幼儿交叉感染，盥洗室宜各班独立设置，且盥洗区与厕所之间宜隔开设置，避免混设。供保教人员使用的厕所宜就近集中，或在班内分隔设置。整体布局要合理，空间要宽敞。

②幼儿盥洗室使用频繁，要求紧靠活动室和睡眠室，且与班活动场地毗连，方便幼儿如厕、洗手、挂毛巾等（如图 5-13 所示），也便于老师照看和检查。

③盥洗室以朝南最佳，应有直接的自然通风，避免污浊空气传入活动室、睡眠室。应有适宜的光线透射进来，以获得阳光的紫外线消毒功能。

④分区要合理。3-6 岁的幼儿性别意识弱，可设置男、女合用的厕所，但应利用有效空间合理分区（如图 5-14 所示）。男、女区之间设隔断处理，隔断墙 80 厘米 -90 厘米，以保护幼儿的隐私，逐步培养幼儿的性别意识。

⑤为便于保教人员使用，每班的盥洗室应设置一个蹲位的专用厕所小间或单独集中设置。

⑥炎热地区各班的盥洗室应设冲凉浴室。热水洗浴设施宜集中设置，凡分设于班内的应为独立的浴室。

⑦浴室更衣区、准备区和淋浴区都应有可开启的窗户和通风设备，更衣区、准备区应配备安全的取暖设备，更衣区应设置幼儿座位，淋浴区应配备可控制出水温度的淋浴装置。

⑧墙面应采用防潮材料，四面墙壁贴瓷砖到顶，瓷砖尺寸规格宜大、拼缝少，以提高墙面整洁度。地面铺大块防滑砖，坡度准，无积水、凹陷等现象。

⑨地面不应有台阶，应防滑、易清洗，以利于保持清洁卫生。

⑩顶面应布置专业的紫外线消毒灯或其他消毒设备，其开关应与照明开关分开设置，并做明显标记，高度应在 2 米以上，以免幼儿误触。

二、空间结构

幼儿园班级活动室是幼儿在户内生活、游戏、学习的主要场所，活动室的空间安排要统筹考虑幼儿开展多种活动的需要。要根据活动室的条件对活动室的空间进行整体功能规划，使活动室不仅能满足幼儿游戏活动的需要，也能满足幼儿生活和学习的需要；不仅能满足个体活动的需要，也能满足集体活动和小组活动的需要。此外，不同的空间结构也反映了老师不同的教育理念和教育实践。

在我国班级活动室常见的课桌椅"秧田式"排列的空间结构，即按照集体教学活动的需要以传统教室的布局来布置班级，反映的是以"上课"为幼儿园基本活动的教育理念，小学化倾向严重。活动区——课堂"平分秋色"的空间结构虽然为区域活动提供了空间，但仍然反映了老师注重"集体上课"（如图 5-15 所示），轻视幼儿游戏的教育理念。

图 5-15　老师引导幼儿开展集体活动

图 5-16　以活动区为主的空间结构

图 5-17 幼儿在进行区域活动

图 5-18 教室中的集体活动区

以活动区为主的空间结构反映了老师以"游戏"为基本活动的教育理念（如图 5-16 所示），注重在区域活动中为幼儿的自由游戏创设适宜的条件，满足幼儿自由游戏的需要，确保幼儿每天有充足的自由游戏时间，通过与材料、环境、同伴和成人的互动来主动学习（如图 5-17 所示）。

以活动区为主的空间结构把整个活动室划分为不同的活动区域，用玩具柜或屏风等做区隔，玩具和材料分别固定投放在各个区域内。幼儿平时所用的桌椅都放在不同的活动区（如图 5-18 所示），幼儿用餐也在各个活动区进行。游戏时，幼儿可根据需要自行选择区域，直接作用于材料。如果班级空间较小，可以将集体活动安排在睡眠室进行，除午休时间段外，睡眠室的折叠床可以收起来，为幼儿的集体活动腾出空间。

1. 区域规划

幼儿在各活动区进行的活动性质不同，因此，要考虑各种活动之间的相互联系和区别，要根据活动性质进行活动区的空间定位。材料相近的、可进行联合活动的区域可以设置在一起，以鼓励游戏之间的统合（如图 5-19 所示）。一般来说，角色游戏、建构游戏、音乐活动、表演活动等是比较吵闹的，因此，这些活动区要远离图书区、独处区等安静区域。而图书区、益智区等以认知为主的区域，要靠近自然光线好的地方，应设在较为安静之处；积木区要安排在较宽敞的位置，并考虑与"娃娃家"相邻；美工区、沙水区要紧靠水源，地板要防水、防滑；电脑要挨着电源插座；

各区角之间的通道要畅通，以保证幼儿顺利出入各个活动区，进行活动选择和同伴交往。

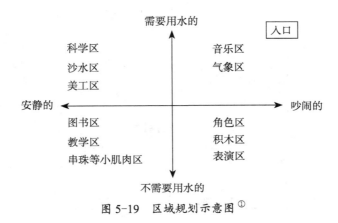

图 5-19　区域规划示意图[①]

布鲁尔认为，活动室的规划需要注意以下几点，如图 5-20 所示：

①空间必须多用途，因为教室很少足以使每一项活动有它自己的学习区，因此学习区须有一种以上的用途，比如积木区在一天中的其他时间，也可作为说故事之用。

②用水区，比如美劳区、科学区和水桌，应尽量靠近水源。

③安静区，比如图书区、写字区和视听区，应靠在一起，让想安静工作的幼儿能随其意，但"安静"并非指幼儿都不能说话，而是比其他学习区的活动更自然的安静。

④嘈杂区，比如积木区和装扮区，应群聚于活动室的另一边，远离安静区。

① 刘焱、何梦焱：《幼儿园教育环境创设》，北京：高等教育出版社，2014 年，第 113 页。

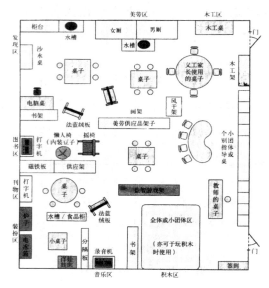

图 5-20　活动室配置案例 [1]

2.动线设计

活动室的动线设计，影响着班级中一日生活的流畅和安全。活动室的通道规划要注意流畅性，并保持 1/3 以上的剩余空间。很难到达的学习区使用度会降低，通道切穿学习区会导致幼儿分心妨害幼儿的工作进展，狭窄的通道则会造成拥塞，这些都是在环境规划时需要注意避免的问题。

3.区隔物的使用

活动区之间的区隔物应当低矮，不应高于幼儿的视线，应能让幼儿对活动室的安排与空间划分一目了然。区域之间的界限要清楚明了，使幼儿对各活动区的材料性质和特点容易掌握，便于选择。空间的划分还要有利于幼儿的活动与交往，不应阻碍幼儿从一个活动区转移到另一个活动区（如图 5-21 所示）。如果幼儿需要穿过一重又一重的区隔物或绕过一张又一张桌子，才能到达他想去的另一个活动区，那我们就需要想办法重新设计环境，改变空间布置。

---

① 汤志民：《幼儿园环境创设指导与实例》，上海：华东师范大学出版社，2013 年，第 84 页。

图 5-21　潜在性通道影响活动室配置 [①]

　　老师应根据班级实际情况和各区角特点选择适当的空间区隔方式,最广泛运用的是家具区隔方式(如图 5-22 所示)。按照幼儿的活动需求,合理地安排家具位置,充分发挥活动室的作用,切实为幼儿创造舒适的环境,是班级活动室设计的一项重要内容(如图 5-23、图 5-24 所示)。它关系到空间能否合理分配,并对幼儿开展活动的方便性、科学性有很大影响。活动室的家具数量应满足基本的使用和储物需求,不宜过多,尽量留出足够的空间方便幼儿活动。较大的幼儿活动室,家具宜散放并靠墙边,反之宜居中布置。家具的合理安排,可使室内空间和家具的排列方式与幼儿园的特点相协调,以提升环境的艺术层次,从而使幼儿获得良好的视觉和心理感受。

① 汤志民:《幼儿园环境创设指导与实例》,上海:华东师范大学出版社,2013 年,第 69 页。

（a） （b）

图 5-22 用家具作为区隔物

图 5-23 利用区隔物实现展示功能　　　图 5-24 利用区隔物实现收纳功能

三、墙面环境

主题墙作为一种"隐性课程"，是幼儿园物质环境创设中的重要组成部分，遍及幼儿园内外、公共环境以及活动单元内幼儿所能接触到的所有墙体，对幼儿有着潜移默化的教育作用。幼儿园物质环境作为老师实施幼儿园课程的"主战场"之一，在时空转换中体现出的是老师对课程理念、价值层面的判断，是教育方法微观而具体的实施，是老师课程领导力不断提升的一个个缩影。而当前许多老师在创设幼儿园环境时，未能正确理解与把握主题墙对促进幼儿发展的教育目标，使其教育目标指向不明。

（1）墙面环境创设的误区。

①有一种环境，叫"我够不着"。

以图 5-25 为例，远远望去，吊饰上面夹了许多粉蓝色和粉红色的手工纸。走近一看，原来是孩子们在纸上用自己的方式记录下了"秋游里最快乐的事"。孩子们记录了很多内容：秋游时去了动物园；看到了哪些动物；秋游的过程如何，比如先看了什么，后玩了什么；秋游的感受。女孩们记录在粉红色手工纸上，男孩们则记录在粉蓝色手工纸上。这样悬挂式的布置是有意隔断，还是为了呈现孩子们的作品而需要？踮起脚尖细细欣赏孩子们画的"快乐的事"，可以感觉到孩子们画得很自由，并没有受固定格式的限制，表现出的内容也很丰富。大部分孩子对小动物充满了喜爱之情，在秋游活动过程中感到很愉悦。可是这么有意思的感想记录，我们成人尚且需要踮起脚来仰头欣赏，身高不足的孩子们又该怎么看到呢？美好的秋游回忆被高高地挂起，一个个有趣的故事成为高处的摆设，孩子们看得见却看不清，既无法欣赏别人的作品，也无法介绍自己的回忆，相互之间交流分享的机会就这样被浪费了。

图 5-25　秋游记录在哪里 [1]

---

[1]　崔岚、许批：《孩子眼前一面墙：图解幼儿园班级主题墙的虚与实》，上海：华东师范大学出版社，2018 年，第 21 页。

张世宗通过研究认为，幼儿园的教室内依据墙壁高度可以分为幼儿操作带、共同操作带、成人利用带等。在 1.2 米以下的墙面是专门为幼儿布置的，以便让幼儿与墙面互动，因此视线不能太高，要尽量与幼儿的身高相称，以免给幼儿的视觉带来不良的影响。老师为每一个主题墙面精心准备了丰富的背景，但在墙面布置的时候没有考虑到幼儿的身高，就没有任何意义，墙面布置的初衷就是为了让幼儿与墙面互动。因此，在墙面布置的高度上必须引起重视，应该尝试把它们降下来，还给孩子。

②有一种环境，叫"我看不懂"。

如图 5-26 所示，老师制作的这块展板非常精致，可能是考虑到下棋游戏的氛围，所以展板从造型到色彩与其他活动区的说明相比，显得更加稳重，也暗示孩子来此处游戏时需要保持安静，需要多动脑子，需要认真博弈。但是这样的明示和暗示，到底有多少孩子能看懂呢？整个游戏规则以大量文字表述的方式出现，不符合大班孩子的阅读特点，也就无法达到让孩子通过自主阅读进行理解与自主游戏的目的。也许是为了让文字性的规则提示更加"格式化"，或者是为了展板更加美观，四类下棋游戏的规则说明都是三条，导致有的表述明显不够精准，可能只有已经会下某类棋子的孩子才能理解。

图 5-26 棋类规则小贴士[1]

---

[1] 崔岚、许批：《孩子眼前一面墙：图解幼儿园班级主题墙的虚与实》，上海：华东师范大学出版社，2018 年，第 21 页。

③有一种环境，叫"这里没有我"。

向日葵班级的主题活动是青花瓷，有两位老师在布置主题墙。其中一位老师说："选几个画得好的，太差的贴上太不美观了。""是呀，没办法，有的画得实在太差了。"接着，老师们挑选出一些较好的作品贴到了墙上，而把其他画得不是很好的作品扔进了垃圾桶。

从这个案例中可以看出，老师在布置主题墙和展示幼儿作品的时候，首先考虑的是美观，而不是从幼儿的角度出发。最后把幼儿画得较差的作品扔进垃圾桶，这无形中给幼儿造成了很大的伤害，不利于幼儿的发展。

在王富荣与老师关于墙面布置与幼儿作品展示的访谈记录中，可以看到个别老师有类似的表达，"我们班的墙面上的作品都是幼儿自己的作品，但是只能展示优秀的作品，太差的作品怎么可能展示出来"，"我在墙面布置时会考虑是否美观，所以必然要挑选比较好的作品来贴"。由访谈中可以看出，幼儿园班级在墙面布置与幼儿作品展示上存在着严重的问题，只有部分所谓的"优秀作品"才可以有机会展示在墙面上。在这位老师看来，墙面布置是为了美观，但是这与墙面布置的初衷是相背离的。

（2）墙面环境的分类。

活动室墙面环境创设主要包括主题教育墙面创设、各游戏活动区域墙面创设、功能区的墙面创设、常规性主题互动墙面创设等。因为不同活动区的特点和功能不同，其相应的墙面环境创设在重点和思路上也不同（如表5-1所示）。老师要充分发掘不同活动区的价值，创设出有利于引发幼儿多种经验、有效支持幼儿与之互动的墙面环境。

表 5-1 各类墙面的主要内容

墙面分类	主要内容
主题墙面	主题墙面是与主题教育活动相适应的主题内容展示区域。它围绕主题的进展，把幼儿的作品和活动过程（包括调查记录、绘画作品、制作成果、活动照片等）展示出来，其作用是及时帮助幼儿梳理活动经验、向家长展示教育成果。
区域墙面	各游戏活动区的背景墙，具有区域活动的标志功能，这些标志能为顺利开展区角活动起到导向和提示作用。与游戏相联系的墙面图示主要包括区域标记、进区标志、活动规则、人数控制、游戏玩法、作品展示等，有一部分材料本身就是与墙饰结合在一起的，如壁挂式的图书袋、操作物等。
功能区墙面	功能区的背景墙，包括饮水区、盥洗室、睡眠室、家长园地等区域的墙面创设。功能区也是幼儿在园生活与游戏的重要环境，对幼儿的学习与发展同样起着重要的作用。功能区的背景墙饰在营造心理氛围和支持幼儿的主动活动方面，发挥着重要的作用。
常规性互动墙	常规性互动墙是指每个班级根据日常活动常规要求创设的常规性墙饰，如天气预报栏、幼儿出勤记录表、作息时间表、值日生管理栏等。它们同样能实现重要的教育价值，充分支持幼儿的学习和发展。

（3）墙面环境创设的具体要求。

第一，从幼儿的兴趣和经验出发，考虑幼儿的年龄特征，体现季节特征，并与活动主题相结合。相关实践证明，幼儿对和自身相关的墙面环境具有好感，如关于自己的语言、自己的服装、自己的游戏、自己喜欢的颜色和形象、自己熟悉的东西等（如图 5-27、图 5-28 所示）。一方面，这些内容是他们所熟悉的；另一方面，这些内容也给了他们满足感。因此，环境的创设必须关注幼儿的情感和经验。

图 5-27　班级公约墙面　　图 5-28　介绍家庭成员主题墙

第二，注重墙面环境布置的层次性（如图 5-29 所示）。幼儿园班级墙面是班级环境创设中的重要元素之一，是幼儿观察、认知和表达的场所，不仅要装饰，而且要多功能整合。从垂直空间来看，墙面布置可分为高、中、低三个层次：高处是老师与家长的互动区（如图 5-30 所示），中间区域是师幼互动区，低处是幼儿互动区。

图 5-29　墙面环境的层次性　图 5-30　高处是老师与家长的互动区

第三，增强幼儿的参与程度。墙面的服务对象是幼儿，因此应该组织所有的幼儿积极参与墙面环境的创设，培养幼儿的动手能力和合作意识，增强幼儿的自信心，使他们获得成功体验（如图 5-31、图 5-32 所示）。老师应从主题的讨论、材料的准备、画面的布局、墙面的制作、墙面的讨论等多方面来组织幼儿积极参与，鼓励幼儿全感官参与并回应墙面展示，鼓励幼儿对墙面进行摸、听、看、闻。幼儿墙面的布置要配合教育内容，体现一定的教育目标，同时也要使墙面成为幼儿表达经验、表现自我的空间，注重幼儿与墙饰的互动。因此，墙面装饰的视线不能太高，以免给幼儿的视觉带来不良影响。

| 图 5-31 小班的颜色互动墙 | 图 5-32 主题墙留有可以继续生成的空间 |

第四，整个墙饰的内容虽然可以多变，但必须有一个整体感，便于幼儿观察和探索。幼儿园的墙饰是开放的、动态的，不是固定不变的，随着幼儿知识经验的增长，要对墙面环境进行充实和拓展（如图 5-33、图 5-34 所示）。

图 5-33 呈现幼儿探索过程的主题墙　　　图 5-34 展示幼儿主题调查表的墙面

第五，墙面布置要具有美感。墙面不能被装饰图片覆盖太满，应留出空白，以免使人产生拥挤、杂乱的感觉。也不能比例失调，要注重形象、色彩、形式、空间等造型要素之间的整体和谐，给人美感（如图 5-35、图 5-36 所示）。此外，还要注意墙面内容的科学性和准确性，错别字、连笔字，都是不应该出现的问题和现象。

图 5-35　以《蚂蚁搬西瓜》绘本为原型的墙面　　图 5-36 "牙齿的秘密" 主题墙

第二节　区域环境创设

　　活动区也可以称作活动角、游戏区或学习中心，是老师根据幼儿园教育目标、幼儿的游戏需要与兴趣，以及身心发展水平创设的游戏和学习环境。活动区的根本特征是游戏性，而不是高结构化。通过活动区 "有准备的环境" 创设，可满足幼儿开展各种不同游戏活动的需要，激发和支持幼儿的主动学习，避免幼儿园教育的小学化和成人化。

　　老师在为幼儿提供多种活动形式的前提下，应充分发挥活动区的教育功能，使活动区真正成为满足幼儿自主游戏与探索需要的空间，使活动区活动成为实现教育目标的重要途径之一。

一、区域规划与管理

　　幼儿园活动室里可以创设的活动区有很多，比如角色区、积木区、美工区、益智区、表演区、图书区、科学区等，但并非所有的班级都必须同时创设这些区域。

　　幼儿园应当根据活动室的面积、幼儿人数以及教育活动的客观需要来设置活动区，以及决定活动区的数量。一般来说，活动室可同时设立 4-6 个活动区。每一个活动区所占据的空间，要便于在其中活动的幼儿能够自由地、不相互妨碍地开展活动，进行有效的探索与学习。容纳 2-3 名幼儿在一起的活动区，可使幼儿安静地活动与交往。活动区所容纳的幼儿人数以不超过 5 名为宜，5 名以上的幼儿在一起活动容易使噪声增大，吵嚷行为增加。

美工游戏、建构游戏、益智游戏等具有特定发展功能的活动区空间可以固定，同时保留无特定功能的活动区，由幼儿自行产生游戏。角色扮演的游戏主题除了托、小、中班可以设置相对稳定的"娃娃家"外，其他主题不需长期固定，但需为幼儿提供能产生各种主题的玩具、替代物和空间。

活动区一定要有足够的空间，不能被边缘化为教室的边边角角，否则就会弱化活动区的使用。与国内幼儿园相比，国外幼儿园一方面室内空间比较大，另一方面其桌椅和操作台的摆放相对不那么集中，而是区域性摆放。因此，其空间优势非常鲜明，不但可以为幼儿提供不同的材料、形成各种功能活动区，任由幼儿自由选择，而且也可以为幼儿交往、合作提供多种区隔形式。

在空间有限的情况下，老师可以减少活动区的数量，但一定要保证在这些活动区内投放丰富的、能够支持和鼓励幼儿多方面发展的材料，比如数学、科学、读写、美工等材料。

二、区域分类与设置

活动区活动是实现教育目标的重要途径之一。要根据不同活动区的特点和功能，创设出有利于引发幼儿多种经验、有效支持幼儿与之互动的游戏环境。

（一）角色区

角色游戏是幼儿社会生活经验的反映。角色区是幼儿进行社会学习活动的最佳场所，是根据幼儿渴望参加社会活动的心理需要，按照社会生活实际设计某种场景，让幼儿可以在活动区域内模仿社会实践活动。"家庭"是幼儿最熟悉的社会生活内容，以家事活动为基础的"娃娃家"游戏是基本的角色游戏，"娃娃家"是幼儿园最常见的角色区。但是随着幼儿年龄的增长，到了中、大班以后，尤其是男孩子对这种家事游戏的兴趣逐渐降低，他们更喜欢带有挑战性、新颖性的游戏主题，如警察、解放军、司机、消防局、餐馆、理发店、医院等。因此，角色区的布置不能从小班到大班都是千篇一律的"娃娃家"主题，老师应当考虑幼儿的年龄特点和性别差异，为幼儿提供模仿各行各业角色行为和体验各种角色关系的场景、服装和道具（如图 5-37、图 5-38、图 5-39、图 5-40、图 5-41 和图 5-42 所示）。当然，班级不可能同时设立这么多种类型的角色区，老师需要根据学习内容和幼儿需要，分期、分批设立。

图 5-37 "小厨师"们正在包肉燕

图 5-38 "小花艺师"正在包一束花

图 5-39 奶茶店

图 5-41 美甲店

图 5-42 美发店

图 5-40 烤肉店

（二）建构区

建构区是幼儿通过操作各种基本元件材料进行结构造型游戏的场所，常用的材料有积木、插塑等。积木是木制的建构材料，依照积木的大小来分，可分为小型积木、中型积木和大型积木。其中，大型积木因为需要幼儿用双手拿，一般做成中空型以减轻积木重量，方便幼儿取放。积木不仅可以用来构筑各种美丽的"建筑物"（如图 5-43 所示），还是幼儿学习数学的最好工具，因为积木都是按照一定的数量关系和体积比例来制作的。让幼儿按照颜色、形状、大小收拾积木，可以增进他们计数与分类的能力，发展空间概念。同时，摆放积木的动作还可以发展幼儿的手眼协调能力。在"建筑"过程中，要求幼儿根据美的原则和对称法则，要学会识别"建筑物"各部分的比例、形状、颜色对称和协调。教师可以引导幼儿在建构前先绘制设计图，再进行建构（如图 5-44 所示）。

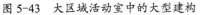

图 5-43　大区域活动室中的大型建构　　　图 5-44　建构区的主题墙

（三）美工区

美工区是发展幼儿美术创造力的重要环境，绘画、泥工、剪纸、粘贴等活动是美工区经常开展的美工活动（如图 5-45、图 5-46、图 5-47、图 5-48、图 5-49 和图 5-50 所示）。美工区的基本空间构成包括：工具与材料区、操作台、作品展示区。

图 5-45　幼儿正在独立绘制船　图 5-46　幼儿正在绘制水彩画 图 5-47　幼儿正在进行扎染

图 5-49　制作服装创设的布艺区　图 5-50　服装制作展示

图 5-48　幼儿扎染作品

为了激发幼儿对美工活动的兴趣，初步掌握美工技能，大胆地用自己喜欢的方式进行艺术表现和创造，美工区应提供丰富的材料，如绘画所需要的各类画笔、画纸、颜料、印章等；泥工所需要的材料和工具；纸工所需要的各种颜色、形状的纸和剪刀；手工制作活动所需要的各种材料和废旧物品、糨糊、刀具等。此外，还应提供作品展示的柜台或架子，摆放一些物体的标本、模型等，供幼儿进行美术创作时临摹使用。美工区的墙面可以悬挂幼儿的作品，也可以选择名家名作，以激励幼儿的创作欲。另外，展示的作品最好用画框装裱。

（四）图书区

对幼儿语言和读写能力发展最重要的一个区域是图书区（也有的称作"图书角"或"读书区"）。理想的图书区应该具备四个基本条件：安静、光线充足、在幼儿视线范围内和空间适宜。在表演区"娃娃家"等比较嘈杂的区域附近不适合设置图书区，而在益智区或美工区等相对安静的区域旁边，并且靠近窗户、光线充足的角落适合作为图书区（如图 5-51、图 5-52 所示）。

图 5-51　公共读书区　　　　　　　　图 5-52　绘本阅读区

有的活动室在设置图书区的同时，也在相邻位置设置语言区。语言区是幼儿进行语言锻炼的活动区域，一般应有启发幼儿说话的道具和景物设计。比如利用玩具柜的背面挂一块布，画上美丽的景物，组织幼儿把破损的图书或旧图书里的人物、动物图画剪下来做成贴线教具，进行桌面表演、讲故事等，可以有效地提高幼儿的语言表达能力。

图书区还可以成为其他区域活动的资源库，比如，在表演区中，幼儿为了准确地扮演消防队员，可能会回到图书区寻找有关消防知识的图书；在自然角，幼儿正在研究菜青虫，可能会突然想起在图书区看到过有关蝴蝶的图书，并返回图书区重新阅读这本图书。总之，幼儿在其他区域开展活动时，老师可以经常提醒幼儿运用在图书阅读中获得的信息，来解决面临的问题。

（五）益智区

益智区的玩具包括益智玩具和结构玩具两大类。益智玩具包含一定的问题和任务，要求幼儿在动手动脑的过程中发现问题，探索解决问题的方法，对于幼儿的数学学习和智力发展具有特殊的意义，比如拼图、串珠（木制的、塑料的或其他物品如贝壳等）、棋类、图形盒、小积塑等（如图5-53、图5-54所示）。结构玩具（如积塑）是可以让幼儿根据自己的想法自由拼插建构的，有益于幼儿想象力和创造性的发展。教室空间较大、玩具较多的班级，可以分设益智玩具区和结构玩具区。

图 5-53　幼儿正在下围棋　　　　　　图 5-54　棋类规则

积塑是用塑料制作的各种形状的片、块、粒、棒等部件，通过接插、镶嵌组成各种物体或"建筑物"模型。积塑轻便、耐用，便于清洁。插积塑比搭积木的难度要大些，因为要想玩积塑，必须首先学会将一块积塑的凸面嵌入另一块积塑的凹面内。可让幼儿先用两三块积塑插成最简单的用具，然后再用多一些的积塑插成较复杂的物体。由少到多，循序渐进，这样就会让幼儿越玩兴致越高。

在投放益智玩具时，要根据幼儿的年龄特点和认知发展水平，提供不同难度的玩具。玩具的投放要有计划、有目的，不要一下子都投放进去，应分期、分批地更新，由易到难，不断激发幼儿主动参与活动的兴趣，使他们有新鲜感和成就感。

（六）科学区

为培养幼儿对科学的兴趣，激发幼儿尝试与探索、试验、发现与归纳体验科学原理，科学区应提供可供幼儿观察、实验、比较、分类和概括的用品与设备（如图 5-55、图 5-56 所示）。例如，供幼儿拆装的家庭用品——废旧的手电筒、钟、电话，以及声光电系列、磁系列等。

图 5-55 幼儿正在玩"踩气球"游戏　　　图 5-56 班级中的特色光影室

（七）自然区

自然区是幼儿认识自然界的一个窗口。可在幼儿园的室内、廊沿或活动室开辟一角，作为饲养小动物、栽培植物、陈列实验品之用。城市中的幼儿每天身处于高楼林立、汽车喧嚣中，离大自然越来越远，幼儿园的自然区则成了他们认识自然、亲近自然的最直接途径（如图 5-57、图 5-58 所示）。自然区为幼儿提供了天天接触、长期观察、亲自管理、动手操作的机会，在开阔视野、满足好奇心的同时，获得认知，习得技能，发展热爱生活的美好情感，是促进幼儿全面发展的有效途径之一。

图 5-57　户外自然区　　　　　　　　图 5-58　蔬果乐园

（八）表演区

表演可分为故事表演、歌唱表演、舞蹈表演、乐器演奏、木偶表演等。表演是幼儿对文学作品的再创造，对幼儿的想象力、创造性、独立性和美感的发展来说，是一项有益的活动。幼儿园应为幼儿提供各种表演道具，如头饰、民族舞服、打击乐器以及表演作品的画面提示等（如图 5-59、图 5-60 所示）。

图 5-59　班级表演区　　　　　　　　图 5-60　为幼儿准备的纱裙

（九）独处空间

所谓"独处空间"，是指幼儿园为幼儿提供一个小型、封闭、容纳人数少的空间，这种空间一般只能容纳 1-2 个人，其作用是给幼儿一种安全感、归宿感的环境，也可称为"私密空间"（如图 5-61、图 5-62 所示）。在幼儿园提倡"合作、共享"的教育背景下，为幼儿创设独处空间的目的是更加尊重幼儿的个人空间，让某些幼儿在疲劳、厌倦或烦躁不安时，有机会独处、自省和退避，可减少到处游荡和攻击他人的行为，也是幼儿的一种心理需要。独处空间就是一个小型的"静区"，一般设在比较僻静的地方，是幼儿的私密小天地。当幼儿在独处空间活动时，老师不要参与和干预其活动。

图 5-61　具有福建特色的幼儿泡茶聊天区　　图 5-62　"娃娃家"中的独处帐篷

第三节　公共环境创设

公共环境主要是相对于个别班级教室的环境来说的，指在建筑物室内外全园公共使用的空间和场所。幼儿园公共环境主要指非专属于特定幼儿或老师的活动场所，是大部分幼儿、老师、家长能够进入并进行活动的场所，主要由室内公共环境及户外公共环境两部分构成。室内公共环境主要包括门厅、走廊、楼梯、公共活动室；户外公共环境包括园门及围墙、园区绿化、户外活动区等。

　　幼儿园内所有的设施、设备、物质、材料、规划等都应体现幼儿的需要，因此在幼儿园里，教育者和管理者会最大限度地利用室内外空间，为幼儿创设良好的环境，以达到更好的教育效果。事实上，幼儿园公共环境的创设不是硬件设备的堆砌，更是能够体现教育者办园理念、课程现状及师生互动情况的过程，幼儿园的公共环境往往奠定了幼儿园的整体风格。

一、室内公共环境创设

（一）门厅

　　门厅是幼儿园的集散地，是幼儿园面向家长展示特色的窗口，是幼儿园整体环境创设的灵魂所在，代表一所幼儿园的教育理念和教育品位。一个创意独特、寓意深刻的展示墙，不仅创意、用色、造型均具有自己独到的思考，更重要的是可以把幼儿园的教育理念和文化加以提升和巧妙融入，使展示墙既美观漂亮又具有文化内涵和深刻含义。门厅的装饰可以根据季节，或幼儿园的活动主题进行调整（如图 5-63、图 5-64所示）。

图 5-63　幼儿的花草扇作品展示

图 5-64　幼儿的叶子拓印作品展示

（二）走廊

　　走廊是幼儿和老师每天要经过的场所，也是很好的放置物品的场所。幼儿园可以购买低矮的鞋柜放在教室门口的走廊上，用于放置幼儿的鞋子，也可以在走廊上张贴与最近活动主题相关的知识卡片，以方便幼儿熟知，还可以在走廊上设置"家园合作栏"，以及张贴幼儿的美术作品。

走廊还可以结合本时间段的活动主题，采用废旧材料制作成各种悬挂物，进行美观大方地展示。需要注意的是，悬挂物应至少高于幼儿三个头的距离以上，以不妨碍室内采光和幼儿活动为宜，还应考虑到色彩协调，与主题一致。

如果走廊比较宽敞，则可以利用走廊的部分空间进行区域活动，或者设计成为各班级的延伸功能区，或者作为幼儿放置生活用品进行区域活动的小场所。

（三）楼梯

幼儿园楼梯需要符合幼儿的身体特点，每一个台阶最大高度 0.15 米，最小宽度 0.26 米，楼梯应有扶手。楼梯旁边的装饰应与幼儿的兴趣和需要结合，可以布置一些帮助幼儿掌握数数的图片等。

对楼梯进行布置时，首先要注意的是不妨碍楼梯的功能，不用过大过复杂的物体阻碍通行。

（四）公共活动室

幼儿园的公共活动室按功能分为多功能活动室、专用活动室和班级活动室三种类型。多功能活动室一般是幼儿园大型活动室，可供开展音乐、体育、游戏、观摩、集会及陈列幼儿作品等活动（如表 5-2 所示）。专用活动室是具有特定功能的活动室，如美术活动室、电脑活动室、图书室等，这类活动室一般面积较小、功能较单一。

表5-2 公共活动室面积要求 [①]

活动室类型	面积要求
音体活动室	全园设一间，使用面积按第三条所列规模分别为120㎡、140㎡、160㎡，供开展音乐、舞蹈、体育活动和大型游戏、集会、放映幻灯片、观赏电影和观摩教育等活动之用。
办公室	全园使用面积按第三条所列规模，分别为75㎡、112㎡、139㎡，包括园长室、总财务室、老师办公室和保育员休息更衣室等。
资料兼会议室	全园设一间，使用面积按第三条所列规模，分别为20㎡、25㎡、30㎡，供教工查阅资料、阅览报纸和杂志，以及开会和对外接待之用。
教具制作兼陈列室	全园设一间，使用面积按第三条所列规模分别为12㎡、15㎡、20㎡，供制作、陈列教玩具之用。
保健室	全园设一间，使用面积按第三条所列规模分别为14㎡、16㎡、18㎡，供医务人员开展卫生保健工作之用。
晨检、接待室	全园设一间，使用面积按第三条所列规模分别为18㎡、21㎡、24㎡，供医务人员每天早晨对入园幼儿进行健康检查及老师与家长会见之用。
值班室	全园设一间，使用面积12㎡，供老师值班住宿使用，也可兼作教工单身宿舍。
贮藏室	全园使用面积按第三条所列规模分别为36㎡、42㎡、48㎡，供贮藏体育器具、总务用品及杂物之用。
传达室	全园使用面积10㎡，供门卫人员值班及收发信件之用。
教工厕所	全园使用面积12㎡，供教职工及外来人员使用。
厨房	包括主副食加工间、配餐间、主副食库和烧火间。使用面积按第三条所列规模主副食加工间及配餐间合计分别为54㎡、61㎡、67㎡，主副食库分别为15㎡、20㎡、30㎡，烧火间分别为8㎡、9㎡、10㎡。
开水消毒间	全园使用面积按第三条所列规模分别为8㎡、10㎡、12㎡，供烧开水及餐具、毛巾、茶具等物品消毒之用。
炊事员休息室	全园使用面积按第三条所列规模分别为13㎡、18㎡、23㎡，供炊事人员更衣、休息使用。

二、户外公共环境创设

在户外，幼儿能亲近自然，感受天气的变化，尽情地在小山丘、洞穴、小溪流或泥坑里锻炼摔打，还可以大声呼喊、与同伴一起玩集体游戏等。幼儿的身体素质和力量得到锻炼的同时，还能发展创造力和认知能力。相关研

[①] 资料来源：中华人民共和国建设部（2015），《城市幼儿园建筑面积定额（试行）》，https://www.csdp.edu.cn/article/587.html，2015-09-09。

究指出，经常参与户外游戏的幼儿，他们的视觉、语言表达力和社会能力比不常参加户外活动的幼儿要好得多。

经常进行户外活动对幼儿的身体发展也大有好处。在户外，阳光能帮助身体合成十分重要的维生素 D，可以促进钙质的吸收，有利于幼儿的身高发育。另外，户外的致病细菌也比室内少得多，户外游戏还创造了许多有价值的学习机会，能促进幼儿的身心健康发展。因此，我们应该保护幼儿参与户外游戏的权利。

（一）户外空间的要求

1. 提供安全的户外环境

幼儿需要冒险，以挑战他们的能力和勇气。一个毫无挑战的游戏场，既不可能存在，也不吸引人。但游戏场在具有挑战性的同时，必须减少危险性。在设计、安装和维修游戏场时，安全是首要考虑的问题。

2. 适合年龄

在严格地控制伤害事件发生时，有必要让儿童体验符合他们年龄和发展水平的身体挑战。对一个儿童来说，总结过往的经验和适度的挑战后得出的结论非常重要，它可以促进儿童的整体发展，形成正确的定位并肯定自己的能力。

3. 设施维护

维护良好的游戏场很重要。在一项关于家庭保教中心的研究中，发现93% 的保教中心存在安全隐患问题，如有碎片残骸、不安全的游戏设施以及地面覆盖物。游戏场应该每天检查，排除安全隐患。另外，户外空间需要做定期的安全检查，检测所有的设施以及地表是否有问题。

4. 注意紫外线

户外活动的另一个危险就是紫外线。为了保护儿童，在游戏场里设置阴凉处很重要，可以是天然的树荫，或是人工创建的阴凉处。如果有可能，儿童经常游戏的地方都应该设置适当的遮阳处，例如沙池里。另外，还可以提供防晒指数 SPF15 或以上的防晒霜。防晒霜必须涂在除眼睑处以外的皮肤裸露处，要在出门半小时前涂防晒霜，在阳光下要每隔 2 小时补涂一次。美国儿科学会认为，如果儿童在上午 10 点到下午 2 点在户外活动，应该穿着保护皮肤的服装，包括帽子、长袖衫和长裤。这些服装应该是淡色的，并且用很轻的材料制成。操场上应设置有保护性质的区域，在将其使用率最大化的同时，保护儿童免受紫外线的伤害。自然的阴凉处可以由树木或长藤植物形成。此外，雨伞、热气球、遮阳伞和天棚等也可以达到遮阴的效果。另外，水也是在炎热的天气下给儿童降暑的必需品。

5. 创设高效的户外环境

户外空间的设计和室内同等重要。理想的游戏场应该有基本的功能，并能保证儿童的安全。同时，还可以给儿童提供学习机会和社会互动的机会。许多户外场地的专家建议，空间应该被划分成不同的区域，以满足不同运动的需求。划分不同的区域，可以减少冲突，提高儿童的注意力。

6. 提供环路

清晰的操场道路能让儿童之间的活动不会被互相干扰，还能帮助儿童远离危险区。游戏场应避免使用长的直线通道，容易引起儿童肆意奔跑。取而代之的应该是没有终端的环形小路，而且不同材质的材料（如石子、树皮、铺路石、沙子、木桩和砖头等），可以创设不同基调的区域，还可以邀请儿童参与自主创设和装饰个性化的道路，为孩子们创造更多户外活动的趣味。

7. 提供充足的存储区域

缺少足够的存储区域是户外游戏场设计上的最大不足，这使老师在户外的工作非常不方便，幼儿需要的东西应该能随时取到（如图 5-65、图 5-66 所示）。因此，提供存储区域十分重要。建造的材料取决于存储的物品，例如，带橱柜锁的木质架子可以存放艺术和音乐设备；长椅可以摆放丢失的物品；自行车棚可以摆放自行车；工作间的内置橱柜可以摆放修车用的工具。

图 5-65　轮胎收纳架

图 5-66　角色扮演器械屋

8. 提供便利的洗手间和饮用水

游戏场最好有洗手间和尿布更换台，还应提供儿童洗手和饮用的流动水。如果没有流动水，那么需要在户外游戏时，提醒幼儿带杯子和水。

9. 创设美观自然的环境

户外游戏场既要实用，又要美观吸引人，这样的游戏场可以使儿童和成人感受到被重视和尊重。

创设美观的户外环境时，需考虑以下几点：

★　用自然材料和色彩。在探究环境和自然时，儿童需要与自然材料互动，例如，木头、石头、水、草、无毒树木和灌木。充斥着塑胶材料的游戏场，给人明晃晃的色彩感觉，容易刺激儿童并远离自然。与之相反，我们可以利用地面覆盖物、植物、树木和花为游戏场增添丰富迷人的色彩和质感。

★　用儿童的想法和艺术作品（例如，雕塑或儿童绘制的壁画），将游戏场个性化。这些作品挂在游戏场，在装饰环境的同时也展览了儿童的活动成果。

★　为丰富的感官体验而设计。如听觉（风铃、水流的倾泻声和风吹树动声），视觉（花和会变色的树），嗅觉（在各个区域种植各种香味的草本植物，如薰衣草、柠檬、薄荷、野麝香草和迷迭香），以及触觉（各种栅栏和丰富的自然元素，如木头、岩石、泥土和水）。

★　营造"地方感"。户外游戏场大都设计得千篇一律，而游戏场的设计应该给儿童营造"地方感"，使他们有归属感、存在感和所有感。景观设计强调户外环境个性化，能反映地理位置、气候、文化和幼儿园的教育理念。在营造"地方感"时，应该整合教育机构和社区的理念以及当地的材料、植物和文化，可邀请所有相关的人（儿童、家长和老师），参与游戏场的设计和持续性地改善。在设计游戏场时，带儿童参观各种公园、花园和自然栖所，观看各种游戏场和自然场地的图片。再通过请儿童讨论他们的所见所闻、绘制游戏场和搭建游戏场模型的方式，表达出他们的想法。当儿童形成"地方感"时，就会重视、珍惜、记住并照看这个地方。

（二）户外活动区的分类

户外活动区域应该提供复杂丰富的各种活动，比如攀爬、荡秋千和滑梯等，还包括能用来骑车的区域、供幼儿跑跳和游戏的大型开放式区域、凌乱的自由区，以及玩水区、自然观察区、休息区、建构区、音舞美艺术创造区和戏剧游戏区等。这些区域需灵活可变，可供老师和幼儿不断地根据需要重新设计。

1. 攀爬、爬行区

幼儿通过攀爬、爬行、跳跃和平衡，挑战自身的身体极限，提升自信和身体意识，并且获得运动能力（速度、平衡、敏捷度和协调性），还能提高方向感和空间感（如图5-67所示）。高的地方还可以让幼儿看到周围发生的事情，并给他们力量感。幼儿是先学会向上爬，再学向下爬的，所以应确保有不止一条向下爬的路，尤其在较高的设施上。此外，要为幼儿提供宣布他们已经完成挑战的方式，比如，在绳子和梯子顶部设置台面，爬到终点时敲响铃铛，或者终点处设置终点横幅等，以增进幼儿的成就感和自信心。

图 5-67　爬行区的铃铛障碍

2. 臂力发展区

幼儿园的臂力发展器材，主要包括梯子、轨道车和空中吊环（如图 5-68 所示），其有助于发展上肢力量、协调力、侧运动和视觉感知力。比如，一些架空的梯子被设计成斜坡式，越高越有难度，因为当它高度上升的同时，也要求幼儿具备各种能力才能完成任务。另外，老师可将轮胎直立，部分埋于土中，既方便拿走，也可以形成一个安全的平台。

当幼儿第一次使用这些设施时，一定要有人在一旁指导和鼓励。为了帮助幼儿，老师可通过托住幼儿的臀部，帮助他们一个台阶一个台阶地向上爬。

图 5-68　臂力发展区

3.秋千区

在户外活动区域，秋千也是一个重要的设施（如图5-69所示）。秋千有节奏地运动，可以使人放松，并且能提高身体的平衡感和协调能力。另外，在重力作用下，秋千快速的摆动和自身的速度，能让人产生飞翔和坠落的感觉，以此激发幼儿的想象力。同时，玩秋千为幼儿提供了与他人合作、分享的机会，促进了幼儿的社会能力发展。

图 5-69　轮胎秋千

4.滑梯区

滑梯能发展幼儿的动态平衡，而且滑梯和其他设施不同的是，滑梯难度系数很低，适用于所有儿童。幼儿园可以针对不同年龄段的儿童，在操场提供不同种类的滑梯（螺旋式、隧道式、宽面式和波浪式），以满足不同儿童的兴趣。滑梯可以是一件独立的设施，也可以与其他设施组合使用（如图5-70所示），例如攀登绳索。

图 5-70　大型滑梯组合

5. 轮式器材游戏区

幼儿园的轮式器材有三轮车、独轮车等（如图 5-71 所示），可以提高幼儿的身体技能、协调性、肌肉力量和空间感知力。在设计这部分游戏区域时，应确保行车道有足够的硬度。小山丘、坡面和穿越式隧道，可以增加游戏的趣味性和挑战性。同时应要求幼儿戴头盔以保护头部，同时教授幼儿相关的安全知识。

图 5-71　三轮车

6. 泥、沙区

现在的幼儿大都生活在一个很干净的环境里，没有太多机会挖土、玩泥、玩沙。但是，当询问成人的童年记忆时，玩泥是一项常被提及的娱乐活动。为给幼儿提供这样的机会，幼儿园不妨创设泥巴中心，配备火炉、烤箱以及各类盆、罐、锅和厨房用具，和许多装饰物（木屑、松球、干浆果、鹅卵石、碎树叶），还有清洗区以及大桶的泥土和水。当这个中心开设后，鼓励幼儿收集各种各样的物品作为装饰，还可自行设计手工艺品（如制作馅饼、小动物、生日蛋糕等），这些活动可激发孩子的创造力。泥巴中心是开放式的，可以联结各种课程区域，成为成人和孩子都喜爱的游戏区域。而沙子是一个可塑性和变化性相当高的媒介，随时可推倒重来，会带给幼儿无压力的乐趣。

7. 玩水区

"水是一种让人感觉舒适、令人着迷又可以建构的事物"。尽管需要小心水可能会很深或是污浊，但这些因素不会影响水中游戏的乐趣。水资源够足的幼儿园要将玩水区与游戏场相结合，可参考以下建议。

★　允许儿童跑着穿过洒水器。

★　由水桶或地下水源提供水，安装露天水龙头（如图 5-72 所示）。

★　提供循环式的喷泉。根据喷泉的不同尺寸，儿童可从中观察和倾听喷泉，并在其中游戏，溅湿自己。

★　在沙池提供水源。添加雨水槽或雨水管道，供儿童在沙池里移动水流，增添玩沙的乐趣。当儿童用湿沙制作模型时，会领悟到沙子与容器形状之间的关联。

★　安装露天水槽和水龙头，如阶梯般向下延伸。这样水就流入较浅的溪床，儿童可以进行更多的水中冒险游戏。

★　安装一个手动泵，可以减少水资源的浪费。

★　喷雾管道既可以安装在建筑物的一侧，也可以是独立的。

图 5-72　玩水区的水龙头

8. 种植区

根据幼儿园空间的不同，种植区可以开设在平地上、土坡上、游泳池旁、管道里或是花盆里。

德国教育家福禄贝尔建议儿童拥有个人和集体的种植区，以此促进儿童的责任感和集体感的发展。料理花园能增强儿童的责任心，提升儿童的鉴别和欣赏力，并使儿童了解食物的产出，增进对自然系统和季节的认知。园艺有助于建立人生观，有助于学习数学（表格、画图）、科学（光合作用、植物需求、昆虫、堆肥、观察法）、社会学（不同文化食物、地图制作），艺术（园艺设计）、读写（做标记、读书）以及营养健康知识。儿童还可以在不同的环境下，感受植物的生长（如图5-73所示）。多鼓励儿童建立园艺记录的习惯，用图画或文字记下观察、发现的结果，例如植物的高度和果实的重量。老师还可以启发儿童学习昆虫如何帮助或破坏植物，以此发现保护果实的方法。

图 5-73 种植区

9. 动物观察互动区

老师可以通过环境的设置，在游戏场吸引更多的鸟类、小动物和昆虫，提供各种探究工具，丰富儿童的学习机会。当然，驯养的动物也能丰富学习经验。

要吸引鸟类、小动物和昆虫，就需要提供各种生物栖息所。例如，老师可以提供鸟类喂食器、鸟屋、鸟类戏水盆、松鼠喂食器，以及能吸引蝴蝶和瓢虫的花园和植物等。修长的、未修剪的草和篱笆，会吸引一些当地的小动物，但是要做适当的管理以确保安全和卫生。

双筒望远镜、放大镜、蝴蝶网和容器，有助于儿童近距离地观察生物。老师可以通过提供动物、鸟类和昆虫的鉴定资料，拓展儿童的学习内容。老师可以设置工具箱，把放大镜、双筒望远镜等工具放入箱子内，以防被雨水淋湿。

幼儿园空间够大的话，可以驯养小动物，比如兔子、鸡、鸭等（如图5-74所示），幼儿还可以参与到喂养和拾蛋的活动中。

图 5-74　鸡笼

10. 休息区

休息区是一个半隐私的区域，是一块特别的地方，可供幼儿在其中进行冷静、幻想、反省、自我探究等。在设计休息区时，要注意它最好是半封闭式的（如图5-75所示），便于老师的监督和管理。比起全封闭式休息区，幼儿也更喜欢半封闭式的，因为不会在心理上造成压抑的感受。

低矮的平台、植物屏蔽的区域、向日葵型的帐篷、柳树编制的小屋、电话亭游戏室、树屋或者帐篷，都可以成为休息区。挂在粗壮的树干上的吊床，也不失为一处安静的休息区。一处小房子上的窥视孔，幼儿还可以一边休息，一边通过它观察外面有趣的世界。

图 5-75　户外半封闭休息区

11. 户外学习区

户外学习区是户外活动区的重要组成部分，一般包括积木建构区、戏剧游戏区、艺术区，还可以创设科学区、数学区和阅读区等（如图 5-76 所示）。总的来说，当规划一个户外学习区时，应充分利用户外的优势，例如，户外比室内有更多的自由空间和可利用的自然环境。

通过创设合适的户外学习区，能为儿童提供安全、健康的户外环境，并丰富其学习经历。但同时，也要注意学习区应能满足不同年龄段儿童的不同需求。

图 5-76　户外阅读小天地

章节练习

请参观一个班级活动室，分析其在空间结构和利用方面存在哪些合理与不合理之处，并提出改进意见。根据实际条件，结合空间规划方面的知识和活动区创设的要求，为其设计一个相对"理想的"班级活动室环境，并画出平面结构图。

拓展学习资源

美文欣赏

假如，给我和孩子一面墙[①]

假如，给我和孩子们一面墙，我第一个愿望就是：这面墙就在我们的眼前，不要很高，不要孩子们即使踮起脚尖、伸长脖子，小手还依然够不到。所以，我会和孩子们一起去与园长妈妈商量，把那面墙放下来，放得矮矮的，放到我的孩子们能够触手可及、自己布置、自己张贴的位置，可以点哪儿说哪儿，不会被同伴抬着头反复问"你讲的东西是哪个啊，在哪里呢"。

假如，开学了，我们会一起让这面墙空空的，共同迎接新学期的到来。如果我的孩子只有三岁，刚刚进入幼儿园，我会让他们把自己最喜欢的玩具带来，每天和一些孩子聊聊、讲讲，让他们用熟悉的玩玩具的经验一起玩耍，让玩具带着他们互相认识。我们会一起与玩具合影，再一起把照片一张一张地贴在这面墙上，感受大家一起玩的快乐，减缓孩子们的入园紧张，降低他们的分离焦虑。

如果我的孩子是大班，我会和他们一起把墙面平均划分，每个人把假期中最快乐和最不高兴的事"写"出来，大家一起发现快乐的事有哪些，现在

---

① 崔岚、许班：《孩子眼前一面墙：图解幼儿园班级主题墙的虚与实》，上海：华东师范大学出版社，2018年，第1-2页。

想起来还觉得很快乐吗？不高兴的事又是因为什么，现在想起来还不高兴吗？有多少孩子会萌萌地感受到快乐是可以延续的，不开心的事过去就过去了，不用去回想。当然，我也会把我的玩具、我的快乐和我的不高兴向孩子们述说、分享。

假如，春天来了，我们会一起在这面墙上开启春天的发现之旅，述说春天带来的很多美好。我们可能不仅会让自己的笑脸随花儿一起盛开，我们还会多靠近花朵一点，去发现花蕊伴随着香气而绽放出的妩媚与力量；我们也可能布置出一片片油菜花海、桃花花海、樱花花海、郁金香花海，花儿跃然墙上，冲击着我们的视觉，激发我们去更广阔的自然中踏青、采风、拥抱春天；我们也可能去发现大人们抓住春机、时不我待的行动，把他们在田野播种、在山上采茶、在路边植树的景象描绘在墙上，浅浅感受"一年之计在于春"的道理；我们也有可能在墙上"探索"动物们在春天里是如何苏醒的，它们醒来后的第一件事会干什么；我们还有可能写意春雨，赞美她带来的万物生长、吐故纳新，以及她的淅淅沥沥给孩子带来的玩耍乐趣。

假如，我的孩子们开始换牙了，我会征询他们是否愿意尝试做一本自己的换牙记录，在这面墙上或由短至长，或由浅至深地慢慢呈现。因为我知道，换牙是每一个孩子必定经历的过程，是如此真实的存在。换牙的体验，不仅仅是换掉几颗牙，还是那些小小心脏慢慢变得坚强的历程，更是孩子们生命中不可复制且不可替代的成长标志。

因此，我会引导孩子们按照时间线索，慢慢地、一颗一颗、一次一次、一页一页用自己的方式记录换牙的过程；我也会启发孩子们在自己和同伴的记录中去发现换牙的有趣现象和规律。先掉什么牙，再换什么牙，新旧牙齿有什么不一样？我们也会讨论"牙齿最怕什么"，从而在行动上做到保护好自己的牙齿。待到大班毕业时，每双小手上都捧有一本自己的《换牙手记》，而且未完待续，让"换牙"成为孩子向自己生命敬礼的一次学习。

假如，这面墙的周边还有一方小小空间，我们可能会开辟属于自己的

"博物馆"。在花叶绚烂的果树林背景下，我愿意陪着三岁的孩子共同建设"好吃的水果"博物馆，每个人带着自己喜欢的水果，装在大小不同的果篮里，积攒出五彩缤纷；摆在一个一个果盆里，指指与认认；捧在一双一双小小的手心里，一起分享，品尝不同的甜与酸。我不寄希望于孩子们能够认识多少水果，但期待他们懂得，好吃的东西大家一起吃才开心。

　　在长城长、黄河黄的背景下，我愿意和六岁的孩子一起在墙面上开办"我是中国人"的博物馆。说说照片中自己与背景的关系，学着夸夸祖国的名胜古迹；展示背回家的纪念用品，一起感慨它们到底有多大的用处；看看、聊聊青花瓷的唯美纹饰，感受她给中国带来的千年荣耀；探讨《西游记》里的京剧脸谱，惊叹它独特的符号表征；回忆传统节日，知道它们连接着我们的生活情感与精神寄托。我不寄希望于孩子们多么了解这片土地，但期待他们知道"我是一个小小中国人"。

　　假如，我的孩子们即将毕业，我们会在这面墙上一起直播"我要上小学了"。这面墙会为孩子们祈愿，会把他们上小学的期望化为一朵朵爱心张贴在它的怀抱里，蔓延开去；这面墙也会鼓励孩子们去了解小学，把对小学的所有感受向它倾诉、同伴间彼此分享，彼此勉励；这面墙也会成为我们的回忆墙，渐渐推出三年美好生活的珍藏，找回过往的游戏与生活，以此告白幼儿园的角角落落、事事人人；这面墙也终将成为我们的告别纪念墙，把最美好的祝福送给每一位心仪的伙伴，在最美的微笑中挥挥小手，我们的明天不会苍白，背起书包，未来必将闪亮。

　　假如，我的孩子们都毕业了，这面墙依然会带着我，带着我穿越和他们曾经在一起的童年时光。

第六章　幼儿园心理环境创设

学习目标

本章主要介绍幼儿园心理环境创设的内容与方法，具体学习目标如下：

★ 理解幼儿园心理环境创设的重要意义。

★ 理解幼儿园心理环境创设的主要内容。

★ 掌握幼儿园心理环境创设的基本方法。

知识点概览

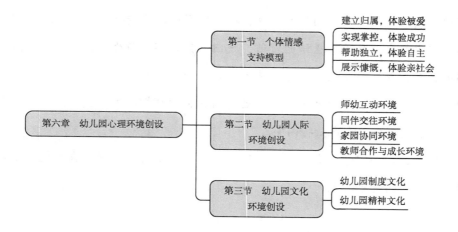

问题情境导入

有一次，笔者在某幼儿园组织幼儿玩"谁的飞机飞得高"的游戏，笔者示范几次后，就让幼儿自由玩。笔者在旁边经过观察，发现有几个幼儿玩了一会儿就不玩了，径直走到笔者身边说："老师！ 我不玩了。"笔者请他们去和大家一起玩，可他们还是不愿意。

这时，笔者拿起一架纸折飞机一边向空中飞，一边说："我的飞机飞得好高啊。"孩子们一听，都高兴地围了过来，一边玩，一边说："老师，我的飞机飞得也很高。""我的飞机会转弯。""我的飞机飞得远。"

原来那几个说不玩了的孩子也玩起来了，还一边说："老师，您看我的飞机飞到哪里去了。"

这说明幼儿的情绪是不稳定的，极易受到别人情绪的感染，而老师的良好情绪和情感对幼儿有很大的感染和促进作用。

《幼儿园教育指导纲要（试行）》（简称《纲要》）指出："幼儿园应为幼儿提供健康、丰富的生活和活动环境，满足他们多方面发展的需要，使他们度过快乐而有意义的童年。"《3-6岁儿童学习与发展指南》在健康领域中强调，"教师的态度和管理方式应有助于形成安全、温馨的心理环境，言行举止应成为幼儿学习的良好榜样"，"营造温暖、轻松的心理环境，让幼儿形成安全感和依赖感"。

《学前教育专业师范生教师职业能力标准（试行）》对幼儿教师的保育和教育实践能力提出了明确要求，"理解教师的态度、情绪、言行在幼儿园及班级心理环境形成中的重要性。能够构建和谐的师幼关系，帮助幼儿建立良好的同伴关系，营造良好的班级氛围，让幼儿感受到安全、舒适。"

由上述政策文件的要求可见心理环境的重要性。心理环境对幼儿的影响是潜移默化且深刻长久的，和谐、温暖、支持的心理环境氛围能够促进幼儿形成积极的个性特征，掌握良好的交往技能，养成良好的行为习惯，对幼儿的身心健康发展起到至关重要的作用。

第一节　个体情感支持模型

心理环境的营造离不开情感支持，在众多个体的情感支持模型中，"勇气圈（circle of courage）"因其容易理解、适用人群范围广等特点使用较为广泛。"勇气圈"起源于美洲的本土哲学，该哲学是课程开发者基于儿童的四种需求——归属、掌控、独立和慷慨设计的一种模型，能够有效地指导老师创设平等、合理的情感环境来支持幼儿的发展。

勇气圈的创设者是这样描述四种需求的："体验了归属感的儿童知道'我被爱'"，"体验了掌控感的儿童知道'我能成功'"，"体验了独立感的儿童知道'我有能力做决定'"，"体验了慷慨感的儿童知道'我有一个生活目标'"。该模型的作者认为，"当这些需求得不到满足或失衡时，儿童就会失去信心"。如果老师以"勇气圈"模型创设心理环境，以此指导与儿童的互动，那么就能发展孩子的自信心和自尊。

随着课程游戏化研究的进一步深入，"珍视游戏的独特价值，创设丰富的教育环境"成为我们幼儿教师支持幼儿发展的有效途径。正如种子的生长有着自身的潜能，但还是需要充足的阳光和肥沃的泥土。幼儿的发展也需要一个丰富的环境才能健康成长，虽然"勇气圈"模型植根于美洲，但是对于我国的幼儿教师在思考心理环境的创设上有一定的借鉴意义。

幼儿教师在幼儿体验归属感、掌控感、独立感和慷慨感中扮演着重要的角色，为幼儿实现这些价值（归属、掌控、独立和慷慨）进行了心理环境创设上的尝试与努力。

一、建立归属，体验被爱

"勇气圈"模型指出，"体验了归属感的儿童知道'我被爱'，这对满足其他所有需求很重要"。《纲要》也指出："教师的态度和管理方式应有助于形成安全、温馨的心理环境；行为举止应成为幼儿学习的良好榜样。"

对于新入园的幼儿来说，老师温暖的怀抱、和蔼可亲的态度，为幼儿形成归属感提供了舞台，有助于老师和幼儿建立依恋关系。老师应为幼儿创设安全、温馨、充满关爱的班级，从而建立积极的依恋关系。老师可通过关心幼儿、倾听幼儿、耐心地对待幼儿等方式，满足幼儿归属和爱的需要。

1. 幼儿与老师之间

老师对新入园的幼儿需积极回应，对于哭泣的孩子尽量去拥抱，对于打翻饭碗的孩子及时给予微笑并重新添加饭菜，对于尿湿裤子的孩子马上更换衣服……老师应快速地对幼儿的需求做出反应。经过一段时间，幼儿与老师就会建立起积极的依恋关系。

2. 幼儿与幼儿之间

老师帮助幼儿相互了解，并使他们成为一个团体。老师可每天开展点名活动，或者玩"猜猜我是谁"的游戏，帮助幼儿记忆同学的名字；可组织孩子一起玩游戏，互相熟络感情……老师创设的环境要保障幼儿与同学之间有充分的时间进行互动。

3. 幼儿与物质环境之间

足够多的游戏材料，足够大的空间，独立安排的时间，有趣的活动场所等，这些能让幼儿产生对幼儿园的依恋。例如，给孩子们准备一个空旷的、软质的室内活动场地，让他们在里面尽情地爬、滚、跳，经过一段时间后，老师组织乌龟爬（一个跟着一个爬）等有情境的游戏，从无序到有序，老师、幼儿和环境便可三位一体互动起来。

"归属感"让孩子具有更强的适应能力，马斯洛的需要层次理论便是将

"归属和爱的需要"放在自下而上的第三层，可见其重要性。当孩子在幼儿园体验了"归属感"，就会喜欢上幼儿园。

二、实现掌控，体验成功

"体验了掌控感的儿童知道'我能成功'。掌控感包括学习能力和社会能力，它有助于儿童建立积极的自我概念。"积极的自我概念能够有效发展"自我效能感"，这是一种在特定情况下对自己能力的信任。幼儿教师在创设环境中，应积极地发展幼儿的自我效能感。

1. 材料的不同层次要求

在材料投放中，老师应该给同一种材料设置不同层次的操作要求。比如，投放七巧板拼图，层次一：利用分割线的提示进行正方形组合；层次二：不用分割线的提示进行正方形组合；层次三：搭建复杂的图形。通过这种有层次性地操作材料，满足班级里不同孩子的发展需求。当不同能力的孩子都有成功体验后，就会逐渐建立积极的自我概念。

2. 有挑战的环境

有挑战的环境是指在幼儿最近发展区中创设的环境，例如，投放不同攀爬难度的攀登架，这体现出材料的层次性；在不同攀登架上面悬挂水果，爬到最高点就可以采摘水果，这是老师设置的挑战；当孩子攀爬最矮的攀登架时，鼓励他们挑战下一个高一点儿的攀登架，这也是老师设置的挑战。通过这种方式，可以让孩子获得成功感。

3. 及时认可孩子的良好行为

老师可以用鼓励和关注的方式来认可幼儿，例如，老师认可幼儿对其他人表示友好的行为就应该告诉孩子，每次看到他与其他人分享玩具时老师非常高兴。一旦幼儿形成了这种行为，我们只需要偶尔奖励幼儿，以强化他们的好行为。

"掌控感"能使幼儿在环境中感到自信，让孩子在环境中不害怕。"我能成功"既符合幼儿现有水平，又有一定的挑战，幼儿会在成功与挑战中不断前行。

三、帮助独立，体验自主

"体验了独立感的儿童知道'我有能力做决定'。这为儿童提供了自我控制和内在规范的能力。""自主"是课程游戏化的核心概念之一，老师需要创设环境，帮助孩子在与环境的互动中形成独立的品质，独立让儿童拥有自主性。老师可以通过以下方式促进幼儿的独立性发展。

1. 让幼儿在与材料的互动中学习

在一个具有真实情境的环境下，能够增强幼儿与材料的有效互动，发展其独立性。例如，小班幼儿学习使用剪刀，老师首先教会其如何手持剪刀，这是基本的能力。然后带领幼儿走进大自然，剪剪草坪里的狗尾巴草，剪成一段一段的，不断锻炼如何使用剪刀。然后剪剪地上的落叶，剪成三角形、圆形等，锻炼手指的灵活性。孩子们利用大自然的活材料——容易剪的草、树叶，可知道"我有能力完成"。接下来在班级区域中投放报纸、硬纸、布等，让幼儿自主选择。通过积极有效地与材料互动，增加孩子的能力，树立孩子的自信，形成孩子独立的品质。

2. 规则是通过协商制定的

自主决定让幼儿在活动中更有主人翁的感觉。班级规则是和幼儿一起商量出来的，幼儿会更愿意遵守，比如有幼儿经常在教室里跑来跑去，有一次跑到盥洗室门口和同学撞了一下，班级就有同学提出不能在教室奔跑，并一起制作一张"禁止奔跑"的标志贴在盥洗室门口。此外，老师在游戏中要学会关注幼儿，例如，孩子们晨间户外游戏玩一米高的大球，整个人趴在上面向前滚，具有一定的危险性，老师可通过拍摄当时的画面，在集体活动中和孩子讨论如何能够玩得既开心又安全，与孩子共同制订规则，既保护了孩子游戏的兴趣，又能发展孩子游戏的创造性。

3. 学习必须通过身体力行

学习应该是幼儿的互相学习，以及老师的引导。例如，在建构区搭建游戏中，学习如何搭建高楼，首先需要幼儿的实际操作、亲自体验，再通过欣赏其他幼儿的作品、讲解自己是怎么在搭建的过程中相互交流、相互学习，最后老师提升经验，引导幼儿感知围合、垒高等技能；在数学区中，幼儿拼接图案时通过不断地操作尝试，以及老师的引导梳理，学习移动、旋转和翻转等技能。孩子们就是通过"尝试—分享—提升—实践"的过程来学习进步的。

"独立感"体现了幼儿更多的自主性，表明其能力在不断增强。幼儿在实践中可逐步养成积极主动、认真专注、不怕困难、敢于探究、乐于想象的良好学习品质。

四、展示慷慨，体验亲社会

"体验了慷慨感的儿童知道'我有一个生活目标'。慷慨使儿童用爱心和同情心为团体做出积极的贡献。"慷慨反映了一种分享、一种合作、一种同情。

老师要帮助幼儿发展亲社会技能。儿童心理学家理查德博士用三个概念来形容亲社会行为：首先是分享，"即在没有明显个人利益获得的情况下，把部分个人所有物或财产与人分享"。其次是合作，"为获得共同的奖励，而采取有帮助意义的行为"。再次是同情，"体验他人的情感，并了解他们的情绪和情感"。他同时指出，这种亲社会技能是在学习好的行为榜样下习得的。

可在幼儿园班级里创设环境、开展活动，以发展幼儿的亲社会技能：

①创设共享区。幼儿自带物品，如玩具、书本等，这些物品在共享区里可以自由玩耍、翻阅。

②投放合作性材料。如一个瓶子里有 5 个小球，瓶口小瓶身大，小球连着一根绳子。游戏目标是在最短的时间内拿出小球，做这个游戏时儿童必须

要与其他人全面合作。

③组织新年义卖活动，为生活贫苦的孩子出一份力。

④开展"照顾蛋宝宝"系列活动。幼儿在保护蛋宝宝的过程中，可感受"爱"、学会"爱"、懂得"爱"。具备"慷慨感"的孩子更懂得照顾、体谅和爱别人。

案例

缓解之策："勇气圈"的实践尝试[①]

小班儿童入园后所表现出的分离焦虑是儿童身心不平衡的一种现实表现。幼儿园作为对幼儿实施保育和教育的场所，老师们对儿童适应期实施教育干预与疏导，建立情感支撑环境，有助于儿童实现身心由不平衡到平衡的转变。

"我爱班级"——建立归属感

老师与每个孩子建立依恋。在儿童入园早期，老师需要真诚地与他们相处，当老师给予温暖并且积极地回应儿童，通常可以获得他们的互动。

建立班级社区。有了社区感，儿童之间就会有情感联结，他们互相鼓励、支持和影响。班内儿童相互依赖并感到自己是该团体的一部分，逐渐开始与同伴交往后，儿童的分离焦虑就会渐渐减轻，转而投入集体的互动之中。

"我有自信"——实现掌控感

老师需要帮助小班儿童体验掌控感、发展"自我效能感"，即一个人在特定情况下对自己能力的信任。我们可以尝试在各个领域为儿童设置挑战，例如，爬到攀爬器械的最高点打闹铃以示胜利，将物体与数字配对，阅读图画书等。

---

① 此案例是一个幼儿园小班的老师运用创设班级的正向支持性心理环境来帮助幼儿入学的适应。资料来源：李滇：《"勇气圈"助力新生入园——刍议小班情感支持环境的创设》，《考试周刊》，2021年第53期，第159—160页。

积极回应儿童的教育方式，是帮助小班儿童体验掌控感的基础。此外，培养儿童的自我效能感很重要，它可以通过很多方式来实施。例如，为儿童提供他们能胜任的挑战性活动，给予他们技能和目标设立的支持，鼓励儿童不断努力等。

"我能做事"——获得独立感

独立使儿童拥有个体权和自主性。因此，为儿童设立独立目标时，也要做好家园沟通工作。老师在园内可以通过很多方式促进儿童的独立性发展，这些方法包括：①创设环境，促进儿童的独立性发展（例如，提供材料，教会儿童如何使用材料，以及建立可靠的常规）。②让儿童做自己能做的事，并尝试自己为自己做决定。③为儿童创设一些需要他们做可能会改变生活结果的决定，使他们变得独立，并能体验选择。④允许儿童在符合自身能力的范围内发展自身独立性和自主性，使他们感到有力量，并能体验内在的纪律。

"我会交往"——展示慷慨感

慷慨精神反映了一种关爱，富于同情心，并且愿意与他人分享时间和所有物的能力。老师在其中要起到示范关爱和移情的作用，要能察觉和管理各个事件中儿童的情绪，帮助他们控制行为，并且用亲社会技能与他人互动。

第二节　幼儿园人际环境创设

幼儿园心理环境是指由人际关系、文化观念等无形因素交织在一起形成的心理氛围，在结构上可以划分为幼儿园人际环境与幼儿园文化环境。其中，幼儿园人际环境又分为师幼互动环境、同伴交往环境、家园协同关系和教师合作与成长环境。

一、师幼互动环境

《纲要》中提出："要尊重幼儿的人格和权利。"实际上，人类有很多心理问题是从幼儿时期形成的，如孤独感、自卑感、攻击行为等。尊重幼儿的人格和权利，就是把幼儿当成有思想、有个性的人。幼儿的身体和心理都是脆弱的，这就需要老师的充分尊重和包容。老师的一个眼神、一个动作，都可能会对幼儿的心理产生巨大的影响。所以，老师应该始终以宽容之心来看待幼儿的各种行为表现，不能轻易地批评孩子，也不能过分地批评孩子，公正客观地对幼儿进行评价，并要以正面激励为主，使幼儿敢想、敢说、敢探索、敢创造。同时，老师还要特别关注那些与众不同的孩子，比如少数民族、单亲家庭、外来打工、心理有障碍等方面的孩子，让他们体会到老师的关怀、信任和鼓励，为培养幼儿健康的情绪情感起到积极的作用。因此，建立一个轻松、和谐、平等的师幼关系，有着极其重要的意义。具体方法如下：

①观察询问，了解幼儿的需求和情况。老师在与幼儿交往沟通的过程中，应该掌握幼儿的有关信息。老师与不同性格特点的幼儿进行沟通时，应采用不同的方式和策略。

②转变老师的教育主导者角色意识。有时候，老师可以像"智慧老人"一样为幼儿解答疑惑；有时候，老师可以扮演"问题宝宝"对幼儿提出问题，启发幼儿思考；有时候，老师可以扮"仙女魔杖"为幼儿引路，充当活动进展的引导者；有时候，老师可以是幼儿的"快乐伙伴"，共同参与活动，充当互动过程的参与者；有时候，老师可以是个默默的"观察者"，细心观察、了解幼儿独到的见解、独特的思维，引发他们的奇思妙想，满足他们的内心渴望。

③建立多元化的交往模式。从交往的范围看，既应有老师与幼儿群体的交往，又应有老师与个体的交往；从交往主体作用看，既有以老师为主体的

师幼交往，又有以幼儿为主体的师幼交往；从交往方式看，既可以采取语言方式，也可以运用动作方式或以环境、材料为媒介的其他交往方式。

二、同伴交往环境

建立良好的幼儿群体，是幼儿园精神环境创设的重要内容，它能促进幼儿个体心理的发展。所以，幼儿教师应坚持正面教育的观念，幼儿才能在集体中得到充分表现，逐渐使幼儿产生自信和自主感。老师应注意引导、鼓励和帮助幼儿参加各种活动，并及时肯定他们的积极性和良好表现，这将会激发他们的主观能动性。如果对活动及活动结果要求过严，指责过多，评价不公正，甚至采取讽刺挖苦的口吻或不合理的惩罚，必然会挫伤幼儿的心灵，使他们失去信心，对自己应付周围环境的能力产生怀疑，对自己的行动或自身产生羞怯感，进而影响其身心健康发展。

创设同伴交往环境时，应注意以下几点：

①平衡同伴关系，提高弱势幼儿的地位。老师应该有意识地帮助弱势幼儿提高其在同伴中的地位，引导其多用心观察那些深受同伴欢迎的幼儿都有些什么特征，初步学会基本的交往技能，合理进行情绪管理。

②提高幼儿交往的能力，增加交往频率。指导幼儿学会交往，萌生幼儿的友谊感；鼓励幼儿广泛交往，扩大幼儿的朋友圈；引导幼儿多为同伴着想，发展同伴之间的友谊；引导幼儿宽容同伴，保持与同伴之间的友谊。

③教给幼儿与同伴交往的技巧与方法。老师应教给幼儿常见的与同伴交往的方式和要点，比如，与同伴交谈要面带微笑、主动打招呼、关心同伴、宽容别人、尝试以积极的方式对同伴提出要求、使用礼貌用语、学会分享、耐心倾听别人讲话等。

三、家园协同环境

陈鹤琴先生曾说过,幼稚教育是幼儿园和家庭教育的总和。幼儿良好的情绪情感需要幼儿园、家庭、社会形成合力,共同促进幼儿的发展。因此,家长与老师间良好的沟通关系是幼儿身心健康发展过程中不可或缺的重要方面。建立家长与老师间的沟通关系,应当多沟通、多交流,做到教育理念的一致性。

①教育理念需一致。家长应当与老师持有相同的教育理念,这就需要家园合作、家园沟通。比如,在幼儿园中,老师教育幼儿不能与小伙伴打架,要互相爱护、彼此帮助,但在家中,父母却教育幼儿"咱们不能受气,要是有人打你,你一定要打回去"。遇到这样的问题,老师首先要与家长积极沟通,达成一致的教育理念,并且对幼儿实施正确的教育,形成家园合力,促进幼儿身心的健康成长。

②家园之间建立经常性的双向沟通。家园之间要建立经常性的双向沟通,家长和老师之间要随时保持联系、沟通情况、交流看法,以便真实而全面地了解幼儿的发展状况,从而达成教育理念上的共识,促进幼儿的全面和谐发展。

四、教师合作与成长环境

创设优质的教师合作与成长环境,是幼儿园可持续发展的重要原动力。园所需要引导教师建立相互信任、合作交流的同事关系,良好的同事关系有利于形成和谐的人际关系,使幼儿园的教职员工更乐于从事自己的学习和工作;相反,不良的同事关系容易使人感到压抑,导致各种不良品质的形成,造成教职员工的情绪低落,养成消极的行为习惯。此外,园所还需要为教师提供个人发展空间,支持教师的专业发展。

第三节　幼儿园文化环境创设

幼儿园文化环境主要由制度文化和精神文化组成。对于营造良好的精神环境而言，在幼儿园文化建设的过程中，管理者不但要注重园内设施的建设，更要关注并重视制度文化和精神文化的建设。制度文化的合理化程度关系到能否激发出幼儿教师的工作热情，能否让其体验到成就感，能否促使其将积极的情绪带入老师的本职工作中。幼儿园精神文化具有导向作用，它是联系和协调一所幼儿园所有成员（包括管理者、保教人员、幼儿等）的枢纽，是幼儿园的灵魂。因此，制度文化和精神文化都是通过影响老师的思想行为，而间接地对幼儿的发展产生作用。

一、幼儿园制度文化

幼儿园文化所包含的共同理想、价值观念和行为准则，是作为一个群体心理定式及氛围存在于幼儿园教职工中。在这种校园文化的影响下，教职工会自觉地按幼儿园的共同价值观念和行为准则去从事工作、学习、生活，这种作用是潜移默化的，是无法度量和计算的。可见，幼儿园文化环境对老师的心理氛围和专业成长都有着不可忽视的影响。同时，这种影响也会通过老师对幼儿各方面的成长发展产生巨大作用。因此，以科学的策略去营造一种优质的幼儿园文化环境就显得至关重要了。

在全球化趋势不断增强的今天，我们身处于一个联系日益密切的世界，这种情况要求我们务必保持一种更为开放的心态去学习对我们有益的内容，促使我们不断进步。建立优秀的幼儿园制度文化，更是需要借鉴学习国内外幼儿园在制度文化建设方面的先进经验，不断推动幼儿园制度文化的完善与发展。但是，借鉴学习不等于完全照搬、盲信盲从，而是要结合本园的实际情况，辩证地看待与思考。国外的文化背景、老师、家长等都与我国存在差异性，而即便是国内不同地域的幼儿园，也存在着各个方面的差异，所以一定要在立足于本园实际的前提下，才能建立起真正符合本园发展的制度文化。如此一来，老师就会认可所处幼儿园的制度文化，能够将足够的热情带到工作中去，间接地激发幼儿自身潜能的开发，使其身心获得最大程度的发展。

二、幼儿园精神文化

幼儿园倡导的教育理念体现着本园的精神文化，贯彻科学的教育理念对建立和谐的精神文化至关重要。幼儿园应该是一个快乐的地方，科学的教育理念所贯彻的精神便是以幼儿健康快乐的成长为主旨。无论是我们熟知的蒙台梭利教育、华德福教育，还是瑞吉欧教育，都体现着以幼儿为本的科学教育理念。但是，想要将科学的教育理念发挥出应有的作用，营造和谐的幼儿园精神文化，让幼儿的快乐成长成为幼儿园理念的实践，关键还是在于老师。如果园长在制度管理上过于死板，则会对老师造成压迫感，直接影响其工作态度，导致老师的情绪低落。这不仅造成了同事关系紧张，还间接影响师幼关系的和谐，幼儿的快乐自然无从谈起。如果园长对教职员工的管理氛围是民主型，那么老师的情绪也是积极的、正面的，工作的热情也会带动学习的积极性，促进老师的专业成长。如此一来，老师多用快乐的情绪去感染幼儿，幼儿自然也就快乐起来了，并且更愿意去接纳老师。老师的专业知识丰富了，专业技能提升了，自然也会将学习到的先进理念融进日常的教育教学实践当中，幼儿的素质也会因此得到提升。

案例

优化幼儿园文化环境[①]

宁波市市级机关第一幼儿园尝试以幼儿园环境文化为载体，以老师职业精神提升为核心，从"心理环境、空间环境、活动环境、制度环境"四方面进行探索，发挥幼儿园环境文化的导向、陶冶、凝聚、激励、规范、辐射功能，在塑造老师"爱生如子、团结合作、躬身垂范、刻苦钻研、勇挑重担、敢于创新、奋发进取、与时俱进"的职业精神方面发挥了积极作用。

心理环境

心理环境是幼儿园环境文化中最坚韧的内核，它影响着老师的精神面貌、园风、学风、形象等，是一种潜在的教育力。园方首先从创设尊重关爱、共生共荣的心理环境入手，以此激发愉快的精神氛围，培育"爱生如子、团结合作"的职业精神。

尊重关爱的心理环境

"爱"是心理环境的核心与灵魂，也是优化幼儿园环境文化的关键。弗洛姆认为，"爱"包含关心、责任、尊重和认识四个要素。其中，关心是爱的起点，责任是爱的核心，尊重是爱的基础，认识是爱的前提。爱的心理环境的核心是在深入理解老师的前提下，在尊重老师需要、特性的基础上，时刻关心与帮助老师。

坚持尊重老师人格，让老师的精神和人格得到自由舒展。在管理中做到"多一点儿肯定，少一点儿批评；多一点儿宽容，少一点儿抱怨"。结合实际情况评价老师工作，坚持"重过程，轻结果"的原则，以促进老师职业精神的提升和专业水平的发展为主旨。一个老师成功或失败时，能否始终感受到

---

① 本案例是一个幼儿园通过园内所有成员的反思重构，优化其园内文化环境的实际案例。资料来源：吴姿洁：《优化幼儿园环境文化塑造教师职业精神》，《科教文汇（中旬刊）》，2010 年第 11 期，第 55–56 页。

爱，这是判断与检验爱的心理环境的重要标准。因为老师们深知，"由于他的美德而爱他则是忽视了使他成为其人的许多特性，把另一个人当作人来爱，意指：即使这一个人的个性不是善良的，那么仍赋予他的个性以价值"。例如，该园一位年轻老师代表幼儿园参加区级比赛，获得三等奖，这令她非常遗憾。园内老师们并没有责备她，反而是鼓励她再接再厉。

共生共荣的心理环境

平等基础上的对话是心理环境的基本原则，也是优化幼儿园环境文化的根本所在。对话不是指具体谈话行为，而是一种对话意识、精神，一种平等民主、和睦相处、不断在多元之间寻求融合并促成新生的意识与精神，这也正是共生共荣的心理环境的根本与核心。

该园推出了"集体研讨课、年级组推优课"等强调集体智慧展示的公开教学形式。以"区科学、艺术活动评比"为例，每位老师根据自己的特长和爱好选择其中一个领域的内容进行设计，然后采用年级组集体反思和重构的方法，使原创方案更加完善，之后再分领域小组开展公开观摩和展示，观摩后组内老师再次一起反思和研讨，推出比较有代表性的活动参加全园展示；在此基础上，园内又组织了一个团队对参加比赛的老师进行有针对性的指导。不断地反思和重构，既使参赛老师、参与讨论的老师获益匪浅，又使参加比赛的老师感受到集体的关心和支持。

空间环境

"幼儿园的空间环境由幼儿园的门面、围墙、幼儿园户外环境、幼儿园走廊、楼梯间，以及室内空间等部分组成。"空间环境能使幼儿教师不知不觉中受到熏陶。在空间环境设计时强调育人意识，使其充满引领老师职业精神的提示性内容，呈现动态化、立体化的特点，起到孕育与弘扬"躬身垂范、刻苦钻研"的职业精神的作用。

文化认同的空间环境

幼儿园空间环境的设计应遵循"主体性设计原则"。幼儿、老师是幼儿园空间环境重要的参与者和使用者。老师在参与幼儿园空间环境创设过程中，不仅激发了对空间环境的归属感和主人翁意识，更重要的是培育和提升了文化认同感。

从跨入园门的文化长廊开始，一路走来，就能看到以爱为主题的园歌、师德承诺及展示墙、行业用语示范墙。这一切都是老师共同讨论与达成共识的前提下产生的。以园歌的创作为例，经过了"主题定位、歌词征集、曲风设计、曲调谱写"四个阶段。在不断成型的过程中，老师对园歌产生了发自内心的情感，每当听到园歌时就自然地有所感触。

正是在这种蕴含与体现着浓浓的幼儿园文化的空间环境的创设与接触过程中，老师在凝练与提升了幼儿园文化的同时，也在潜移默化中内化了幼儿园文化，特别是将职业精神内化与体现在教育行为之中。

立体互动的空间环境

重视实体的物质空间环境创设的同时，利用现代信息技术创设虚拟的网络空间环境，以此拓展了老师的视野，激发了老师学习的热情，有力推动了"刻苦钻研"职业精神的培育。在幼儿园网站的互动平台上开辟了与辅导网幼儿园联动的"园际互动"平台，包含"信息交流、新书推荐、学习平台"三个版块。"信息交流"让老师们更及时地了解幼教同行的关注焦点和研究动态，吸取多方面文化营养；"新书推荐"向老师提供更为广泛、便捷的服务，信息量更大、更新，还能跨越地域限制；"学习平台"收录了许多幼教专家的教育教学理念和改革前沿的文章，老师可随时阅读和借鉴。另外还组织了"读书月""信息伴我行""新闻快递"等活动，以激发他们对信息的敏感性，形成良好的学习风尚和文化情感。

活动环境

活动环境是教研活动及满足老师不同需要的文化娱乐活动呈现出的环境

氛围，是幼儿园文化的生命力之所在。通过创设富有挑战性、自由性以及能激发生命活力的活动环境，培育和提升"勇挑重担、敢于创新"的职业精神。

充满挑战的活动环境

富有挑战性的，处于老师"最近发展区"的活动任务，能充分激发老师潜力。根据老师的发展阶段对老师分层，包括业务能力强的"骨干组"、经验丰富的"创新组"、刚刚参加工作的"实践组"。对各组区别对待，分别提出适宜的研讨课题，承担不同难度的任务，如组织"骨干组"老师研究幼教改革前沿的课题，"创新组"老师探讨已经积累一定经验但还值得进一步改进的课题，"实践组"老师开展入门期话题研讨。

自由自主的活动环境

只有老师成为活动的积极参与者时，才能激发出无穷潜力，也才能真正实现通过活动发展的目的。因此，要努力创设自由自主的活动环境，让老师成为活动的主人。

开展"菜单式培训"，即每月提出 4 个研讨内容，由 4 位老师作中心发言准备，其余老师根据自己的兴趣选择其中一项内容，事先查阅相关资料，整理自己对该内容的见解和困惑。活动以"论坛"的形式展开，从中心发言人集中发言开始，然后分组讨论，最后汇总、交流。分别针对"老师面对孩子差错的艺术、浅谈幼儿参与意识、你与孩子沟通了吗、善于发现孩子的优势"等热点话题作中心发言。分组讨论时，由于事先做了充分准备，老师们"有话想说、有话要说"，因此每次讨论都非常激烈：有对中心内容的外延和内涵的补充，也有对实际工作的反思和今后工作的设想。

激发活力的活动环境

组织丰富的假日活动，利用节假日开展各种类型的娱乐活动，使老师的生活有张有弛，在缓解工作紧张带来的压力的同时，为接下来迎接更富挑战性的工作积聚能量，让老师在追求事业成功的同时，赢得完美的人生。

开展以打造团队合作精神为目的的"团队精神拓展训练"。活动中大家群策群力，共同创作各具特色的队歌、队旗、队训，再以团队为单位开展几项活动。每个活动看似简单，却需要每位老师参与，集每个人的奇思妙想，大家密切协作。还组织短途或长途考察旅游、趣味运动会等形式多样的活动。

制度环境既是幼儿园精神文化的外在显现，也是幼儿园物质文化建设的有力保障。立足建立"开放民主、以人为本、激励奋进"的制度环境，塑造老师"奋发进取、与时俱进"的职业精神。

开放民主的制度环境

制度的根本目的是保障老师的权益。老师参与、监督制度的制定，就成了制度环境建设中的重要一环。坚持通过各种形式和渠道让老师参与幼儿园的管理及各项制度的制定与实施，营造一个开放民主的制度环境。

在"中级职称管理办法"制度的提出、修改与制定过程中，坚持老师全程、全方位参与。"管理办法"打破聘用终身制，提出达到聘用要求的才可以聘用。园内经过若干次自下而上的讨论、修订，在征求意见中感到大家对这个办法是支持的，但有着各自的顾虑。年纪大的老师提出是否可以适当考虑评上的年限，让她们在这方面能保持一点儿优势；大多数老师提出在标准制订时是否能有一些可替换的条件，以便发挥各自所长。幼儿园把这些意见放在教代会上讨论，于是将管理办法分为两部分，即基本项和附加项。基本项是大家必须达到的，附加项既考虑了"评审时间长短"的因素，又给老师发挥自己特长留下了空间。制度一经修订，老师们就接受了，特别是提出意见的那几位老师工作也积极了。

以人为本的制度环境

制度是为人服务的，将传统的"以事为核心"的制度环境变为"以人为核心"的制度环境。这决定了制度的目的主要是便于老师工作，当制度束缚了老师时就应当加以改变。"发展性教师评价制度"就是在这种环境下催生出来的。该制度以尊重老师主体地位和人格为前提，促使老师积极主动地参与评价；充分尊重老师的个性发展，不用同一尺寸和标准评价老师；形成促进老师个人发展与幼儿园发展相结合的管理环境；强调老师个人在幼儿园组织中的价值。

激励奋进的制度环境

好的制度能激励员工奋发向上、积极进取。若能从物质与精神两方面入手，积极营造出一种激励全体老师积极奋进的制度环境，则有助于老师专业的提升。

幼儿园逐步建立了"职务能上能下，待遇能升能降"的老师任用新机制，先后出台了"外聘教师评级考核办法及年度评优办法（试行）"及"中层干部年度考核及选拔制度"。"外聘教师评级考核办法及年度评优办法（试行）"中"分级享受待遇"的条款在外聘老师中注入了发展的动力，每学年表现最突出的外聘老师可以享受一级待遇，并每月奖励 400 元，表现良好的则享受二级待遇，每月奖励 200 元，连续 3 年考核等级为一级的老师，在接下来的 3 年中每年上一节示范课，并可享受 3 年一级待遇，激励效果明显。

章节练习

★　你理想中的幼儿园制度环境是什么样的？

★　如果你是一名刚入职的新手幼儿园老师，你会如何为自己创设"勇气圈"？请画一画，并向你的同学们讲一讲。

拓展学习资源

纪录片《风之电话亭》

岩手县大槌町是东日本大地震的重灾区，全城遭海啸摧毁，1200 余人死亡或失踪。在俯瞰大海的山丘上的庭院里，矗立着一座奇怪的电话亭，名叫"风的电话"。电话亭中，有一台没有接线的黑色电话机，还有一本笔记簿。

盼望能和在震灾中死亡或下落不明的家人、朋友再次交谈的人们，来到这个电话亭，拿起听筒进行"通话"。笔记簿里，缀满了无数来访者的心声。

东日本大地震已过去五年，灾区复兴正在逐步推进，但仍有很多人沉陷在丧失亲人的痛苦中而无法自拔。对于那些难以启齿诉说痛楚的人来说，"风的电话"成了他们重要的精神支柱。

视频链接：https://www.bilibili.com/video/BV1d4411u7vG?from=search&seid=18261663325052210416&spm_id_from=333.337.0.0

访谈《棉花糖实验之父谈儿童自我控制》

沃尔特·米歇尔是美国著名的人格心理学家，在人格的结构、过程和发展以及自我控制等领域的研究十分著名。自 1962 年起，米歇尔在斯坦福大学担任教授，并主持讲座长达 21 年，"棉花糖实验"便始于斯坦福大学附属的一所幼儿园。实验以学龄前儿童为研究对象，预测出参与实验的儿童日后生活幸福与成功的相关性，米歇尔成为延迟满足和自我控制研究的鼻祖。

视频链接：https://www.bilibili.com/video/BV1xZ4y1A7LH?from=search&seid=14560705092133172108&spm_id_from=333.337.0.0

第七章　幼儿园时间环境创设

学习目标

本章主要介绍幼儿园时间环境创设的主要内容与方法，具体学习目标如下：

- ★　理解时间环境创设的多维元素。
- ★　掌握一日生活的安排方法。
- ★　掌握活动过渡环境的设计方法。

知识点概览

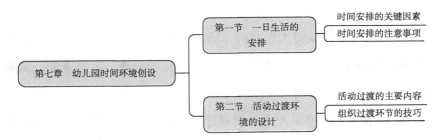

问题情境导入

花花老师是幼儿园小班的新手老师，今天有领导要来听课，她正十分认真谨慎地计划着上午的活动。上午的活动进行得很顺利。花花老师与孩子们在进行一个关于毛毛虫的活动。自由活动时，孩子们参加了由老师设计的各种毛毛虫活动。集体活动时，老师给孩子们阅读卡尔写的《好饿的毛毛虫》，他们都听得很认真，甚至还帮着讲述。集体活动之后，老师提醒孩子们洗手吃午饭。孩子们立即蜂拥而上，挤到水槽边洗手。在此期间，有三个孩子被同伴推挤（一个被推倒在地上，另外两个在哭泣）。很多孩子相互争着洗手。听课的领导们不得不停止观察而帮着维持秩序。

在幼儿园的教育现场中，很多老师精心设计了集体活动，却忽略了一日生活的安排和过渡环境的设计。但事实上，幼儿园的环境创设不是由单一维度组成的，而是需要我们考虑到方方面面的问题。

"环境"就是我们"周围的地方"，或者我们"周围的情况和条件"。我们无时无刻不身处"环境"中。对于现代社会的幼儿来说，幼儿园是独特的社会生活环境和教育环境。为幼儿创设适合他们身心发展特点和需要的幼儿园环境，既是幼儿园举办者的职责，也是幼儿园园长和老师的重要任务。

第一节　一日生活的安排

通过每天有规律地安排大段时间，幼儿和老师能熟悉下一个环节是什么，并清楚该时间段的行为要求。作息表应该发挥指导功能，并尊重幼儿的需求和兴趣，而不是变成严格的时间控制工具。

每日时间表需要有连贯性和心理稳定性，并让幼儿知道目标。当幼儿熟悉日常活动环节后，他们的焦虑会减少，从而能进行更高层次地学习。他们可以预测下个环节，感到更加自信，能建立自控，并学习情感和行为调节。

运用学前教育的理念设计时间表很关键。学前教育的理念认为，儿童需要有大段的额外时间进行积极探究。科学研究认为，当时间表频繁变更时，儿童完成某项作业的内在动力会降低，他们的注意力集中时间会缩短，并表现出对老师更多的依赖性。相反，大段时间使儿童有时间单独游戏或进行合作计划游戏，投入有意义的学习活动，并能延长他们的注意力集中时间，还能使他们学会自主管理时间。此外，大段时间减少了环节间的过渡时间，使儿童有更多的时间学习。

一、时间安排的关键因素

计划最佳作息表很费时间，要求老师考虑多种需求和原则（有时它们甚至是相互冲突的）。老师还需考虑课程理念、儿童的需求、家长的期待及制订有效时间表的规则，比如动静交替。

（一）课程理念

学前教育理念传达了当前儿童发展的知识，强调老师应允许儿童通过以游戏为基础的经验过程进行学习，并自主选择不同的活动。理解学前教育理念和理论并试着将它们运用于实践的老师，不愿看到各科的时间段被割裂得七零八落，例如，30分钟学科学，30分钟学社会学。取而代之的是，在一个发展合理的环境下，儿童能通过区域活动及系列整合活动学习这些领域的概念。课程理念也影响时间规划，美国高瞻课程倡导了一个名为"计划——行动——回顾"的方法，这个方法被用于制定时间表。例如，时间表显示儿童在小组中花费10-15分钟制订区域活动计划，接着用45-60分钟进行区域活动并实施计划（儿童还有可能进行未计划的活动），然后花10-15分钟在小组中分享，回顾并反思所学的内容。

（二）儿童的需求

儿童年龄越小，越需要制订个体时间表，比如，可以为某个特别饥饿的幼儿准备饼干之类的小点心，或者在上午为个别疲劳的幼儿提供一个安静的地方小睡。很多老师都能灵活地运用时间表，允许儿童根据自身兴趣决定何时进入一天中的下一个活动。比如，幼儿在某区域活动中的积极性特别高，老师就可以顺势延长时间。

（三）家长的需求

幼儿园在制定时间表时，考虑家长的需求也很重要。比如，是否大部分儿童都会在来园前吃早餐？如果是，幼儿教师可能需要考虑早餐如何安排较合理，不妨让来园前吃了早餐的儿童自助地吃一碗粥或几片水果，而无须让所有儿童都吃完早餐；如果入园前家长需要额外时间与儿童进行沟通交流，幼儿园则可以安排入园时间提前。

（四）园所的规定

有些幼儿园为各个班级设定了不同的户外活动时间，以免同时在操场上活动。有些幼儿园规定了全园性的午餐时间，在设计班级作息时间表时，老师需要考虑这些已经规定的时间，但是，一日活动时间也不应太僵化，而被这些固定的时段切割得支离破碎。如果这些时间安排给儿童的需求造成消极影响，老师应设法运用一些灵活的策略来解决问题，满足部分或全体儿童的不同需求。

二、时间安排的注意事项

（一）平衡幼儿自发的活动与老师安排的活动

幼儿自发的活动使他们能选择自己感兴趣的、与自己相关并适合自己发展水平的活动。比如区域活动时，有两个幼儿在艺术区活动，其中一个幼儿正在画一瓶放在桌子上的花，事后还帮老师一起摘花；另一个幼儿正在为刚病愈的姐姐设计卡片。由于这些绘画活动与他们各自的生活密切相关，所以他们能够很专注地投入其中。虽然幼儿自发的活动往往与老师安排的活动相互冲突，但成人发起的活动也可穿插在区域活动中。如区域活动时，一位老师正在指导五人组的黏土活动，儿童按照老师的指导，试图从厚厚的块状黏土上摘除多余部分，这个活动有助于儿童学习重要的黏土技能。幼儿自发地绘画和老师指导的黏土工可以并存在区域活动中。

（二）平衡安静活动与动态活动的交替

安静活动是指身体移动较少的活动，例如拼拼图、听故事或进餐。动态活动包括音乐律动或户外活动等运动。安静活动和动态活动应交替进行，特别是在以老师为主导、儿童被动参加的活动中。例如，儿童坐着参与上午的集体活动后，接着进行读写活动，然后吃点心，这时他们就可能难以继续安静和集中注意力。在幼儿园一日活动的安排中，应包括静态活动及更多的动态活动，两者要做适度地交替搭配，让幼儿的身体和精神能有张弛得宜的转换。

（三）保证充足的生活活动时间

生活活动即休息、用餐、刷牙和清洁的时间。如果给予幼儿充足的生活时间，这些活动就会成为他们的学习体验。在新班级开始时，培养幼儿的班级常规意识很费时间和精力，但是如果老师在学期期初就周全地规划并安排充分的时间培养其常规意识，幼儿以后就能更好地投入学习活动中，并且需要更少的帮助。

（四）计划有效的过渡环节

过渡环节或花在两个活动之间转换的时间，大概占幼儿一天活动时间的20%-30%。因此，应充分利用这些时间，作为幼儿的学习机会。正视过渡环节的功能和运用，有助于抓住学习机会。此外，建议老师尽可能地减少过渡环节的次数。另外，除了个别活动外，还可以将小组活动及特别活动与区域活动整合在一起安排。

（五）保证合理的户外活动时间

户外活动为幼儿提供了室内活动无法满足的游戏机会，它允许幼儿大声喧哗，尽情地投入大肌肉运动中。除了锻炼，户外活动还有助幼儿的身体健康，例如，它减少了传染病交叉感染的机会，接受阳光的照射使幼儿身体产生更多的维生素 D 等。户外活动还能使幼儿与自然近距离接触，并体验不同的天气。很多课程通过将户外环境设计成含有各种游戏区域的户外教室，以促进幼儿的学习。除非有特殊原因，幼儿应该每天都进行户外活动。当不能进行户外活动时，老师应该安排其他替代性的大肢体活动。

（六）延伸区域活动时间

不同的课程方案对该时间段赋予了不同的称谓，例如，"工作游戏""自我选择""项目时间""自由选择""区域活动"或者"活动时间"等，幼儿可从中获得独立学习或小组学习的机会。这些区域根据儿童年龄特征的不同而有所区别，但是通常包括戏剧游戏区、积木建构区、艺术区、音乐区、感觉区、读写区、数学区、科学区以及操作区。此外，该时间段还包括特别小组活动，如烹饪项目、特别艺术活动以及支持长期项目的活动。为了保证学习效果，进行深度学习，最短的区域活动时间不能少于 1 小时。

（七）开展适当的大组集体活动

对于年龄越小的幼儿，大组集体活动时间应短，自主选择参与集体活动的机会应多。当幼儿能积极投入到活动中时，例如戏剧表演、讲故事、木偶或互动故事阅读，集体活动才更有效。集体活动通常用于介绍新区域、讨论一天的活动、分享学习体验、回顾师幼的喜悦和关注点、讨论班级情况以及思考应对措施等。由于集体活动时间通常很短，所以一般每次只关注一两件事。

（八）确立小组和老师主导时间

大部分小组活动通常与区域活动整合，但很多课程方案为小组活动安排了独立的时间。在这期间，老师可以设置不同类型的学习体验，包括烹饪项目、数学或科学活动、小组阅读活动以及写作，并在小组里分享。幼儿还可以主导小组活动，例如开展以"喜悦与关注"为主题的小组活动，这个活动每次都由一位幼儿来组织。然后在大家讨论了某个关注点之后，这位幼儿再推动小组讨论解决问题的方案。

（九）定期评估作息表

幼儿园的作息表通常以图片的形式展示，以帮助幼儿、老师、家长能预知下个活动。幼儿园需要定期评估作息表，以确保它能同时满足幼儿、家长和老师的需求。制订好作息时间并不意味着任务已完成，还要确保它能发挥满足需求，并协助达到方案目标的作用。

制订有效的时间表能为团体提供丰富的学习机会。在制订一个基于儿童、家长、老师的需求和独特个性特征以及方案原则的时间表时，每位幼儿教师都是决策者。同时，在制定时间表时，参考其他作息表很重要。表 7-1、表7-2、表 7-3、表 7-4 分别列举了小班、中班和大班三个年龄段的幼儿园一日活动时间表，从表格中即可看出不同年龄段在生活活动、学习与游戏活动、集体活动之间的差异。

表7-1 某幼儿园一日活动时间安排表（冬令时）过去三年错峰送版

大班		中班		小班	
7：45—8：55	晨间接待、户外体育活动、早操	7：45—9：00	晨间接待、户外体育活动、早操	7：45—9：05	晨间接待、户外体育活动、早操
8：55—9：10	盥洗、如厕、点心	9：00—9：20	盥洗、如厕、点心	9：05—9：30	盥洗、如厕、点心
9：10—10：30	学习与游戏	9：20—10：30	学习与游戏	9：30—10：30	学习与游戏
10：30—11：00	自由活动、餐前准备	10：30—11：00	自由活动、餐前准备	10：30—11：00	自由活动、餐前准备
11：00—12：00	午餐、餐后活动、散步	11：00—12：00	午餐、餐后活动、散步	11：00—12：00	午餐、餐后活动、散步
12：00—14：15	午休	12：00—14：15	午休	12：00—14：15	午休
14：15—14：30	起床、饮水	14：15—14：40	起床、饮水	14：15—14：45	起床、饮水
14：30—15：30	学习与游戏	14：40—15：30	学习与游戏	14：45—15：25	学习与游戏
15：30—15：45	盥洗、点心	15：30—16：00	午操、户外体育活动	15：25—15：45	户外体育活动
15：45—16：25	户外体育活动	16：00—16：20	盥洗、点心	15：45—16：10	盥洗、点心
16：25—16：35	安全五分钟、离园整理	16：20—16：30	安全五分钟、离园整理	16：10—16：20	安全五分钟、离园整理
16：35—17：35	离园、清洁消毒	16：30—17：30	离园、清洁消毒	16：20—17：30	离园、清洁消毒

表 7-2　大班年段一日活动安排表

		大一班	大二班	大三班
现阶段开展主题		主题活动： 爱在我身边	主题活动： 不一样运动会	主题活动： 过新年啦
7：45—8：55		晨间接待、户外体育活动		
		大操场		
8：55—9：15		盥洗、如厕、点心		
9：15—9：45	学习与游戏	艺术活动： 公鸡觅食记（韵律）	语言活动： 字条的妙用	主题活动： 新年物品（数）
		南一楼多功能厅	本班教室	
9：45—10：35		活动区游戏	活动区游戏	活动区游戏
		本班教室、走廊	本班教室、走廊	本班教室、上操场
10：35—11：00		自由活动		
11：00—12：00		午餐、散步		
12：00—14：15		午睡		
14：15—14：30		起床、饮水		
14：30—15：30	游戏与其他活动	角色游戏：红宝电影院、 麦当劳、淘宝一条街等	表演游戏：老鼠嫁女、 狐狸和兔子等	建构游戏： 流花溪公园
		本班教室、走廊、 后操场	本班教室、走廊	上操场
15：30—15：45		盥洗、如厕、点心		
15：45—16：25		户外体育活动		
16：25—16：35		五分钟安全教育、整理离园		
16：35—17：35		离园、清洁消毒		

表 7-3　中班年段一日活动安排表

		中一班	中二班	中三班	
现阶段开展主题		主题活动：小叶子	主题活动：亲亲泥土	主题活动：新年愿望	
7：45—9：00		晨间接待、户外体育活动			
		大操场			
9：00—9：20		盥洗、如厕、点心			
9：20—9：45	学习与游戏	主题活动：我和大自然的约会	社会活动：光盘小天使	9：20—10：05	活动区游戏
			本班教室		本班教室、走廊
9：45—10：30			玩泥游戏：筛土、和泥等 科学游戏：我的身体我知道、声音对对碰、魔力磁铁等	10：05—10：30	健康活动：管子大闯关
		户外小区	户外泥池、北一楼科学室		大操场
10：30—11：00		自由活动			
11：00—12：00		午餐、散步			
12：00—14：15		午睡			
14：15—14：40		起床、饮水			
14：40—15：30	游戏与其他活动	建构游戏：浦上大桥	角色游戏：花溪餐厅、花溪超市、花溪医院等	表演游戏：金色的房子、三只小猪盖新房、小熊请客等	
		北二楼建构区	北二楼走廊	南一楼多功能厅	
15：30—16：00		户外体育活动			
16：00—16：20		盥洗、如厕、点心			
16：20—16：30		五分钟安全教育、整理离园			
16：30—17：30		离园、清洁消毒			

表 7-4　小班年段一日活动安排表

	小一班	小二班	小三班	小四班
现阶段开展主题	主题活动：糖果乐园	主题活动：可爱的小动物	主题活动：有趣的蛋宝宝	主题活动：我真能干
7：45—9：05	晨间接待、户外体育活动			
	后操场			上操场
9：05—9：30	盥洗、如厕、点心			
9：30—9：50	学习与游戏	主题活动：我喜欢的糖果	艺术活动：一只小老鼠（音乐游戏）	科学活动：吹泡泡	健康活动：我会正确打喷嚏
		本班教室	本班教室	后操场	本班教室
9：50—10：30		活动区游戏	活动区游戏	活动区游戏	活动区游戏
		本班教室、北一楼绘本馆	本班教室、大操场	本班教室、后操场	本班教室、小露台
10：30—11：00	自由活动			
11：00—12：00	午餐、散步			
12：00—14：15	午睡			
14：15—14：45	起床、饮水			
14：45—15：25	游戏与其他活动	建构游戏：小猪佩奇的房子	角色游戏：维尼果蔬店、娃娃家、小吃店等	表演游戏：借你一把伞、小兔乖乖等	娱乐游戏：汽车拉力赛、接海洋球、套圈等　沙上游戏：寻宝等
		北一楼大厅	本班教室、大操场	本班教室、后操场	大操场、户外沙池
15：25—15：45	户外体育活动			
15：45—16：10	盥洗、如厕、点心			
16：10—16：20	五分钟安全教育、整理离园			
16：20—17：30	离园、清洁消毒			

第二节　活动过渡环境的设计

过渡环节，即指从一个活动转换到下一个活动的过程。一个活动结束后，幼儿希望听到老师的指示，按照老师指导的不同步骤过渡到下一个活动。如果老师未妥善安排过渡时间，幼儿可能会挤到一个地方等待，而不做任何事。这对很多老师和幼儿来说颇具挑战性，特别是对于多动症儿童（即注意力集中困难、冲动且过于兴奋的儿童），他们很难应对没有清晰指导和要求的过渡时间。在这个时间段，老师通常要同时处理多件事，不但要试图帮助处于过渡环节中的儿童，而且还要准备下一个活动。

一、活动过渡的主要内容

（一）从家到幼儿园过渡

这通常是一个比较难的过渡环节，因为该环节不但涉及幼儿和老师，还有家长，此期间的责任不明确。这个时候，老师既要关注已经入园的幼儿，又要接待来园的幼儿和家长，可能其中一些幼儿和家长在分离时会伤心，老师还需要处理好这些幼儿的分离焦虑。

老师在幼儿入园前可以设置开学主题墙和签到墙欢迎幼儿入园（如图7-1、图7-2所示），以帮助幼儿从家到幼儿园过渡。有趣的活动也有助于家园过渡。老师应该提前准备好这些活动，这些活动应当是幼儿喜欢和感兴趣的，并且无须老师的支持和帮助，幼儿也能自己玩。例如，材料丰富的陶艺桌，内容丰富的书和拼图等。

図 7-1　老师布置的开学主题墙　　　图 7-2　老师设置签到墙欢迎幼儿

对于适应新环境困难的幼儿，幼儿教师可鼓励幼儿从家里带一样心爱的物件或玩具入园，协助幼儿适应幼儿园。有些幼儿园还布置了家庭相册，供幼儿在家长离开后观看。高效的过渡环节十分重要，计划良好的过渡环节能减少幼儿的受挫感和行为问题。

（二）室内外过渡

由于幼儿的能力水平和所穿衣物有别（例如松紧带雨裤和拉链雨裤不一样），幼儿会在不同时间穿好，老师可以鼓励已穿好衣物的幼儿帮助没穿好衣物的幼儿。当有一部分幼儿已经准备好之后，可以由一个老师先带领去户外活动。同样的道理，从户外到室内也需要过渡。

（三）午休过渡

在制定午休时间时，老师需要确保其与幼儿的需求是契合的。例如，幼儿很难在不入睡的情况下在床上安静地躺很长时间（多于半小时），那么老师可以组织不午休的幼儿选择参加安静的活动。

对于愿意午休的幼儿，可以通过放松的方式帮助他们进入午休状态。先让幼儿躺到床上，然后引导幼儿进行想象活动，例如，想象自己变成天空中飘浮的白云，或是环绕山丘流动的小溪等。老师可以教幼儿深呼吸的技巧进行放松，例如假装在吹气球；可以播放令幼儿放松的音乐，调暗室内光线；还可以为幼儿读睡前故事。

通过教给幼儿放松技能以及示范如何营造放松的氛围，可以为幼儿提供愉悦的睡前过渡。同时，也教会了他们一生的技能和习惯。

（四）整理活动过渡

整理活动是一日活动中的难点，特别是当幼儿还想继续玩而不愿意收拾整理时。这个时候，老师可以给仍在活动的幼儿，以小组形式分配具体的清理任务。当他们有选择的机会时，便会更容易配合。例如，老师可以问："你们想整理大积木还是小积木？"老师还可以将整理活动变成游戏："你们变成运输机，把那些积木运到架子上，我把这些积木放到架子上。"此外，还可以用歌曲作为整理玩具的信号，使幼儿可以一边随着音乐扭动身体，一边整理玩具，这不但能锻炼幼儿的身体，还可以帮助他们将玩具整理好。

（五）离园过渡

对一些幼儿来说离园也很困难，特别是不容易变通的幼儿。家长来接时，幼儿可能还在投入地进行活动而不愿意停下来。此时，家长、老师和幼儿"工作"了一天已经很疲惫，离园过渡环节的拉锯战对大人和孩子都是挑战！

可以像幼儿从家里带喜欢的物品到幼儿园以缓解入园焦虑一样，也可以将幼儿园里的物品带回家，这也不失为一个帮助幼儿顺利离园的好办法。例如，可以从幼儿园借书回家，请家长给幼儿阅读。但是，老师得提醒幼儿第二天上学时要完好地归还书本。老师还可以温馨地提前提醒幼儿，家长快来接他们了，幼儿如果正在活动（例如，吃点心或画画），而家长又因为客观原因没办法等待，老师则可以请幼儿将点心带回家吃或将画带回家完成。

精心计划的过渡环节有助于减少压力、行为问题，也有利于节省时间，并增加学习机会，幼儿还可以从中习得独立、自控和有效管理时间的能力。

二、组织过渡环节的技巧

美国朱莉·布拉德教授总结了许多过渡环节的小技巧，具体如下。

（一）明确一日生活的具体安排，将过渡环节排进日程中

★　准确预判：是否可以通过重新安排时间表而减少过渡环节的次数？很多时候，活动可以有多种选择。比如，可将特别艺术活动取代所有幼儿一起进行的集体艺术活动。这样做可以减少过渡环节和小组人数，并且幼儿能选择参与时间。

★　预先规划：幼儿将会做什么？老师将会做什么？将能想象的图景作为目标，然后具体地操作计划，以达到该目标。比如，早餐问题，老师应该计划一个过渡环节让幼儿洗手，也应该考虑幼儿是否直接在餐桌边坐下，他们是坐在自己喜欢的位置还是被指定的座位？如果幼儿坐下来，是直接开始用餐，还是等所有人来齐了再一起用餐？

★　排进日程：这显示了老师对过渡时间的重视程度，并能让活动环节按计划实施。老师需要认识到过渡环节需要一定的时间，若减少过渡环节中的学习机会而匆忙过渡，会给幼儿和老师造成压力。

（二）与配班老师合理分工，使过渡环节充满教育意义

★　合理分工：比如，组织洗手活动前，老师可以先请助教站在水槽边，然后再让幼儿以单独或小组的形式洗手。

★　减少等待：要求幼儿在不做任何事情的情况下等待，除了会浪费宝贵的时间且增加行为问题发生的可能性，还表现了对幼儿的不尊重。正如戴维森所描述的："成人若经常让儿童等待，就是在浪费儿童的时间，他们不尊

重儿童。这会导致儿童形成不良的自我印象。"此外，老师可能无意中会让遵守规则的幼儿等待所有人到齐后才开始活动，这种情况通常发生在整理环节之后，这对于等待的幼儿来说是一种不尊重。为了避免类似情况的发生，老师需确保下一个活动在部分幼儿整理结束后就马上开始。计划如何让幼儿快速投入下一个活动中很重要。小组活动比起大组集体活动，更能减少等待的时间，比如，只要一部分幼儿已经准备好，就可以直接跟老师去户外活动，而不是等待所有孩子都准备好。

★ 利用等待时间：如果必须等待，老师应提供过渡活动，例如，唱歌、玩语言游戏、讲故事、玩手指游戏、按节奏拍手、在日志上画画、锻炼以及表演创意活动等。幼儿教师杰里尔在过渡时间跟孩子们玩的"这是什么，这不是什么"的游戏，即让幼儿们列出所指物品的特点。例如，一支铅笔是尖的、红色的，它不是钢笔、木棍或大象。有些老师会列出在过渡时间可用的点子，并将它贴在墙上或随身放在口袋里，以方便使用。

★ 让过渡环节富有教育意义：有很多方法可以让过渡环节富有教育意义，例如，通过强调幼儿正在学习的某项技能，如识别他们的姓名、服装色彩或住址，使他们从集体活动过渡到下一个活动。幼儿的词汇和观察能力会通过猜测老师的描述而得到提升；想象力和解决问题的能力，也会在老师让幼儿用自己的方式走到大厅的另一头时得到发展。

（三）明确过渡时间与要求，帮助幼儿建立时间观

★ 过渡环节前提出要求：除了给幼儿语言指令外，有些老师会用图片展示在过渡环节中需要做的事。这个技巧对听力有困难或孤独症儿童特别有效。老师的要求应该满足幼儿的需要，并符合他们的发展水平。例如，有些老师要求幼儿在集体活动时安静地坐着，这也许是传统方式，但老师需要自问这是否有必要。因为安静就座对很多幼儿而言十分困难，同时也不符合他们的发展水平。

★　借助音乐：有些老师在整理活动之前会播放特定的音乐，或从户外走到室内时念同样的儿歌。这些环节不但能让一日活动流畅进行，而且为幼儿和老师提供了有趣的时刻。

★　过渡环节前给予提示：例如，老师说："再过 5 分钟收玩具，去户外活动。"事先给幼儿提示，表示对他们及其工作的尊重。提示目前活动到过渡环节的时间，使幼儿能对自己的活动做好收尾工作，并准备进入下一个活动中。这通常能使幼儿更好地配合老师的要求。无论如何，在过渡环节前，让幼儿做完正投入的工作很重要。

★　过渡期间应积极地监督：老师若积极地投入巡视、走动和互动的监督工作中，就能增进幼儿的合理行为。巡视包括环顾教室四周，并注意到幼儿的行为；走动指的是无规则地移动，并近距离地控制和强化幼儿的行为；互动包括示范、与幼儿交谈、强化行为以及在必要时提醒幼儿教师对他们的期待。由于过渡环节对幼儿而言，可能有点儿难度，所以每位老师应该积极地投入帮助和监督中。并且，下一个环节需要的材料，可以在过渡环节准备好。

章节练习

1. 制订一个包括手指游戏、歌曲以及其他可以在过渡环节进行的活动清单。将自己和同学的想法整合，制成一本类似"过渡环节好点子"的小册子。
2. 分别为小班、中班和大班的儿童制订一日活动安排表。

第八章　幼儿园环境创设的评价

学习目标

本章主要介绍了幼儿园环境创设评价的主要内容与方法，具体学习目标如下：

★　理解幼儿园环境评价的基本概念与作用。

★　理解幼儿园环境评价的维度与人员分类。

★　了解幼儿园环境评价的常见量表与使用方式。

★　掌握幼儿与环境互动观察与记录的方法。

知识点概览

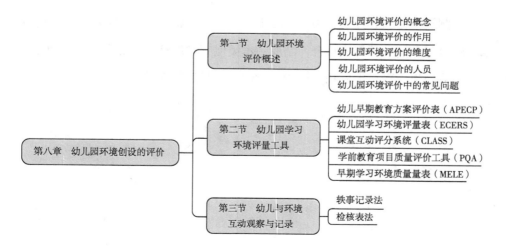

问题情境导入

欧老师：我们幼儿园每个学期开学初都会要求我们提交所有班级整个的环境创设方案，因为我们地处旅游胜地，各种国培、区培的老师常常过来参观。因此，我们幼儿园领导对我们小、中、大班环境创设中会有相应地体现我们当地特色的环创要求。对我们中班年龄段本学期的要求就是本地美食、小吃。除了迎合这个要求之外，我们提交的这个班级学习环境创设的方案中，也会根据中班年龄段的教育目标和主题式课程计划，敲定班级本学期的创设方案。在实际的操作中，我们班级中的两位老师按照方案对班级的整个环境进行创设。在我们对班级学习环境创设的过程中，也遇到一些困惑和问题，比如我们常常不清楚我们创设的学习环境到底如何，还存在一些什么问题。有些时候我们的环境创设只是为了迎合各种检查和接待，孩子的学习和发展从中获益多少并不清楚。另外，很多现实的问题如物资不足，老师本身的能力等问题。我自己本身在幼儿园班级学习环境创设中也有许多困惑，特别是如何发现问题，如何依据幼儿的实际需要创设环境等还需要提高。所以我希望通过这次研究，帮助我甄别问题，针对性地提高我们班的学习环境质量。

王老师：欧老师是班主任，我是配班老师，我们俩搭档很多年了，很多工作的开展都有默契了。在幼儿园班级学习环境创设这块工作中，开学之初，欧老师在制定环境创设方案的时候，也会征询一下我的意见，我也会根据我所负责的领域方面提出这个学期的一些教育计划的需求，提出一些环境创设的建议。正式确定方案之后，我们两个老师就按照方案进行班级学习环境的创设。要说在我们幼儿园班级学习环境创设中的困惑肯定是有的，虽然说我们幼儿园是区级的示范幼儿园，但我们也知道我们的班级环境创设中还存在很多可以改善的地方。因为我们工作繁杂的关系，有些时候也并未细细思考这些问题，所以我们对我们班级学习环境创设中的问题的认识也是较为浅显的，我们也比较迷茫。

以上两位老师对于幼儿园环境创设的困惑一定会引起其他老师的共鸣，每逢遇到"专家"来检查，班级里的环境创设就要大翻新，各种理论和要求使老师们十分混乱，不知如何是好。而科学的幼儿园环境评价可以帮助老师们自我检查、不断优化，从而不再迷茫。

对学前教育机构的质量测量是质量监控和提升的有效手段和必要手段。教育部颁布的《幼儿园教育与指导纲要（试行）》中明确指出："教育评价是幼儿园教育工作的重要组成部分，是了解教育的适宜性、有效性，调整和改进工作，促进每个幼儿发展，提高教育质量的必要手段。"学习幼儿园环境评价的方法，对幼儿园的早期学习环境质量进行评价研究，发现优势与弱势部分，便可提供给老师反馈性意见，为老师培训提供方向，促进教育质量的提升，同时提升自己的教学能力。

第一节　幼儿园环境评价概述

一、幼儿园环境评价的概念

幼儿园环境评价是幼儿园评价的一个组成部分，是对环境的价值做出判断的过程。科学的环境评价是根据一定的教育价值观，运用科学的方法对幼儿园环境的价值进行判断的过程。由此可以看出，价值判断是幼儿园环境评价的本质特征。在环境评价中，评价者与被评价者是统一的，不是互相分离、互相对立的。

二、幼儿园环境评价的作用

幼儿园环境评价是为了了解幼儿园教育的适宜性、有效性，调整和改进环境设置，从而更好地服务于幼儿发展，提高幼儿园教育质量的必要手段。

幼儿园环境评价贯穿于从环境创设到幼儿在环境中的活动过程，直至活动的结果，所以评价的过程是一个长期的、能够体现环境与幼儿行为的互相影响。同时，评价的内容对老师的行为具有明显的导向作用。因此，环境评价的作用不可低估。

评价具有以下几个方面的作用：

（1）鉴定作用。即检查或鉴定幼儿园环境创设是否符合幼儿园教育要求，评定环境创设对幼儿发展的价值，衡量幼儿园环境对幼儿园教育目标达成的有效作用。

（2）诊断作用。通过评价，可以及时发现幼儿园环境创设中可能存在的问题，明确努力方向。

（3）改进作用。评价的意义在于促进环境更好地服务于幼儿园教育，在评价中发现不足和问题，通过及时地信息反馈，引起注意，进行改正，从而使得环境更加符合教育目标。

（4）导向作用。环境创设的评价依据《幼儿园工作规程》《幼儿园教育指导纲要（试行）》等的指导思想确立，具有方向性，对幼儿园环境的创设能够起到引领、导向作用。

三、幼儿园环境评价的维度

研究者普遍认为学前教育质量包括结构质量、过程质量和结果质量。结构质量指物质环境、班额、老师学历等"硬件条件"的优劣，过程质量主要指师幼互动的状况，而结果质量则指向儿童的发展变化。

魏婷以生态学理论为基础，整合已有的学前教育质量相关研究，建构了如图 8-1 所示的幼儿园教育质量概念框架：园所和班级的物质环境、设计与实施的课程和师幼互动状况是其教育质量的核心层面，而这三个要素又由教师专业素养、领导和管理以及家园合作决定。框架中六个质量要素相互影响、持续互动，动态地表现出学前教育综合质量水平。

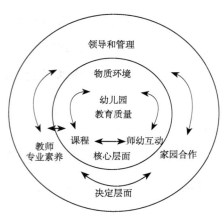

图 8-1   幼儿园教育质量概念框架 [①]

四、幼儿园环境评价的人员

幼儿园环境评价参与人员是指在环境评价的过程由哪些人承担评价责任。可以说，只要置身幼儿园之中的人对环境都有自己的评价。而这里所说的环境评价人员是指那些能够对幼儿园环境进行评价，并推动其进行总结和改进的人员，主要指管理者、老师、幼儿、家长。

事实上，不同的人对幼儿园环境进行评价时有其自己的评价标准和评价方法，可能存在评价上的偏差。因此，我们应该从多维视角出发（如图 8-2 所示），全面考虑幼儿园环境评价的人员构成，组建多元的评价团队，避免主观臆断、以偏概全。

① 魏婷:《如何支持幼儿教师评估与提升幼儿园教育质量——基于〈幼儿园学习环境评量表（ECERS）〉的考察》，《陕西学前师范学院学报》，2021。

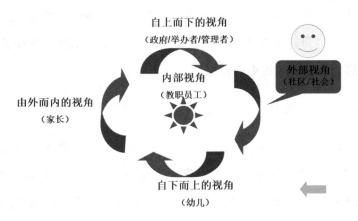

图 8-2　评价人员的多维视角

★　管理者包括园所领导、上级主管、行政部门等人员。这部分人主要是作为管理者评价幼儿园及老师的职业素养和工作能力。

★　老师的评价包括自我评价及其他老师的评价。老师之间对于环境的评价意义更多的在于反思自身的环境创设理念、技术，从而获得提高。

★　幼儿对于环境的评价更多的是对环境的直接感受和表达。

★　家长对于幼儿园环境的评价主要为观察其中的教育价值和教育理念。

五、幼儿园环境评价中的常见问题

对幼儿园环境评价的过程，其实是体现评价者儿童观和教育观的过程。幼儿园环境潜在的巨大教育价值决定了我们在评价时不能简单粗暴地运用固定指标去一一对应，而应该看到评价对象的个性和情景。事实上，幼儿园环境评价中容易出现以下问题。

（一）过分追求环境美观丰富，忽视环境的教育作用

幼儿园环境是幼儿园课程的一部分，是促进幼儿身心和谐发展的重要保证。因此，在创设幼儿园环境时，应考虑到它的教育性，即环境的创设应与幼儿园的教育目标相一致，而不是只追求美观丰富，看上去非常漂亮，但幼

儿在环境之中除了作简单欣赏外没有其他的收获和互动；而另外一些环境如幼儿作品展示墙，可能不是那么美观，但对幼儿来说，能够从中体验到的成就感和自豪感比漂亮的装饰更有价值。

（二）评价过于片面静止，缺乏整体动态的评价

幼儿园的环境创设会随着活动主题、社会热点、教育要求、幼儿兴趣等因素进行改变，环境评价也应随之变化，体现为评价不只是对材料的评价，还应考虑到环境创设过程中老师的创意、幼儿参与的程度、对幼儿经验的提升程度等。从这方面来说，应经常进行环境评价，评价的内容应全面，不只是对班级活动室的环境评价，还应包括对周围整体环境的评价。

（三）评价过于封闭，缺乏开放性

《幼儿园工作规程》提出"创设与教育相适应的良好环境，为幼儿提供活动和表现能力的机会与条件"。幼儿园环境的创设正由封闭式逐渐走向开放式，我们看到的幼儿活动的空间、时间及材料、玩具等各项环境要素来源都非常多元，幼儿园环境之中的各项资源也可以互相利用。因此，环境评价的体系和方式也应该相应地具有弹性、多样性，能真实捕捉环境所发挥的育人成效。

第二节　幼儿园学习环境评量工具

一、幼儿早期教育方案评价表（APECP）

美国幼儿教育协会研制并修订了"早期教育机构认证标准"，艾伯特等编制的"幼儿早期教育方案评价表"（Assessment Profile for Early Childhood Programs，简称 APECP），这两个研究工具得到了学界的认可，在各地区被用作早期教育机构质量评价的主要工具。

二、幼儿园学习环境评量表（ECERS）

欧美国家采用 ECERS 量表探究儿童的发展、老师教育教学与学习环境三者之间的关系。《ECERS-R》是一份班级观察量表，适用于对 2.5-5.5 岁幼儿的班级总体教育质量进行观察评价。为提高评分者对量表理解的准确性和一致性，从而提高评分的效度，修订者还同时为评分者提供了该量表的中文翻译版以供参照。从量表的结构看，《ECERS-R》共包含 7 个子量表 43 个项目，分别是空间与设施（8 个项目）、个人日常照顾（6 个项目）、言语—推理（4 个项目）、活动（10 个项目）、互动（5 个项目）、作息结构（4 个项目）、家长与老师（6 个项目）。

随着美国及其他国家对培养幼儿早期读写和数学能力的重视程度不断提高，急需对幼儿园的课程进行进一步评价，希尔瓦等人制订出了《幼儿学习环境评量表（课程增订本）》（*Early Childhood Environment Rating Scale-Extension*，简称 ECERS-E），该量表适用于对 3-6 岁儿童学习环境进行评价，着重探究早期读写能力、数学、科学与环境以及多元性等方面。

三、课堂互动评分系统（CLASS）

课堂互动评分系统（Classroom Assessment Scoring System，简称 CLASS）是师幼互动质量评估的主流工具（如表 8-1 所示），使用最为广泛。CLASS 将老师和儿童之间的互动分为三大领域：情感支持、班级管理和教学支持。情感支持评估老师在课堂上为儿童提供情感和社会支持的能力；班级管理探讨老师在组织和管理学生行为、时间和注意力的有效性；教学支持评估老师对儿童概念发展、言语反馈和言语示范的质量，关注老师如何实施课程以有效地支持儿童语言和认知发展。

表 8-1　课堂互动评分系统

领域	情感支持				班级管理			教学支持		
维度	积极氛围	消极氛围	老师敏感	关注幼儿观点	行为管理	产出性	教育学习安排	认识发展	反馈质量	语言示范
指标	1. 关系； 2. 积极情感； 3. 积极的交流； 4. 尊重	1. 消极情感； 2. 惩罚性的控制； 3. 讽刺/不尊重； 4. 严重的负面情绪	1. 意识； 2. 反应； 3. 关注问题； 4. 学生自如地表现	1. 灵活性和学生关注点； 2. 支持自主及领导； 3. 学生表达； 4. 行动的限制	1. 清晰的行为期望； 2. 具有前瞻性； 3. 对不良行为的纠正； 4. 学生行为	1. 使学习时间最大化； 2. 日常作息； 3. 过渡； 4. 准备	1. 使学习更容易的有效方法； 2. 形式和材料的多样性； 3. 学生兴趣； 4. 学习目标的澄清	1. 分析和推理； 2. 创造性的挖掘； 3. 融会贯通； 4. 与现实生活相联系	1. 支架； 2. 反馈回路； 3. 引发学生思考过程； 4. 提供信息； 5. 鼓励以及肯定	1. 频繁的交谈； 2. 开放性的问题； 3. 重复和延伸； 4. 自我以及平行式谈话； 5. 高级语言

四、学前教育项目质量评价工具（PQA）

美国托幼机构中使用的学前教育质量评价工具已达 30 多种，其中，由高瞻课程研究基金会（High Scope Research Foundation）开发的学前教育项目质量评价工具（Program Quality Assessment，简称 PQA）因其优秀的质量受到美国和西方国家学前教育界的青睐和推崇，被认为是体现了学前教育专业性的具有价值导向作用的评价模式。在我国"办好学前教育""提升学前教育质量"的背景下，关注并研究美国的这一学前教育项目质量评价工具有着重要的意义。

项目质量评价工具作为美国高瞻课程质量的主要评价工具，随着高瞻课程模式的发展而日益成熟和完善。在评价内容方面，项目质量评价工具分为两个维度：班级维度和机构维度，共包括 7 个领域 63 个子条目，其中，班级维度的 A 表内容包括 4 个领域（如表 8-2 所示），机构维度的 B 表内容包括 3 个领域（如表 8-3 所示）。在 A 表和 B 表的前面有一个项目信息登记表，主要记录被评价项目名称和评价者的基本信息，包括幼儿园名称、园长或老师姓名、评价时间和评价者的基本信息。在 A 表和 B 表的最后各有一张汇总单，对前面所有的评价条目进行汇总，得出班级和机构两个维度的总分。

表 8-2　PQA 评价维度（班级维度）

Ⅰ.学习环境	Ⅱ.一日常规	Ⅲ.师幼互动	Ⅳ.课程计划与评估
A. 安全、健康的环境	A. 一日常规	A. 满足基本的生理需要	A. 运用课程模式
B. 界限清晰的活动区	B. 一日活动的环节	B. 处理与家庭的分离焦虑	B. 团队教学
C. 分布合理的活动区	C. 每日活动环节的适宜时间	C. 温暖关爱的氛围	C. 全面的儿童记录
D. 户外空间、设备和材料	D. 儿童计划的时间	D. 支持幼儿的交流	D. 由工作人员进行的轶事记录
E. 有组织和标识的材料	E. 儿童发起活动的时间	E. 支持非英语母语幼儿	E. 幼儿观察测量的运用
F. 多种多样的开放性材料	F. 儿童回顾的时间	F. 在游戏中成人作为合作者	
G. 丰富的材料	G. 小组活动的时间	G. 鼓励幼儿的主动性	
H. 多样化的材料	H. 大组活动的时间	H. 支持幼儿在小组时间中的学习	
I. 展示儿童的作品	I. 过渡时间的选择	I. 幼儿探索的机会	
	J. 有合理选择的整理时间	J. 认可幼儿的努力	
	K. 餐点或就餐时间	K. 鼓励同伴间的互动	
	L. 户外时间	L. 独立的问题解决	
		M. 冲突解决	

表 8-3　PQA 评价维度（机构维度）

Ⅰ.家长参与和家庭服务	Ⅱ.员工资质和培训	Ⅲ.项目管理
A. 参与的机会	A. 项目管理者的背景	A. 项目注册
B. 家长决策委员会	B. 教学人员的背景	B. 教学人员的持续性
C. 幼儿活动中的家长参与	C. 支持员工的定位与监督	C. 项目评价
D. 分享课程信息	D. 持续的专业发展	D. 招生和入学计划
E. 教师、家长的非正式互动	E. 在职培训的内容和方法	E. 运作政策与程序
F. 家庭中的拓展学习	F. 观察与反馈	F. 残疾儿童的入学通道
G. 正式的家长会	G. 专业组织联盟	G. 项目资金的充足性
H. 诊断式/特殊教育服务		
I. 必要的服务参考		
J. 幼小衔接		

五、早期学习环境质量量表（MELE）

随着全球对优质早期教育的关注，各国迫切需要一个兼具文化多样性与全球普适性的质量评价工具。在这样的背景下，由联合国教科文组织（UNESCO）联合国儿童基金会（UNICEF）、布鲁斯金学会普及教育中心（the Center for Universal Education at the Brookings Institution）及世界银行（World Bank）发起的早期学习质量与结果测量（Measuring Early Learning Quality and Outcomes，简称 MELQO）项目于 2014 年成立，旨在研制可行的、准确的、有用的儿童发展评量表以及早期学习环境评量表，其中早期学习环境质量量表（Measurement of Early Learning Environment，简称 MELE）主要用于测评托幼机构的环境质量。

MELE 主要是针对各种不同类型的托幼机构（包括社区中心托育机构、学校幼儿园），面向 3 岁到小学前的儿童，城市和郊区均可。MELE 正式量表部分共有 46 道题目，主要考察学习活动、师幼互动、融合性、环境与材料、设施与安全卫生五个方面的内容。MELE 的数据收集主要来源于班级现场观察以及访谈。目前 MELE 已经在坦桑尼亚、孟加拉国等 30 多个国家进行了改编和田野测验，结果显示 MELE 的信效度较好，适宜于测量不同国家幼儿园教育质量。

我国学者也对幼儿园教育质量的评价工具进行了多方面探索：如刘焱教授基于《幼儿园工作规程》《幼儿园教育指导纲要（试行）》两份指导我国幼儿教育实践的重要文件，编制了《幼儿园环境质量评价量表》。该量表包括 4 个领域：物质环境创设、人际互动、生活活动和课程四个维度，共包含 25 道题。经实践检验，该量表的信度和效度较好，但仅评价过程性质量，难以全面涵盖早期保教质量的整体情况。

上述介绍的评量工具为幼儿园老师提供了针对幼儿教育环境质量评价的深入了解和参考。但这些系统内容较为繁杂，老师在使用时可能会不够方便。事实上，在真实的教育现场里，还有很多简单灵巧的工具也可帮助老师快速记录幼儿与环境互动的情况，帮助老师更好地了解幼儿的发展水平以及环境创设的有效性。

第三节　幼儿与环境互动观察与记录

为创设有吸引力的、符合儿童发展水平的学习环境，评估和观察记录儿童的发展、学习经历和兴趣非常关键。我们可以运用多种评估方式，每种方式都各有千秋。为了有效评估，老师应该明确自己要收集的信息内容，并计划收集信息的方法。

观察记录的方法有很多，幼儿教师常用的方法有轶事记录法、检核表法等。它们各有优缺点，老师可以根据特定的场景来选择使用何种方式观察与记录。

一、轶事记录法

轶事记录法（anecdotal record）是指观察者将有价值、有意义的幼儿行为、反应或事件，用叙述性的语言记录下来，供分析幼儿行为所用（李晓巍，2016）。轶事记录是记录事件的故事描述，可用作幼儿在家中或幼儿园里所发生事件的证明资料，常包含幼儿的社会、语言、认知、情绪、动作与学习发展等情况。

欧文和布什内尔指出，轶事记录法并非只限于记录幼儿的新行为，而是记录观察者觉得值得记录的所有行为。此外，古德温和德里斯科尔还提出轶事记录法的五个特性：

（1）是记录对幼儿直接观察的结果，不是道听途说的记录。

（2）是针对某个特殊事件做出的迅速、正确和详细描述的记录。

（3）记录幼儿行为发生的情境，明确说明行为的场景和情景，不会将行为与影响行为的事件割裂开，其中情境还包括幼儿或其他参与者所说的话等。

（4）如果观察者要作任何推论或解释，需要把推论与客观描述区分开。

（5）记录的可以是一般的、典型的，也可以是特殊的、不常出现的行为。

1. 轶事记录法的分类与运用

轶事记录法可根据记录焦点的不同，分为轶事笔记记录与轶事花絮记录；也可根据有无事先规划，分为系统式轶事记录与随机式轶事记录。

（1）轶事笔记记录（anecdotal notes），是指老师将幼儿游戏或活动过程中正在发生的事件进行精简记录，运用现在时态记载（如表 8-4 所示），可以用便利贴、资料卡或小笔记本来写。在记录轶事笔记时，关注的焦点应放在看到及听到的幼儿游戏或活动的行为与对话过程，等待游戏或活动结束后，老师可以回顾笔记，考虑是否需要进一步诠释、评价或补充笔记。

表 8-4　轶事笔记记录表

观察对象：大雄	观察日期：2019/10/23	观察记录者：静香老师
观察内容	大雄正在小吃店区角，假装他是一名收银员，他在空白的纸上画一些标记，假装那是菜单。他问我："静香老师，要不要买小吃呀？"我说："好啊！我要一碗馄饨。"并假装付钱给他，他开心地接过（其实空无一物）。接下来，他继续向其他在此区角游戏的小朋友销售小吃。	

（2）轶事花絮记录（anecdotal vignettes），是指老师在事件发生之后的记录，运用过去时态记载。例如幼儿在游戏时老师不能或来不及对幼儿的游戏活动进行记录，即可在游戏之后再回想并做轶事花絮记录。由于花絮记录时间较为自由、不受干扰，因此花絮记录的焦点在于对幼儿行为进行更详尽地描述，也可以将幼儿行为与幼儿发展情况联系起来。

（3）系统式轶事记录，是指观察者于观察前计划好观察对象、观察行为等内容的记录。例如，老师在幼儿一日生活中发现某名儿童有特殊行为，想要进一步了解其发展现状和行为表现，即可选用系统式轶事记录的方法进行深入观察。

（4）随机式轶事记录，是指因观察者发现感兴趣的或特殊的事件或行为而进行的记录。观察者不预先计划观察对象，在教学活动之余发现某位幼儿的特殊行为表现，或班级内有特殊教学情况时进行的记录。

2. 轶事记录法的优点与局限性

由于轶事记录法具有易上手、有弹性等特点，此法成为研究者和老师常用的观察记录方法。笔者将蔡春美与郭静晃等人的观点进行整理发现，相较其他方法，轶事记录法有以下优点：

（1）观察者容易上手，即使是新手观察员也很容易驾轻就熟，只需使用纸笔，或辅之以录音、录像设备即可随时随地使用。

（2）观察者可以采取参与或非参与的观察方式，不用当场记录，只要能掌握事件发生的来龙去脉，注意标注的行为的内容与过程，有空时再记录即可。所以老师可以兼顾观察者和参与者的角色，即使老师正在进行教学，同时也在观察，不会干扰整个教学活动的进展。

（3）观察主题富有弹性，只要是观察者感兴趣的、认为值得记录的皆可成为观察目标，无须安排特别的情境进行观察。

（4）轶事记录除了有描述性，也具有因果关系的推论。记录资料除了文字外，还可以附上图片或视频，不受文字差异的限制，很适合作为家园沟通的素材。

（5）不需要长时间观察，不同于日记法需针对某一个标的行为作深度与详尽的描述，但它仍然可以呈现观察事件与脉络情境之间的关系，也能呈现事件发生前后的关系。

（6）充分了解影响行为发生的相关因素。帮助教保人员了解幼儿发展的个别差异，从而进行不同的引导。

轶事记录法虽然有着以上优点，但在实际运用过程中仍然存在局限性，笔者将蔡春美与郭静晃等人的观点整理如下：

（1）观察者需自行决定观察与记录的行为。若观察者不熟悉观察方法，易记录偏离主题的资料。

（2）记录的资料缺乏客观性。观察者易受晕轮效应（halo effect）或主观的选择的影响，使观察内容难以体现统整性与客观性。

（3）观察行为欠缺代表性。如果观察者只注意自己感兴趣的事件，很容易将特定或是单一事件作为一般对象的推论，会造成观察信效度不足。

轶事记录法与日记法非常相似，在记录形式上，它们都属于描述性的观察法，均可描述幼儿行为与情境之间的关系。但它们之间也有显著的不同，日记法是以纵贯法对幼儿的行为进行记录，而轶事记录法是以横断法记录，不受个人或团体、行为新旧、记录载体（普通纸笔或电子设备皆可）等限制，只要是观察者感兴趣的均可记录。因此，轶事记录法非常适合幼儿园老师或保育人员使用。

二、检核表法

1. 检核表法的定义

检核表法（checklist）是属于高结构式、有特定的观察行为，可以用来记录在特定情境中幼儿或幼儿团体所出现的特殊行为，也可以用于记录幼儿是否能表现一些被要求的行为，这种检核表就成为一种测验。先了解观察的目的，依目的找寻适合的检核表单，因为每一个检核表都有其概念及功能，所以使用前须先检视内容是否符合观察的目的。

2. 检核表法的分类与运用

布兰特指出，检核表可分为静态描述（static description）和活动检核表（actions or action checklist）。静态检核表是指能够被轻易记录的情境或幼儿的固定特性，这些项目记录资料的稳定性高，例如年龄、性别、社会地位或物理环境等（如表 8-5 所示）。活动检核表的焦点在于幼儿的行为，例如记录幼儿在一定时间内的特定行为。

表 8-5 区域环境有效性检核表 [①]

区域类型	检核项目	是否达成
美工区	1. 幼儿是否试验不同类型的材料和工具？ 2. 幼儿是否创造不同类型的图画和雕刻品？ 3. 幼儿是否展示他们了解美劳区可用器材的不同使用方法？ 4. 幼儿是否以他们的美劳作品为荣，并有兴趣展示他们的创作？	
积木区	1. 幼儿是否有一段时间专注于积木建造？ 2. 幼儿是否赞赏他们自己的建造？ 3. 幼儿是否在建造积木结构时改进其协调？ 4. 幼儿是否在建造过程中讨论他们的想法和创造？ 5. 积木建造是否变得更复杂，并在活动中伴有装扮游戏？	
角色区	1. 幼儿是否在他们的游戏中运用新的词语？ 2. 幼儿是否演示他们了解的在诊所或医院中所提供的服务？ 3. 幼儿是否以适当的方式对待他们的"病人"？ 4. 幼儿是否会显示出一些他们对诊所或医院相关的害怕和关切？ 5. 幼儿是否发展出适当的健康服务和有益的意识？	
科学区	1. 幼儿是否对科学区内的事物有兴趣？ 2. 幼儿是否彼此谈论有关自然的事物？ 3. 幼儿是否用系统的方法以有用的工具来检视和探索？ 4. 幼儿是否采用图示和（或）其他方法来记录资料？ 5. 幼儿是否发现新的方法来学习自然？	
图书区	1. 幼儿是否在图书区阅读书籍？ 2. 幼儿在自由选择时间是否选择到图书区？ 3. 幼儿是否运用图书区的道具和器材来阅读或说故事给别人听？ 4. 幼儿停留在该区的时间长短是否合理？ 5. 幼儿是否谈论他们在图书区所看过的书本和（或）玩过的道具？	
建构区	1. 幼儿是否以他们从未用过的器材来建造？ 2. 幼儿是否一起工作以决定如何设计和建造作品？ 3. 幼儿是否在他们建造建筑物时，运用问题解决和创造思考？ 4. 幼儿是否在使用建造区的器材和工具的能力上变得更有信心？ 5. 建造区内的书本和书写材料是否增进读写能力？	
音乐区	1. 幼儿是否使用该区内的乐器？ 2. 幼儿是否试验乐器和日常物品产生的不同声音？ 3. 幼儿是否制造乐器并结合器材以创作音乐？ 4. 幼儿是否喜欢不同类型的音乐？ 5. 幼儿对他们的音乐能力是否有信心？	
沙水区	1. 幼儿是否探索沙和水的特性？ 2. 幼儿是否选择沙水区内不同的道具做试验？ 3. 幼儿在灌注、过滤和填满时，是否改进他们的小肌肉协调？ 4. 幼儿是否负责地使用器材，并在该区游戏结束时加以清理？ 5. 幼儿是否在他们参与该区活动时讨论他们的活动？	

---

① 汤志民：《幼儿园环境创设指导与实例》，华东师范大学出版社，2013年，第94-124页。

区域类型	检核项目	是否达成
电脑区	1. 幼儿是否常到电脑区并显示对电脑的好奇？ 2. 幼儿是否知道如何使用电脑的各项工具和游戏软件？ 3. 幼儿是否以其创意思考使用电脑，并与其他幼儿探讨？ 4. 幼儿是否以他们的电脑创作为荣并有兴趣展示？	
益智区	1. 幼儿是否经常到该区使用有关的器材？ 2. 幼儿是否一起工作以决定如何设计和建构作品？ 3. 幼儿是否在操作时运用问题解决和创造思考？ 4. 幼儿是否喜欢他们的拼图作品并公开展示？ 5. 幼儿是否负责地使用器材，并在该区游戏结束时加以清理？	
私密区	1. 幼儿在自由选择时间是否选择到私密区？ 2. 幼儿留在该区的时间长度是否合理？ 3. 幼儿是否知道如何运用私密区，是否会尊重别人的使用？ 4. 幼儿在使用私密区后，是否较有自信？ 5. 幼儿对该区的空间和布置是否喜欢？	

该检核表用以分析区域环境创设的有效性，老师可以使用它来检测班级中的区域环境创设是否受到幼儿的喜爱，能否帮助幼儿真正获得学习与发展。

3. 检核表法的优势与局限性

检核表法在实际使用当中非常便捷，且能够在多种情境下与各种方法同时使用，笔者整理刘慈惠等人与郭静晃的观点，总结出检核表法还包含以下优势：

（1）普遍地应用在日常生活当中，幼儿园中更是常见。

（2）快速及容易使用。

（3）可以评估幼儿的个别需求，帮助课程设计规划。

（4）可以同时记录多位幼儿，量化性高。

（5）能用于不同的情境。

（6）不容易遗漏资料。

（7）方便制作及使用。

此外，刘慈惠与郭静晃等人也提出检核表法还存在局限性，具体如下：

（1）检核表仅能呈现表面的行为资料，无法呈现问题之外的信息。因为只能填事件发生与否，不能记录行为发生的始末，故而难以掌握行为，只能知晓局部的行为。

（2）一般检核表的设计会设定特定年龄，资料无法进行比较。

（3）由于缺乏原始资料，无法进行质性情境资料分析，无法了解其行为的频率、持续时间的长短以及行为的原因，更无法追溯可能影响该行为产生的情境，难以分析其原因。

（4）皆由观察者主观判断，不是很客观。

检核表法用途十分广泛且使用便捷，具有高度的封闭性和选择性，需要观察者在观察前就确定要记录哪些行为。因此，检核表法的使用非常便捷，不仅可以记录年龄、性别等静态指标，还可以记录动态的行动，并在各种情境下与多种方法一起使用。此外，检核表法最大的不足是其封闭性，它记录的是一些与情境相分离的行为片段，行为表现较为模糊。

章节练习

1. 请使用本章介绍的评量工具，对所参观的幼儿园环境进行评分，并提出改进建议。

2. 说说你最喜欢哪一种观察记录工具，试着分析其优缺点，并结合起来使用。

03
—

综合运用篇

在"综合运用篇"中，我们将了解当前一些幼儿园环境创设面临的多种挑战，综合运用在理论素养篇与实践能力篇中学习到的知识与技能，通过本篇的多个实践案例，深入了解幼儿园的特色环境、主题环境与沉浸式学习环境的创设方法。

思政元素

【爱岗敬业】

将丰富的教育实践案例导入到课程中，激发学生的专业自信和专业认同感。例如，通过仪式教育等案例内容，激发学生的爱国主义情怀，告诫学生应将个人命运与国家命运紧密结合在一起，坚定自己的理想信念，热爱学前教育事业，培养学生作为国家主人翁的责任感和使命感。

【社会责任】

通过了解农村幼儿园的现状与存在的问题，理解环境对幼儿学习与发展的重要影响，了解环境是幼儿教师必须学会利用与开发的教育资源。作为履行学前教育工作职责的专业人员，幼儿教师应该承担更多的社会责任，在幼儿园保教工作中发挥重要作用。基于 CDIO 模式引导学生开展项目式学习与小组合作学习，培养团队合作精神。

职业能力

【育人实践】掌握活动育人的方法和策略，基于幼儿的身心特点合理设计育人目标、活动主题与内容，能够抓住一日生活中的教育契机，开展随机教育，培养幼儿良好的生活习惯和亲社会行为。

【设计教育活动方案】能够根据《幼儿园教育指导纲要（试行）》《3-6 岁儿童学习与发展指南》的要求，以及幼儿的兴趣需要和年龄特点，选择教育内容，确定活动目标，设计教育活动方案。

【反思改进】具有反思意识和批判性思维素养，初步掌握教育教学反思的基本方法和策略，能够对教育教学实践活动进行有效的自我诊断，提出改进思路。

【学会研究】初步掌握教育研究的基本方法，能用以分析、研究幼儿教育实践问题，并尝试提出解决问题的思路与方法，具有总结和提升实践经验的能力。掌握专业发展所需的信息技术手段和方法，能在信息技术环境下开展自主学习。

【沟通技能】掌握基本沟通合作技能与方法，能够在教育实践、社会实践中与同事、同行、专家等进行有效的沟通交流。

【共同学习】理解学习共同体的作用，掌握团队协作的基本策略，了解学前教育的团队协作类型和方法，具有小组互助、合作学习能力。

第九章　幼儿园环境创设教学改革

学习目标

本章阐述了 CDIO 模式在教学改革中的具体运用，主要学习目标如下：

1. 理解 CDIO 工程教育模式的内涵。

2. 掌握 CDIO 工程教育模式的基本流程与方法。

3. 理解"幼儿园环境创设"课程对 CDIO 模式的运用。

知识点概览

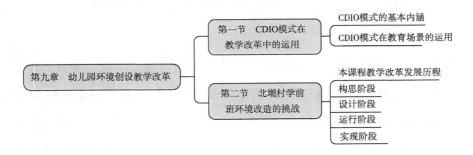

问题情境导入

"高校培养的师范生都不顶用，入职幼儿园之后还是得重新培养！"某幼儿园的园长这样抱怨道。教育是面向人的活动，但许多高校的学前教育专业课程设计还是以理论为主，没有锻炼到学生的实践能力，许多园长都反映新老师需要"回炉重造"。

幼儿园环境创设相较于其他学前教育专业课是较晚开设的一门新课程，其教学内容往往是把手工、绘画、玩教具制作以及各教育领域课程中涉及环境创设的内容整合起来而形成的。随着学前教育事业的快速发展和社会对高素质幼儿教师的需求增长，该课程在教学模式等方面暴露出一定的问题：课程目标重技法训练和理论知识的灌输而忽视了多领域、多学科教育内容的融合；课程内容过于陈旧且脱离幼儿园实际需要；教学方式多为老师讲授，学生被动接受知识；考核评价方式单一；部分授课老师为美术专业，对学前教育领域知识知之甚少，往往把幼儿园环境创设课程等同于手工、绘画等专业技能课，重视技能的训练而忽视对学前教育专业学生综合应用能力和职业能力的培养等。这就容易制约学生的发展。长此以往，学生在创造力、适应力、实践能力、职业能力等方面的提升都会受到阻碍，其在今后的幼儿园工作中难免会感到力不从心、学而无用；用人单位的满意度也会降低。

第一节　CDIO 模式在教学改革中的运用

2004 年，美国麻省理工学院联合瑞典查尔姆斯技术学院、瑞典林克平大学、瑞典皇家技术学院三所大学合作开发了 CDIO（Conceive-Design-Implement-Operate）这一新型的工程教育模式。CDIO 模式以项目从研发到运行的生命周期为载体，让学生以主动的、实践的、课程之间具有有机联系的方式学习和获取工程能力，包括个人的科学和技术知识、终身学习能力、交流和团队工作能力以及在社会和企业环境下构建产品、过程和系统的能力。它强调知识与能力之间的关联，并较好地解决了工程教育中理论知识与实践能力的平衡。

一、CDIO 模式的基本内涵

CDIO 是构思（Conceive）、设计、（Design）、实现（Implement）、运行（Operate）四个单词的缩写，基本包括了工程师领导或者参与产品、过程和系统全生命周期的各个阶段。

表 9-1　CDIO 的项目生命周期模型 [1]

构思		设计		实现		运行	
目标	概念设计	初步设计	施工设计	元件制造	系统整合、测试	全生命支持	演化
商业战略 技术战略 客户需求 目标 竞争 项目计划 商业计划	需求 功能 概念 技术 构建 平台计划 市场定位 法规 供应商 承诺	需求定位 模型开发 系统分析 系统解构 界面要求	元件设计 需求确认 失效和预案 分析 确认设计	硬件制造 软件编程 资源 元件测试 元件改进	系统整合 系统测试 改进 取得认证 投产 交货	销售和铺货 运行 物流 客户服务 维护与维修 回收 升级	系统改进 产品家族 扩张 退休

由表 9-1 可知，构思、设计、实现、运行这四个阶段构成了项目周期过程的核心部分，它几乎涵盖了一个项目的生命周期全部过程。另外，构思、设计、实现、运行也是整个教育模式施行的主线，从培养目标到一体化课程设计，到教学方法，再到教育评估等各个方面都是在构思—设计—实现—运行这个背景下进行的，它把整个教育模式联系成为一个有机整体。

二、CDIO 模式在教育场景的运用

学前教育专业教育场景与工程教育有所不同，更注重幼儿园课程设计、幼儿园环境创设规划与实践的能力，因此，在教育场景中，对于 CDIO 各个

---

[1]　王硕旺、洪成文：《CDIO：美国麻省理工学院工程教育的经典模式——基于对 CDIO 课程大纲的解读》，《理工高教研究》，2009 年 8 月。

阶段的诠释需要调整，下面以"幼儿园环境创设"课程为例，在该门课程的项目中，每个阶段的重点如下：

第一阶段即构思，包括幼儿园环境的现状调研，幼儿园环境的评价指标的确定；

第二阶段即设计，集中在幼儿园环境创设的方案策划、实施进度规划，幼儿园墙面环境改造设计、幼儿园区域环境改造设计、幼儿园户外环境改造设计等；

第三阶段即实现，是指完成在设计阶段方案的演练，绘制设计图、完成设计模型，开展方案汇报与讨论活动；

第四阶段即运行，是指到幼儿园进行实地的环境改造、开展各类活动，并在活动中获取反馈，在活动后进行反思与总结，持续改进方案。

第二节　北墘村学前班环境改造的挑战

随着我国改革开放的深入和城市化进程的加快，农村剩余劳动力大规模向城市转移。福建省屏南县北墘村由于当地特殊社会现状以及教育资源欠缺，家中男性留在本地工作，反而是许多女性带学童外移至县城就读，因此在2018年，北墘村学前班只剩11名幼儿，而小学部只有5名学童，学校面临停课的威胁。因此，当地村民希望透过改善学前班来留住基础教育生源。

为了助力北墘村北墘小学学前班，优化其课程、环境创设及资源配置，强化其生源质量，福建省社会实践一流课程"幼儿园环境创设"借鉴学前教育理念和课程负责人在偏乡地区的实践经验，通过阳光学院儿童发展与教育学院的师生团队前往北墘学前班进行综合性社会实践活动，按照CDIO模式开展工作任务。

一、本课程教学改革发展历程

本课程第一轮授课，以"改善屏南县北墘村学前班学习环境创设"作为期末社会实践项目，学生运用整个学期所学的环境创设知识和技能，分组完成学前班室内外环境规划的蓝图和模型，提供北墘村学前班教室和户外游戏场修缮参考。

第二轮授课，以"帮助北墘村学前班家长转变教育理念"为项目，进一步开展改善北墘村学前班物质、精神环境的帮扶行动，于期末至北墘村学前班举办亲子游园会，让家长近距离认识学前班环境规划的理念，感受到游戏的教育功能。

据相关调研结果显示，学前教育资源呈现明显城乡差距，文化弱势的乡村幼儿未能接受与城市一样平价优质的教育服务；幼师的培养仍存在"重理论、轻实践"的问题，教学实践能力亟待提高。为解决上述难点，本课程乃以帮扶北墘村学前班为项目，以 CDIO 模式培育具备"思辨实践"能力的高素质专业学前教育人才。

（一）工作任务设计

（1）理论知识：本课程为学前教育专业的高阶性、综合应用型课程，开设在大三，以学前教育学、学前儿童发展科学、幼儿游戏、五大领域教学等知识为基础。进一步学习幼儿园环境创设理论，并通过实践环节掌握相应的技能。

（2）工作任务：

①探究性任务：对北墘村学前班进行环境创设现状微调研。

②实验性任务：在幼儿园环境创设实验室完成主题墙等微作品。

③综合性任务：赴北墘村进行社会实践暨创意成果展。

（3）工作过程：基于 CDIO 模式开展项目式教学，每项工作任务按照"构思—设计—实施—运行"开展，在课堂上进行初步构思，课后完成设计草图或方案，到幼儿园实施与测试，最终再回到课堂进行反思与总结，以培养学生的思辨能力。

（二）成绩评定方式

（1）多元评价方式：综合学生自评、他评、师评与自媒体点赞等评价方式。

（2）持续改进模式：学生的每项微作品均需在 CDIO 模式下进行三轮修改；本课程采取阶段实验的方式，定期向学生发放课程质量调查问卷，并根据学生反馈的意见进行持续改进。

二、构思阶段

北垎村的学前教育从乡村产业环境、乡村家长心态以及高校人才培养等方面产生了几个重要的问题：①地处偏远，专业的本科毕业生不愿意前往任教，因此学前老师大多是非本科、没有任何学前教育专业训练者担任，教学品质堪忧；②家长不信任乡村教育品质，再伴随着就业机会的减少，家长选择到城市就业的同时，会将孩子安置在城市的学前教育；③吸引学前专业本科生前往乡村幼儿园就业的可能性不大。

从高等教育端而言，过去在课程设计与见、实习的安排上，因为考虑到场域管理的地缘性、资源取得的便利性以及对乡村幼儿园整体的不了解，本科生鲜少有机会到乡村幼儿园进行见习与实习。

（一）师资——专业稳定的师资队伍建设

1.农村幼儿园的师资力量薄弱

农村幼儿园师资普遍存在学历和素质低下，没有接受过职前专业训练，缺乏培训机会等问题，其幼儿教师的儿童教育观仍然落后，缺乏对幼儿的尊重，经常会把成年人的思想强加到幼儿身上，阻碍幼儿良好的身心发展。

2. 高校教育需要唤醒大学生对乡村振兴的认同感

部分大学生对实践活动认知不清，参与度和重视程度不够，因此，高校应将参与乡村振兴纳入毕业要求中。本次活动实践之后，大部分参与的学生已被北垯村学前班幼儿的纯真所吸引，在教学活动中建立了自身的成就感，但仍有个别学生的学习态度与服务意识需持续调整提升。

（二）观念——家园共育心理环境创设

1. 乡村民众协同育人意识薄弱

乡村学前教育常年存在师资短缺的现象，幼儿家长担心教育质量等问题，即使将幼儿送至县城上学有一定的困难，仍不愿将幼儿放在村里上学，因此，学校与家庭协同育人的意识有所欠缺。通过引入本项目合作帮扶，已在一定程度范围内提升了北垯学前班的教学与教育品质，使老师更重视与家庭的沟通，也开始建立家长参与教育的意识。不过，长期的育儿观念与环境影响，使得建立家长对当地教育的信心仍需一定的时间。

2. 农村学前教育家园关系疏远

农村幼儿家长和老师缺乏家园沟通，没有树立正确的育儿意识。一方面，农村幼儿教师没有用多种形式去和幼儿家长交流幼儿的教育内容和要求，帮助幼儿营造良好的家庭教育环境。另一方面，家长没有积极配合和支持幼儿的学前教育，对于幼儿的教育普遍存在偏差。

（三）经济——低成本高质量的环境创设

1. 农村基础设施不健全

农村幼儿园的物质基础普遍不健全，甚至非常薄弱，无法为幼儿提供有利的生活学习条件。许多农村幼儿园无论是场地、房屋、大型游乐玩具、电脑等多媒体设备、玩教具等硬件设施都少之又少。少数贫困地区的幼儿园甚至没有学习必备的桌子和椅子，都是由家长临时凑齐，这些桌子的长短、高低不齐，非常不利于幼儿的学习习惯和良好坐姿习惯的养成。

2. 高校参与乡村振兴的支持机制受限

乡村振兴的实践活动需要诸多条件的支持，如实地参与和第一手数据采集等。在本次项目中，从阳光学院往返北垱村的交通和时间成本较高，可是采用暑期集中式实践教学模式会影响活动成效的延展性。因此，需要校方在乡村振兴教改项目中，给予更多的补助与支持，提供更广阔的资源平台，让乡村振兴与高校学前教育共创双赢。

三、设计阶段

在设计阶段，项目组分别从物质环境、心理环境和时间环境出发，开展了改造物质环境的北垱村学前班室内外环境规划、改善心理环境的亲子游园会以及优化时间环境的招生体验营与幼儿兴趣班等项目。

（一）改造物质环境——室内外环境规划

2018 学年第二学期，学前教育专业的"幼儿园环境创设"课程中，通过前 10 周的教学内容掌握幼儿园环境创设的基本概念和要素，以及幼儿园室内外环境规划和布置的原则与方法；到两所省、市级示范园进行学习环境的观察和见习。有了基础的理论知识之后，授课老师布置期末作业——为北垱村学前班规划室内外学习环境，老师可提供前期调研中拍摄的教室、室外空地以及菜园的照片，以及北垱黄酒文化介绍的影片，为学生了解北垱学前班的基本情况奠定基础。

有关为北垱村学前班规划室内外学习环境，可要求学生以小组合作方式，先做环境规划设计图，再打造出模型，最后以海报形式呈现说明其设计理念、环境创设的特点和创意，并提出使命宣言。

（二）改善心理环境——亲子游园会活动

2019 学年第一学期的《幼儿园环境创设》课程进一步以"改善北墘村学前班的精神环境"为项目主题，让修课学生在真实情境中理解幼儿园环境创设的重要性，掌握幼儿园环境创设的基本原则与方法，能够根据幼儿特点、园所特色和当代审美观规划并创设适宜的幼儿园室内外环境，体认精神环境对幼儿的教育的功能和影响。

通过亲子游园会活动，设计出合宜的幼儿学习游戏，让家长或是照顾者们深切地感受到"在游戏中学习"对孩子的重要性与快乐感。借此传递正确的幼儿教育理念和教养观念，让家长学习如何与幼儿进行有品质地互动，从而改善幼儿园的心理环境。

（三）优化时间环境——学前班招生体验营

由于 2018 学年北墘小学面临生源严重外流的问题，导致小学部六个年级只有 5 位学童，而学前班只有 11 位幼儿。经本项目负责人与当地村民和北墘村奖教奖学协会领导商讨，决定发挥学前教育学院师生的专业技能，办理学前班一日招生体验营（定名为"书艺童年——幼儿绘本艺术体验营"），让北墘村 3-6 岁的幼儿来体验正常化的幼儿园学习活动。此活动的主要目的，一方面是透过专业又充满趣味的教育活动，激发家长愿意让幼儿留在北墘村学前班就读的意愿；另一方面，也在于揭示北墘村奖教奖学协会为家乡教育戮力付出的决心，以及本校学前教育学院以专业扶持北墘村学前教育的承诺，旨在促进当地适龄幼儿生源的回流。

四、实现阶段

在前文提及的三个本课程师生到北墘学前班服务的案例中，分别根据计划开展小组设计、课堂汇报、模拟演练等活动。当期末各小组在课堂中以

PPT 呈现设计模型时，授课老师给予每一组修正的建议，并请学生加以完善。这些模型在后续暑假中，学生到北壋村学前班办理招生体验营时，也在现场展示，作为北壋村为学前班实际规划室内外环境的参考。学生透过此统整性的期末作业，可深思教育理念如何影响环境的规划，同时，在实际设计和制作模型的过程中，也操练了自己对学习环境中空间、设备、动线、素材等主要元素的构思和布置（如图 9-1、图 9-2、图 9-3、图 9-4、图 9-5 所示）。

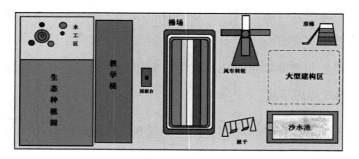

图 9-1 学生作品 1——北壋村学前班室外环境规划图

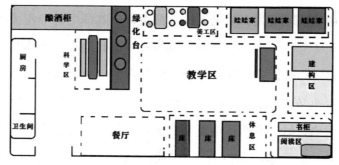

图 9-2 学生作品 2——北壋村学前班室内环境规划图

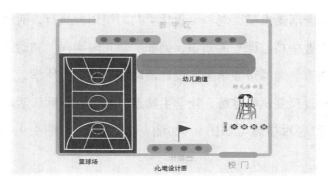

图 9-3　学生作品 3——北塽村学前班室外环境规划图

图 9-4　学生作品 4——北塽村学前班室外环境规划图

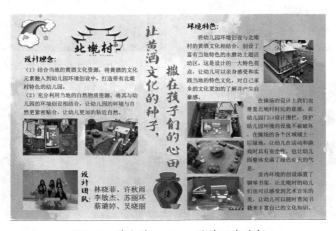

图 9-5　学生作品 5——设计理念海报

一日体验营活动由授课老师带领学生共同规划并执行，活动设计综合运用学前教育专业中核心课程的知识，例如"幼儿园课程"和幼儿园五大领域教材教法的内容。老师带领学生在设计活动中思考课堂所学，不断地沟通和修改，并且通过反复试教排练，让学生熟悉教学流程，默认活动实施时可能出现的困难和应对措施（如图9-6、图9-7、图9-8、图9-9、图9-10、图9-11所示）。

图9-6　学生在课堂上进行设计

图9-7　学生在课堂上讨论方案

图9-8　学生在课堂上展示设计图

图9-9　学生在课堂上设计草图

图9-10　学生进行课堂汇报

图9-11　开展活动的模拟演练

五、运行阶段

（一）学前班室内外环境改造

2019 年 6 月，项目组成员带着在课堂上设计与制作的成果赴北壆村，在授课老师的带领下开展北壆村学前班室内外环境的改造。初访北壆村学前班时，其教室内简陋空荡，仅有桌椅和少许的积木，别无他物；室外则是大片水泥空地，没有任何适合学龄前幼儿游玩的户外器材，根本无法满足我国《幼儿园教育指导纲要（试行）》所揭示的学前教育所需学习环境要求。经过与当地乡贤和教育领导多次讨论，在北壆村奖教奖学协会的努力之下，终于促成学前班室内外环境的大改建，教室变得温馨童趣，而户外也购置了大型的幼儿游戏器材。学前班老师在项目成员的帮助下也完成了室内环境规划和布置，使幼儿拥有丰富的学习情境（如图 9-12、图 9-13、图 9-14、图 9-15 所示）。

图 9-12 学生在布置室内环境

图 9-13 学生在装饰墙面环境

图 9-14 室内环境改造后

图 9-15 老师和幼儿在改造后的教室中游戏

（二）亲子游园会活动开展

亲子游园会以简短的幼儿剧拉开序幕，紧接着以学前儿童五大领域（健康、语言、艺术、科学、社会）的六个闯关活动来进行：打败大灰狼、螃蟹运瓜、小猴冲冲冲、小兔子的连衣裙、气球乐翻天、小猪盖房子等。利用北垫村小学与学前班的环境空间与五大领域课程紧密结合，安排学生在各游戏中担任解说和引导，鼓励幼儿和家长共同完成游戏（如图9-16、图9-17、图9-18、图9-19、图9-20、图9-21所示）。

学生在指导老师的带领下，透过设计和执行上述活动，理解了环境创设需同时考虑物质和精神环境，操练了创设游戏情境的具体实务，同时再度整合了从学前教育专业的其他核心科目所学习的知识和能力，学以致用、用中实证、证以反思、思辨促学。

图9-16　学生在认真地表演绘本剧

图9-17　幼儿津津有味地欣赏绘本剧

图9-18　家长与幼儿共同体验游戏

图9-19　学生指导亲子完成任务

图 9-20　幼儿在绘制心愿墙　　　　图 9-21　幼儿欣赏彩虹心愿墙

（三）一日体验营活动开展

6 月 23 日体验营当天，共计有超过 50 位北坜村及邻近村落的幼儿来参加。幼儿热烈投入各项活动（如图 9-22、图 9-23、图 9-24、图 9-25 所示），家长也见证了生动又具趣味性的幼儿园教学，并参加了特邀专家为家长开展的育儿讲座（如图 9-26 所示），对学前班的教育重拾信心。

而学生在执行这次体验营活动的过程中，与幼儿紧密互动，尝试了幼儿教师的指导、引导、辅导和陪伴的各种工作；近距离地观察不同年龄、不同个性的幼儿的特质，尝试调整自己引导幼儿的方法；在实践活动实施的具体流程、亲身体验教学的每个环节，直接面对和克服难点。学生在事后的检讨和反馈中，纷纷表示这是一次非常宝贵的实习经验，此次活动让他们从幼儿身上学习了很多，非常感恩有此演练的机会。

（a）　　　　　　　　　　　　　（b）

图 9-22　家长与幼儿在师生们的协助下签到

图 9-23　幼儿在老师们的带领下体验游戏

图 9-24　幼儿在老师的鼓励下参与活动

图 9-25　幼儿在老师的协助下体验绘画

图 9-26　特邀专家为家长开展育儿讲座

（四）活动后的反思与分享

通过前期的调研工作以及本科专业课程的精心设计，使学生有机会将不同课程所学运用到扶助北垱村学前班的方案中，实际发挥改善乡村幼儿教育的效果，解决当地幼儿最直接、最现实的受教质量的问题。学生在实践中收获了专业助人的成就感，体认到发挥自身专长的价值性和意义性（如图 9-27 所示）。

（a）　　　　　　　　　　　　　　（b）

图 9-27　项目实践队合影

　　参与北墘村社会实践活动后，参与学生在校内的经验分享会上，纷纷表达了真诚的感动和热切的教育情怀。一位陈同学在活动中扮演了绘本剧演出的重要角色，为了让孩子能够更好地融入绘本活动，她通过不断地自我心理建设和排练，不辞辛劳地与每名演员密切配合演绎出最真实的角色。她说："看到孩子专注的笑容，我感受颇深，觉得收获满满。"

　　担任游园会志愿者的王同学，在带领幼儿游戏的过程中深刻地体认到家庭环境对幼儿的影响之大。她指出，透过家长与幼儿的互动可以清楚地观察到幼儿的不同特质，也能了解不同年龄段的孩子表现出的能力。

　　通过与社会服务实践的结合，使大学生走出校园，目睹社会中弱势群体的需求，更重要的是帮助大学生在他人的需要中看到自己的责任。这样的学习，正符合学前教育专业人才培养中"师德为先"的课程目标，发挥课程思政潜移默化的功效。

第十章 物质环境创设案例——野生创意

本章阐述高校师生助力开发乡村农耕研学项目过程中，以面向幼儿开展的宁德市屏南县洋头村蘑菇房研学为例，主要介绍了以食用菌科普基地环境创设的改造案例。借助乡村天然的资源和在地产业的特质，适度引进人文创意，可以使原本粗糙凌乱的农家景观，变身为充满野生趣味和探索乐趣的学习环境。

2020 年，全国两会政府工作报告中指出："确保实现脱贫攻坚目标，促进农业丰收农民增收。"教育部等 11 个部门印发了《关于推进中小学生研学旅行的意见》，要求各地将研学摆在更加重要的位置，以推动幼儿研学完整构建。近年来，研学实践已成为提升我国青少年整体素质的重要战略举措。此外，在乡村振兴的建设中，许多村落选择以乡村研学作为其振兴当地产业的手段之一。因此，本项目实践队前往福建省宁德市屏南县代溪镇洋头村，对当地进行深入调研并同当地村民开展研学项目研讨会。

为助力洋头村实现打造研学村作为乡村建设的构想，创造当地特色文化品牌、提高其经济创收、优化环境创设及资源配置，同时也为提升阳光学院师生社会服务意识，实践关怀助人精神，特举办以"农耕研学"为主题的实践活动。

洋头村蘑菇房研学环境改造

一、洋头村背景概况

洋头村距离屏南县代溪镇 7 千米，北邻北墘村 1 千米，东与玉洋村交界，南与忠洋村接壤，西与代溪村交界。村落面积 0.6 平方千米，海拔 696 米，现全村人口 243 户 811 人，其中包含党员约 30 人。

阳光学院师生针对村落情况调研分析发现（如图 10-1、图 10-2 所示），洋头村存在起步晚、资源不足、村落特色不明显的劣势。2018 年，北墘村在阳光学院的帮扶和支持下，成功跳级进入 3A 级景区，发展成效显著。较之北墘村，洋头村当地的基础设施建设薄弱，住宿条件不足以支撑过多人员前往，且当地生活用品的销售有所欠缺。

图 10-1　到菇棚进行实地调研

图 10-2　与菇棚主进行现场讨论

本方案基于"食用菌科普"研学活动的设计思路，策划了蘑菇房及周边物质环境的改造，旨在创设一个能够让幼儿安全又快乐地体验食用菌科普学习与探索的场地。而团队所设计的研学课程则通过采摘蘑菇使幼儿体验到快乐，同时锻炼其手部小肌肉的发育；通过在蘑菇棚中寻找不同种类的蘑菇，使幼儿学会分类，并引领幼儿了解蘑菇的种类、生长环境以及区分毒蘑菇和可食用蘑菇。

二、洋头村蘑菇房设计原则

本方案以打造洋头村"食用菌培育科普基地"为设想，来规划蘑菇研学所需的环境创设。考虑到将来参与研学的对象中，少儿以及家庭亲子占较大比例，因此，在规划蘑菇房环境创设时，需遵循下列原则：①需保障环境安全性与便利性；②搭配整体乡村文化形象设计；③物料侧重于天然就地取材与资源再用；④需容许较强的操作性与互动性。

三、洋头村蘑菇房设计大纲

蘑菇房功能区分布如下：

①室内环境设计：采摘区、展示区、文化区。

②外部环境设计：路标牌、休憩区、自然乐园。

③周边展示设计：吉祥物、故事屋 &DIY 馆、秘密基地、蘑菇培育科普基地。

1. 采摘区

为增强孩子体验采摘蘑菇的兴趣，在采摘区设计香菇吊顶装饰、彩色气球、毛线吊饰等（如图 10-3 所示）。

图 10-3　蘑菇房采摘区改造构想

2. 展示区

（1）入口展示区：蘑菇房招牌及蘑菇养殖流程展示墙以通俗易懂又生动的简笔画展示（如图 10-4 所示）。

设计地点 改造参考

图 10-4 蘑菇房展示区

（2）冰柜：摆放冰柜呈现新鲜蘑菇展览品，也可与其他食材搭配做适当的造型摆盘，增加蘑菇产品的吸引力和价值感（如图 10-5 所示）。此外，还可与研学活动结合，展示几道鲜菇料理的照片和食谱，制定营销策略。

设计地点 改造参考

图 10-5 鲜菇展示柜

3. 文化区

搭配研学活动，设置水泥砖手印区，让学员参与制作水泥砖，留下自己的创作或手印，再砌入矮墙上（如图 10-6 所示），不仅开发孩子想象力也节约设计造价。

设计地点 改造参考

图 10-6　水泥砖手印区

4. 路标牌

在蘑菇房的采摘区附近建立指示牌（如图 10-7 所示），写上"快乐蘑菇房欢迎大家"等字样。

设计地点 改造参考

图 10-7　蘑菇房路标牌设计

5. 休憩区

设置休闲茶歇区，借鉴蘑菇主题布置椅子、凉亭等，可考虑丰富多彩的颜色（如图 10-8 所示）。

设计地点 改造参考

图 10-8 蘑菇房休憩区

6. 自然乐园

自然乐园区可运用斜坡、空地、草地设计与蘑菇主题有关的造型器材或场景，还可供孩子攀爬、游玩、拍照等（如图 10-9 所示）。

设计地点 改造参考

图 10-9 蘑菇主题自然乐园

7. 蘑菇培育科普基地

配合各类研学课程设计，在蘑菇科普基地放置各类蘑菇图片以及用法和各类冷知识（如图 10-10 所示）。若条件允许，也可设计蘑菇展厅区的白墙投影播放蘑菇的文化科普纪录片以及成长视频等。其观赏区供孩子观察记录，制作区则体验包装菌袋的过程，也可将菌种带回去种植，观察蘑菇的生长过程。

设计地点 　　　　　　　　　改造参考

图 10-10　蘑菇培育科普基地展厅

8. 其他环境规划

①吉祥物：设计属于当地文化特色的蘑菇吉祥物，并装饰在各个区域的建筑和商品上。

②故事屋 &DIY 馆：木材质装饰，与周边环境和谐呼应。与自然连接，运用环保竹板强调田园建筑。在中间设计精美的蘑菇标本种植，两边可放置各类蘑菇模具。还可制作属于当地特色的蘑菇文创产品，并设置照片墙作纪念。

③秘密基地：设计属于孩子自己的秘密小屋，让孩子自由休憩、游玩。

四、研学活动精彩集锦

项目团队在执行幼儿农耕研学活动的过程中，就能力和条件所及，实际协助农民进行了现场环境改造，使得幼儿的学习经验达到最佳的效果。环境是经验的塑造者，更是幼儿认识外在世界最佳的媒介，通过精心设计和创设，我们能化腐朽为神奇，即便在简陋的农村也能带给孩子更丰富美好的体验，如图 10-11、图 10-12、图 10-13、图 10-14、图 10-15、图 10-16 所示。

图 10-11　菇棚主人介绍蘑菇的生长

图 10-12　了解蘑菇生长的秘密

图 10-13　学生介绍蘑菇的特点

图 10-14　学生带领幼儿参观菇棚

图 10-15　幼儿亲手采摘蘑菇

图 10-16　项目组与幼儿合影

第十一章 幼儿园心理环境创设案例

《幼儿园工作规程》中明确指出："在幼儿园教育活动中要将健康、语言、社会、科学、艺术各领域的教育内容，综合渗透于幼儿一日生活的各项活动中，充分发挥各种教育手段的交互作用。"顺应政策要求及幼儿的发展需要，幼儿园的仪式活动呈现出多种形式，同时也逐渐成为教育者和相关研究关注的焦点。

每周一在许多幼儿园固定举行的升旗仪式是一项重要的主题仪式活动，让幼儿通过一系列操作程序来纪念国家的诞生和建立。庄严的升旗仪式可以起到凝聚认识、宣示国威、展示国家形象、振奋民族精神的作用。人们对国旗的崇敬、对升旗仪式的崇敬，突显了一个国家公民意识不断提高的过程。因此，每一阶段的学校教育都非常重视升旗仪式活动，有研究者指出，相比于其他阶段的升旗仪式，幼儿园的升旗仪式形式简单、体验形式丰富，通过对国家象征符号的凸显、固定动作的反复操演以及身体习惯记忆和模仿，体现着国家记忆认同和群体记忆塑造的功能。

本章主要以"小小升旗手"国旗班为例，介绍幼儿仪式教育与幼儿园家园协同环境的心理环境创设。

"小小升旗手"国旗班家园协同环境创设

2021年2月,受福建省福州市马尾第二实验幼儿园委托,阳光学院儿童发展与教育学院与国防先锋社合作开展了"小小升旗手"国旗班集训,通过心理环境创设营造仪式感,协同家长参与活动,提升幼儿园的仪式教育水平的同时也改善了亲子互动、家园合作关系。

一、人格与体格教育相结合

为提高幼儿的国防意识、爱国意识,增强幼儿的自尊、自强、自立,坚定理想信念,发扬爱国之心和团结协作精神,特开设"小小升旗手"集训课程,让幼儿挑战四项闯关活动:首闯坚持关(在队列训练中学会坚持就是胜利),苦战训练关(团队协作训练中强健体魄,磨练意志),喜过情感关(增强爱心和团队精神),甩掉陋习关(改善拖拉、散漫、以自我为中心等问题)。

让幼儿体格得到训练的同时,在品格上也得到培养,让红色精神不再是纸上谈兵,而是让幼儿切身体会、知行合一。通过日常训练,帮助幼儿掌握基本的军事技能,提高爱国情怀,并学习如何升降国旗(如图11-1所示)。同时,也可培养幼儿负责、踏实、吃苦耐劳与团队协作的精神。

图11-1 国旗班仪式

"小小升旗手"集训旨在促进幼儿健康、快乐成长，在体验中学习，在学习中吸收，增强幼儿的责任感与守护国旗的使命感。在吸收中提升，增强人与人之间的互信与沟通，团结向上、认真活泼。通过活动训练，让幼儿在最短的时间内磨炼自信、自律、自强的意志，学会动静分明、遵守纪律、服从命令、不气馁的良好作风。

通过对幼儿明确纪律要求，帮助幼儿提升综合素质，具体如下：

①根据自主自愿的意愿参加国旗班训练营。

②拥有基本的生活自理能力，能清楚表达诉求和愿望。

③热爱祖国，拥护社会主义，拥有良好的行为习惯。

④愿意并且能够忍受训练营的训练内容和方式要求。

⑤集训过程中听从教官指示，服从教官安排。

⑥遵守集训纪律，在训练时不嬉笑打闹，不扰乱正常教学秩序。

二、以游戏闯关为活动形式

以《我爱五星红旗》绘本故事为情景，贯彻五大发展领域的要求，结合幼儿身心发展水平，以绘本导入为主，以游戏为载体，通过闯关集章模式制定活动。同时，为每个幼儿制定专门的集章与成长记录手册（如图 11-2、图 11-3 所示），可设置每日日志撰写模块、放置训练动作二维码等，方便建立家园联系与保存幼儿的学习历程。

图 11-2　成长手册封面

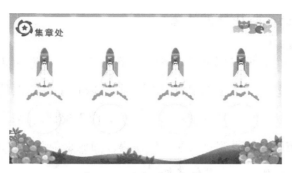

图 11-3 成长手册集章处

三、以每周升旗仪式培养仪式感

幼儿期是爱国主义教育的启蒙时期，也是塑造幼儿道德品质的最佳时期。而升旗仪式是爱国主义的重要培育途径，通过"小小升旗手"集训的一系列活动帮助幼儿树立在公共场所及活动中的仪式感。集训开始后，每组幼儿将轮流担任升旗手负责周一的升旗（如图 11-4 所示），进一步促进幼儿道德品质的培养与爱国情怀的提升。

（a） （b）

图 11-4 升旗仪式

四、家园协同强化集训效果

在本次活动中，家长需要全程配合，在选拔阶段帮助幼儿拍摄闯三关视频，参与征集选拔；在开营仪式中，需要参与家长了解集训的具体要求；在集训期间，需要协助幼儿拍摄视频日志，巩固白天集训内容；在集训结束后，需要参与视频访谈、填写调查问卷，反馈集训的成果与改进建议。

家长在活动过程中的主要任务如下：

①由于训练过程是在户外，且训练的项目较多，请为幼儿准备舒服的运动鞋。

②由于活动过程中有很多与地面接触的项目，请为幼儿准备宽松、耐脏的衣服。

③天气炎热，请为小朋友们准备水壶及防暑药品。

④根据教官每天下发的训练内容，帮助孩子录制视频进行巩固与复习。

⑤回家后及时对孩子提出适当的表扬，帮助孩子树立信心，可询问当天训练内容，帮助孩子锻炼口语表达与加深训练记忆。

⑥与孩子及时将每日收获记录在成长手册中，并根据手册内容进行训练的回课与留言，确保每日任务落实到位。

五、园所老师、教官搭配保证教育质量

为了弥补集训教官在学前教育专业上的不足，避免教官用成人化的方式训练幼儿，特设 5 位本园老师配合，负责充当幼儿与教官之间的桥梁（如图11-5 所示）。在这样的搭配之下，幼儿可以从熟悉的老师一方获得安全感，又可以从严肃的教官方认识到有别于日常的纪律感。

图 11-5　幼儿与本园老师组队

在活动策划中，对园所老师、教官和助教的具体分工和主要任务做出了明确的要求，具体如下：

1. 教官

①注意文明用语，尊敬老师、爱护幼儿，不得出现肢体攻击以及语言人身攻击，不得出现辱骂、侮辱等词汇（玩笑话也不可以）。

②教官示范、纠正幼儿动作，陪伴幼儿游戏、训练，配合老师训练。保持军人良好的作风习惯，站姿、坐姿、谈吐以及行为请保持军人的要求标准，起到示范作用。

③遵守时间，不迟到、不早退。如遇特殊情况无法带训，请提前一天向负责人请假。

④每次出操和收队都列队排好带回，避免稀稀拉拉的情况。

⑤在园所内不私下议论园所、幼儿、老师的情况，有问题或意见、有分歧有争议的地方一定及时和负责人沟通说明，情绪不波及小朋友和园所老师身上。

⑥以专业的态度对待训练科目，以耐心的态度对待幼儿。训练时，确保关注到所带队伍的每一个幼儿，并且确保幼儿安全。

⑦收队后到教官集合地，集中讨论、汇报、交流一天的收获，改进、反思意见。

2. 园所老师

①及时有效地与幼儿家长沟通，确认幼儿情况。与教官沟通交流幼儿的出勤、请假情况。

②把控课程的时间和进度，充当"主持人"的角色。充当教官和幼儿之间沟通的桥梁，配合教官进行训练教育活动。

③当幼儿身体不适或需要休息时，能运用科学的方法及时处理突发情况。

④遵守时间规定，准时准点，不迟到、不早退，如第二天需请假请提前一天跟负责人报备。

3. 助教

①负责与教官讲解活动方案，进行具体实施。播放每日歌曲，并且确保每个环节的推进以及检查第二天使用的物资装备情况。

②准备好绘本故事，融入训练活动之中。

③负责维持现场秩序，统筹全程情况。

④负责集章和物资统筹管理。

⑤负责人员的确认和任务安排。

六、创设真实体验的物质环境

通过准备海军作训服、道具、集章手册等材料，使每一位幼儿都能感受到成为一名军人的荣誉感，从装着和配件开始感受到升旗仪式的庄严感与仪式感。此外，还特别定制了符合幼儿身高的旗杆与国旗，使擎旗手可以较为轻松地扛起国旗（如图 11-6 所示）。

图 11-6　根据幼儿身高定制的国旗

其他物质材料具体如下：

①选拔道具：小喇叭、小床单和小被子。

②服装配件：小小升旗手服装（短袖）、徽章、配枪（玩具）各 30 套。

③闯关道具：穿越地雷阵的道具、旗语旗、匍匐前进的道具、烟饼（最后一天）、迷彩棒（最后一天）、队旗 5 面。

④集章材料：彩色卡纸（集章与成长手册），五角星印章。

⑤活动奖品：本次国旗班不设置物质奖励，通过幼儿印章的个人集数在地图上转换成步数印章。

七、通过视频日志和自制绘本帮助幼儿表达

活动要求家长协助幼儿每日进行视频日志的拍摄，并且不能对幼儿的表达进行过度干预，为幼儿创设一个自由、宽松的表达环境，帮助他们记录下每天的活动体验，疏解集训时紧张、严肃的氛围。此外，还请家长协助孩子自制绘本小书（如图 11-7 所示）。

图 11-7　幼儿自制的绘本小书

八、家长高度认可活动的成效

在本次活动的家长反馈问卷中，家长对本次集训的满意度高达 100%，纷纷表示孩子们在活动中成长了许多，收获颇丰（如表 11-1 所示）。在活动筹备之前，园长担心家长不配合每天协助幼儿拍摄视频日志，但在实际活动中，大部分家长非常配合，每天都能够及时提醒幼儿需要完成每日训练任务。在活动后的采访中，有家长表示自己的孩子变化非常大，当然这样的成长离不开园所老师、教官和家长的通力合作、全力配合。

表 11-1　国旗班家长反馈问卷

2021/3/12 20：19：27	真希望还有第二期培训
2021/3/12 20：46：29	希望以后可以多开展爱国主义精神的活动
2021/3/12 21：08：55	意义非凡的活动，对孩子的成长帮助功不可没，感谢幼儿园和阳光学院的倾心组织！希望每年都能组织
2021/3/12 21：13：47	非常好，建议多办
2021/3/12 21：35：57	很好，建议多办
2021/3/12 21：57：20	都很好
2021/3/12 22：07：28	非常好
2021/3/12 22：16：13	做得很好，无建议
2021/3/12 22：49：10	挺好的
2021/3/12 23：30：42	没有建议，只有感谢，感谢教官们，你们辛苦了
2021/3/13 01：02：33	很感谢学校举办了这次活动，让我看到了孩子不一样的一面，经过这次的训练，孩子变得非常积极，使命感变得很强，跟我们一起出门看到红旗会很兴奋地提醒我们那是五星红旗！为自己是升旗手感受自豪
2021/3/13 01：05：01	暂时没有
2021/3/13 08：24：28	非常棒的活动，希望校方多举行这样的活动
2021/3/13 09：06：37	辛苦你们了
2021/3/13 09：56：00	对本次活动比较满意，希望之后可以经常有这类活动，从小培养爱国情操很重要
2021/3/13 10：35：36	可以适当多增加些战术训练的时间，如匍匐前进，持枪训练等。应该让每个小朋友都体验一次升国旗
2021/3/13 10：59：42	本次活动意义非凡，希望下次还有很多机会参加这样的活动
2021/3/13 11：20：11	希望下次还会有此类活动
2021/3/13 11：45：52	本次活动特别棒！孩子自信很多
2021/3/13 12：18：16	暂无
2021/3/13 12：47：52	本次活动对幼儿爱国启蒙教育非常好，非常有意义。感谢学校，感谢教官和老师们
2021/3/13 13：15：42	活动非常棒，增强了孩子的自信心
2021/3/13 13：27：25	希望时间更长一些，这样可以更重点地训练，给她更多不一样的体验
2021/3/13 20：41：50	这次活动非常有意义，锻炼了学生的意志力。更是对×××同学自身成长的一次小小洗礼

第十二章　幼儿园主题环境创设

在当下幼儿园开展的多样活动形式中，绘本剧活动将绘本作为学前儿童戏剧教育的内容载体，让绘本与戏剧完美相遇，巧妙地将幼儿园五大领域的教学内容结合在一起，让孩子在沉浸式的角色扮演中开展学习。它不仅是丰富学前儿童语言教育活动的一种教学手段，更重要的是，开展绘本剧活动还能启蒙幼儿的戏剧艺术素养，释放幼儿原本就有的艺术潜在行为，激发其表演欲，传递美、感受美。

幼儿绘本剧活动是幼儿在阅读了解绘本内容的基础上，熟悉绘本角色，理解故事情节，参与角色塑造，进行创作表演等一系列活动，包括剧本选材及改编、角色塑造、道具设计与制作、音乐设计、剧本排练与表演等活动环节。本章的绘本剧活动以 5-6 岁的大班幼儿开展的《雪龙冰海》绘本剧活动为切入点，将设计的各个活动渗透在《雪龙冰海》的主题教育活动中，通过集体教育活动、区域教育活动以及两者相结合的多种教学形式开展活动。

大班《雪龙冰海》绘本剧主题活动环境创设

一、主题由来

我们都生活在陆地，很少去冰雪极地，极地是地球上冰雪最多、最寒冷的地方，然而，令人意外的，很多动物都生活在这片冰海雪原里。幼儿也对冰雪极地产生了莫大的好奇和兴趣，通过与幼儿讨论对冰雪极地的了解，最后决定结合绘本《雪龙冰海》开展此次主题活动。《雪龙冰海》这一绘本讲述了"雪龙号"多次赴极地执行科学考察与补给运输任务，航迹遍布四大洋，创下了中国航海史上多项新纪录的故事。该绘本以手绘图片的形式，给小读者展现神秘的"雪龙号"的方方面面，让他们在了解地球上的极地和这艘科考船的同时，知道它为中国及世界各国所做的贡献，学习"雪龙号"的龙马精神。

二、绘本剧活动目标

①理解故事内容，学习分析各角色的性格特征、工作内容。

②掌握各角色的对话及动作，知道各角色的出场顺序，能大胆地表现自己所扮演的角色。

③能在语言、动作、表情等方面大胆地表现角色的性格特征。

④能利用补助材料创设游戏材料场景，与同伴协商、轮流扮演角色合作表演。

⑤知道认真观看他人表演，养成耐心等待的良好品质。

⑥根据自己对作品的理解，在语言、动作、表情等表演上进行创编，更生动地表现角色的性格特征。

⑦学习协商、分配角色，尝试解决表演中出现的简单问题。

⑧学习创编故事情节，发展创造力。

⑨能较客观地评价自己和他人的表演，听取他人对表演有帮助的建议。

三、领域活动目标

《雪龙冰海》绘本剧的各领域活动目标如表 12-1 所示。

表 12-1 《雪龙冰海》绘本剧的各领域活动目标

健康	1. 能用纸板行走、跳、掷等。 2. 培养敢于挑战，战胜困难的能力。
语言	1. 了解"雪龙号"的故事，能掌握并复述出主要情节脉络。 2. 发现故事中"雪龙号"的特点，体会阅读绘本的乐趣。
社会	1. 了解科考队成员的主要人员构成、分工及其特长。 2. 理解助人为乐的精神。
科学	1. 了解"雪龙号"船舱内的主要功能室，知道各功能室的注意事项。 2. 了解极地与四季的不同之处。 3. 有细致的观察力与比较力，会根据不同标准对极地的用品进行分类。 4. 知道极地应该注意防寒保暖。 5. 了解严寒时如何取暖，尝试探索取暖的方式并进行实验。
艺术	1. 了解"雪龙号"的基本结构，能够尝试绘画"雪龙号"。 2. 了解各种类型与功能的船，尝试用多种材料制作船。

四、主题网络图

《雪龙冰海》主题网络图如图 12-1 所示。

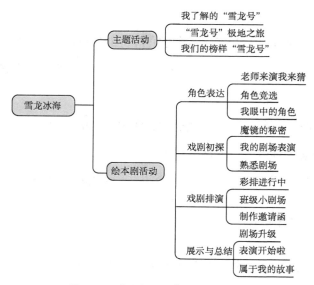

图 12-1 《雪龙冰海》主题网络图

五、主题环境创设

幼儿园主题环境创设应配合正在进行的课程内容，提供班级环境上的支持，助力幼儿能够沉浸于主题相关的经验中，获得各种互相连贯延伸的学习。因此，在幼儿园开展《雪龙冰海》主题课程的过程中，可进行下列的环境创设布置（如图 12-2、图 12-3、图 12-4、图 12-5 所示）：

★　在第一周活动期间，可以在主题墙上粘贴"雪龙号"航海时遇到的人和物。

★　在活动《我了解的"雪龙号"》结束后，将幼儿制作的船粘贴或摆放在班级里。

★　在活动《"雪龙号"极地之旅》结束后，将幼儿活动时的照片粘贴在班级墙上。

★　在活动《我们的榜样"雪龙号"》进行时，准备一面空白的墙，让幼儿用自己喜欢的材料在墙上创作。

★　在活动绘本剧排演过程中，在主题墙上粘贴幼儿在排练过程中的照片。

图 12-2　角色竞选的主题墙

图 12-3　绘本剧相关主题墙

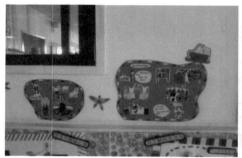

图 12-4　主题调查结果展示

图 12-5　走廊上的主题墙

六、区域环境创设

在环境创设方面，通过区域环境材料的投放、主题墙的创设、区域进区卡等设置（如表 12-2 所示），结合雪域风采，营造故事氛围，以支持《雪龙冰海》绘本剧的开展（如图 12-6、图 12-7、图 12-8、图 12-9 所示）。

表 12-2 《雪龙冰海》绘本剧区域环境创设规划

区域	投放材料	投放规则
美工区	材料：画纸、超轻黏土、纸板、海绵纸、丙烯颜料、棉花、海绵、泡泡纸、吸管、扣子 工具：剪刀、排刷、印泥、木块	在《我了解的"雪龙号"》活动后投放
益智区	形状玩具、自制地图	在《"雪龙号"极地之旅》活动后投放
图书区	《雪龙冰海》《千万别去当海盗》《海盗不换尿布》《爱盖章的国王》《黑国王和白国王》等绘本	在每个故事结束后投放
建构区	木条、塑料积木等，以及一些有助于场景表达的材料	根据幼儿的兴趣投放
科学区	磁铁，指南针，铁屑盒子，不同密度的物品（木球、橡皮泥、瓶盖等），水缸，彩虹糖（不能吃），盘子，纸杯	在《"雪龙号"极地之旅》后投放
角色区	"雪龙号"的船舱设置，包括舱内的各类物品和各种职业服装	在《我了解的"雪龙号"》后投放
表演区	彩色的发型、眼镜、拐杖、不同职业的服装标志、滑稽的造型等	根据幼儿的认知和兴趣投放

图 12-6　幼儿用黏土制作的企鹅

图 12-7　幼儿绘制的企鹅线描画

图 12-8　幼儿读完绘本尝试画出
　　　"雪龙号"的结构

图 12-9　教室中的海洋元素

七、第一阶段——角色表达

在第一阶段，幼儿通过老师的引导，学习理解绘本故事内容，了解绘本中的主要故事情节及角色的特点，体验故事角色与内容。

（一）活动名称：老师来演我来猜

1. 预设目标

①理解绘本故事内容，知道绘本中的人物、设施及动物等。

②能根据动作猜测扮演的角色，初步体验故事角色与情节。

2. 活动准备

①经验准备：看过绘本《雪龙冰海》，观看过关于"雪龙号"、极地环境动物的视频，对"雪龙号"、极地等内容有一定的认识，已熟悉过剧本。

②材料准备："雪龙号"图片、各角色标志贴、抽签箱。

③环境创设：空旷的表演场地。

3. 活动过程

（1）谈话导入，激发幼儿游戏经验。

引导语：我们中国有一艘非常厉害的船，它经常前往极地进行探索，还非常乐于助人，你们知道它是谁吗？

（2）进一步熟悉绘本剧内容。

★ 以游戏形式提问，了解"雪龙号"上的各个舱室及作用。

引导语：你们知道"雪龙号"上都有哪些舱室吗？让我们来接龙回答吧。

★ 了解"雪龙号"上的人员及工作内容。

引导语："雪龙号"上都有哪些人员？他们是做什么的？

★ 出示各角色图片，引导认识角色标志图。

引导语：我这有绘本剧里所有角色的标志图，让我们一起来看看吧。

（3）分角色初次体验绘本剧，尝试创编对话。

★ 出示抽签箱，确认角色分组（如图12-10所示）。

引导语：瞧，我这有一个什么？里面装着绘本剧里的所有角色，现在让我们来抽签确定要表演的角色吧。

★　确认成员，分组表演（如图12-11所示）。

第一组：雪龙号（老师饰），船长、副船长、水手、天文学家、动物学家、海洋学家、直升机、机长、记者。

第二组：南极光号，船员；院士号（老师饰）、船员。

第三组：西风、海浪、冰块、北极熊、企鹅。

★　引导幼儿创编对话内容，初步进行角色串场互动。

引导语："雪龙号"会怎样介绍自己？各个船舱又可以怎样介绍自己让他人印象深刻？怎样用身体变成一艘船呢？可以怎样开动？被冰块困住时会做些什么？可以怎么说、怎么表现呢？

（4）活动分享。

引导语：今天我们第一次表演了《雪龙冰海》，一起喊了口号："雪域方舟，龙马精神"，大家玩得开心吗？相信你们都有自己喜欢的角色，小朋友们回家可以和爸爸妈妈一起讨论自己喜欢的角色，查阅相关的资料丰富知识，下一次我们就要选出角色啦。

图12-10　老师出示抽签箱

图12-11　老师引导幼儿分组表演

（二）活动名称：角色竞选

1. 预设目标

①能积极参与角色竞选活动，在集体面前勇敢地表现自己。

②会认真观看他人的表演，倾听他人的评价，知道自己表演时的不足与优点。

③享受与同伴公平竞争角色，合作表演绘本剧的快乐。

2. 活动准备

①经验准备：对绘本剧故事内容熟悉，对角色对话内容熟悉。

②材料准备：统分表、角色卡贴。

③环境创设：将椅子摆放为两排的半弧形。

3. 活动过程

（1）设计情境，导入话题。

★　抛出话题，激发幼儿表演兴趣。

引导语：最近我们在做绘本剧活动《雪龙冰海》，在《雪龙冰海》中，都有哪些角色呢？我们一起来看一看。（出示角色表）

引导语：你想演哪个角色？大家都想演同一角色，怎么办？

★　引导幼儿使用角色竞选的方式选拔演员。

引导语：前几天我们已经熟悉了《雪龙冰海》的故事，了解了其中的人物、角色，每个角色都有固定的参演人数。

小结：现在我们就来角色PK吧，请所有想演同一个角色的小朋友上台轮流演一遍，再请其他小朋友站队投票，谁的支持者多，就谁当选。

（2）根据幼儿意愿，请幼儿自主参加。

★　竞选开始。

引导语：请自愿参加竞选"雪龙号"的小选手到台上来，不参加的小朋友都是评委。

★ 幼儿自愿报名参加表演（如图 12-12、图 12-13 所示）。

★ 老师发选手号码牌，以及评委的绿牌和红牌。

★ 老师解说竞选规则。

a. 竞选要进行两轮竞赛，今天我们进行第一轮的角逐"看看谁过关"。

b. 每位选手结束表演后，请评委点评。（举起绿牌表示能进入下一轮）

c. 红牌表示这位小选手被淘汰了，注意：只有晋级的小选手才能进入下一轮。

（3）第一轮竞选活动结束。

第一轮表演结束后，老师宣布进入下一轮竞选的选手名单。

a. 主持人根据票数统计，绿牌最多的选手进入下一轮竞演。

b. 请被淘汰的选手讲讲失败后的感言。

c. 请进入下一轮竞选的选手讲讲成功感言。

d. 再次以热烈的掌声送给这些小选手，无论成功还是失败，都是最棒的！

图 12-12　幼儿展示才艺　　　　　图 12-13　激烈的舞蹈 battle

（三）活动名称：我眼中的角色

1. 预设目标

①能大胆尝试用合适的肢体、表情、语言和声音表现角色，体验角色的复杂情感。

②会大胆地用手工作品表达对角色的理解和看法。

③喜欢扮演的角色，能积极地与同伴互动表演。

2. 活动准备

①经验准备：表演过绘本剧《雪龙冰海》，进行了角色竞选。

②材料准备：自制的角色作品、各角色图片及相关视频。

③环境创设：空旷的场地。

3. 活动过程

（1）回忆绘本剧中的角色。

引导语：你们还记得《雪龙冰海》里都有哪些角色吗？

（2）多种形式感知角色的复杂情感。

★ 引导幼儿用声音、表情、语言、肢体表现不同角色的性格特征。

引导语：你心中的"雪龙号"是什么样的？是活泼爱笑的？还是冷静酷帅的？它是怎么说的？你觉得可以用什么样的动作和声音来表现？什么样的表情表现更符合它的形象？当它救助他人成功时，会是什么样的心情？可以怎样说？怎样表现？

★ 幼儿借助作品表达自己对角色的理解。

引导语：你们都有自己的角色，让我们带着自己的作品上来说一说，你知道的和你想表现的角色是什么样的，有什么样的性格特点，会说些和做些什么？

（3）幼儿分组表演，老师入戏指导（如图 12-14 所示）。

★ 重点指导幼儿用声音、动作、表情表现角色特征的情况。

★ 引导幼儿大胆表演，观察幼儿与同伴友好互动的情况。

（4）分享回顾。

表演活动结束后，老师要引导幼儿回顾活动过程，分享活动后的感想（如图 12-15 所示）。

引导语：你今天是怎样表现你的角色的？你们觉得合适吗？为什么？还可以增加或者调整什么？

图 12-14 幼儿分组展示　　　　图 12-15 老师引导幼儿回顾与分享

八、第二阶段：戏剧初探

在第二阶段，幼儿开始尝试探索戏剧中的基本元素，例如服装、道具、场景的布置等内容，了解舞台的结构，掌握基本的戏剧知识与能力。

（一）活动名称：魔法的秘密

1. 预设目标

①能够根据角色的特点，选择合适的材料制作服装、道具，进行装扮。

②能大胆地表达自己的想法，会按照故事情节进行场景的布置。

③能较客观地评价自己和他人的作品，听取别人的建议。

2. 活动准备

①经验准备：表演过绘本剧《雪龙冰海》，能够用声音、动作、表情等表现不同角色的特点。

②材料准备：白布、大纸板、彩笔若干。

③环境创设：创设海洋场景。

3. 活动过程

（1）回忆上次游戏情况，激发幼儿参与游戏的兴趣。

引导语：上一次的游戏中，我们一起表演了绘本剧《雪龙冰海》，让我们一起来看看吧，你觉得谁表演得好？为什么？

（2）激发幼儿参与道具制作的兴趣，共同制作表演道具。

★ 引导幼儿尝试添加道具装饰，感受道具的作用（如图 12-16、图 12-17、图 12-18、图 12-19、图 12-20、图 12-21 所示）。

引导语：你觉得还可以增加些什么来使我们的表演更加有趣呢？

★ 讨论需要用到的辅助材料及装饰方法。

引导语：你想给什么角色制作什么道具？用什么材料制作？怎样装饰？

★ 引发幼儿思考合作分工。

引导语：一件好用、美丽的道具一个人做起来需要很长的时间，有什么办法能解决？我们该如何分工合作呢？

（3）幼儿分组活动，老师巡回指导。

①重点指导幼儿使用辅助材料进行道具制作装扮的情况。

②观察、引导幼儿分工合作布置表演场地的情况。

（4）交流与分享。

引导语：你们为哪个角色制作了道具？利用了什么辅助材料？你们最满意哪个道具的使用？在布置场地的时候遇到了什么困难？

图 12-16　幼儿绘制船体

图 12-17　幼儿共同制作海洋场景

图 12-18　幼儿试穿自制冰块

图 12-19　幼儿绘制海浪墙面

图 12-20　幼儿自制小鱼干

图 12-21　幼儿自制海浪

（二）活动名称：我的剧场表演

1. 预设目标

①知道剧场的功能、规则与礼仪。

②了解上下场的位置，能够进行角色之间的配合。

③感受和同伴合作表演绘本剧的快乐。

2. 活动准备

①经验准备：已进行过分组表演，对自己的角色和表演内容熟悉。

②材料准备：自制的各角色的服装、道具、PPT 课件、音乐。

③环境创设：多功能厅舞台。

3. 活动过程

（1）谈话，激发幼儿兴趣。

引导语：我们的绘本剧《雪龙冰海》马上就要进行展示了，我们演出需要有一个表演的小剧场，你们觉得可以在哪里表演呢？

（2）了解剧场的功能、规则与礼仪。

①通过提问，了解剧场大致的组成部分、功用及需遵守的规则。

提问：你们知道剧场有哪些功能吗？分别有什么作用？我们在看表演的时候需要遵守哪些规则，怎样才是文明观看呢？

小结：剧场内有很多的功能室，有舞台表演区、观众席、表演者的后台准备区，还有管控音乐和照明的音控室、照明区等（如图12-22、图12-23所示）。在剧场里看表演时，我们需要遵守的规则和礼仪包括：保持安静，手机要静音，不可以随意走动，表演结束后要鼓掌，过程中认真观看不鼓掌干扰等。

②通过讨论熟悉舞台场地，商讨上下舞台方位及角色配合的方式。

提问：我们的舞台都有哪些部分组成？哪里是后台？我们可以在后台准备什么呢？在后台准备的时候我们需要注意什么？你们觉得我们从哪里上下台方便？怎样才能让我们的表演更加顺利？小演员们要怎么配合？

小结：我们的舞台也有表演区、观众席、后台、候场区，在后台准备的时候要注意轻声说话不吵闹，有序地等待上台。根据故事情节需要确定好上下舞台的方位，认真观看并了解故事的发展，及时地上台表演，和同伴互相配合才能让表演顺利进行。

（3）幼儿分组，熟悉舞台。

①重点指导幼儿熟悉舞台，懂得表演的流程和角色的站位，做到有序地准备和表演。

②观察各组相互配合的情况，及时进行引导。

（4）交流与分享。

引导语：今天我们进行了一次完整的表演，你们有什么感受？在下一次的表演中，还需要注意什么？想要增加什么道具让表演更精彩？

图 12-22 幼儿参观后台 　　　 图 12-23 幼儿参观音控室

（三）活动名称：熟悉剧场

1. 预设目标

①能明确全剧的内容，知道自己表演的剧目，能在提示下有序上场与退场。

②在音乐、旁白的提示下，和同伴一起有序上下场。

③遵守剧场规则，演好自己的角色。

2. 活动准备

①经验准备：已经熟悉绘本剧内容，熟悉过舞台，有舞台表演的经验。

②材料准备：各角色服装、表演道具、音乐、PPT 课件。

③环境创设：多功能厅舞台。

3. 活动过程

（1）老师巩固剧场规则，激发幼儿完成全剧连排的兴趣与信心。

引导语：上一次我们一起熟悉了舞台，知道了怎样能够更加顺利地表演，今天我们就要开始表演彩排啦！谁来说说在剧场需要遵守什么规则？

（2）幼儿彩排，老师拍摄过程。

①第一次完整彩排，引导幼儿能听音乐有序上下场。

引导语：你们都说得很好，现在我们就要开始彩排喽。

②观看录像回放，组织讨论。

讨论重点：候场安静，上下场有序。

提问：你有什么问题吗？可以怎样改进？应该怎样做？你觉得谁演得最认真？从哪里看出来他是认真的？你怎样才会记得什么时候上场呢？（看同伴、听老师指示、注意力要集中；自己不演的时候，就看别人演；不能开小差）

③第二次完整彩排，及时跟进问题。

引导语：我们发现了表演中的问题，也找到了解决问题的方法，现在让我们一起来试一试这些方法，再表演一次，看看表演是不是更加顺利。

（3）讨论道具材料的收放。

①回顾表演情况，讨论提升方法。

引导语：用上了这些方法后，你觉得表演得如何？还存在哪些问题？我们可以怎样解决？

②讨论道具收放的方法。

引导语：这么多的道具，我们怎样收放会更加方便下一次的表演呢？

（4）活动结束与延伸。

引导语：我们的绘本剧《雪龙冰海》马上就要演出了，需要邀请客人来观看我们的演出，可以用什么方法邀请人来参加呢？

九、第三阶段：戏剧排演

在第三阶段，幼儿已经基本熟悉了绘本剧的主要情节，了解各自角色的分工与合作，在此阶段需要进行重点彩排，能够掌握基本的上下场、音乐配合等能力。

（一）活动名称：彩排进行中

1. 预设目标

①能明确全剧的内容，知道自己表演的剧目，能在提示下有序上场与退场。

②在音乐、旁白的提示下，和同伴一起有序上下场。

③遵守剧场规则，演好自己的角色。

2. 活动准备

①经验准备：已经熟悉绘本剧内容，熟悉过舞台，有舞台表演的经验。

②材料准备：各角色服装、表演道具、音乐。

③环境创设：多功能厅舞台。

3. 活动过程

（1）回顾上次游戏，激发幼儿完成全剧连排的兴趣与信心。

引导语：在上一次的表演中，我们共同发现了北极熊来抓海洋学家的时候，海洋学家没有逃跑的问题，你们觉得应该怎么表现比较好？在表演的过程中发现了什么问题？可以怎么解决？

（2）师幼共同提出游戏要求。

引导语：我们的绘本剧表演《雪龙冰海》马上就要开始了，谁来说说在剧场时需要遵守什么规则？

①认真观看他人表演，及时上下场进行角色间的互动。

②不在台上随意走动、打闹。

③能跟随音乐大胆地用动作表现自己的角色。

（3）幼儿进行完整彩排。

①完整彩排，引导幼儿能听音乐有序地上下场。

引导语：你们都说得很好，现在我们就要开始彩排喽，要把刚刚说的那些方法用上哦，看看会不会更顺利。

②幼儿表演，老师关注幼儿表演情况，及时引导与提醒。

★ 重点观察、引导幼儿认真观看表演，及时引导上场与退场。

★ 引导幼儿用语言、动作、声音表现各个角色，巩固对话内容。

（4）分享与点评。

引导语：谁来说说刚才的表演中，你觉得谁演得最认真？为什么？你觉得这次的表演中还存在什么问题？可以怎样改进？

（二）活动名称：班级小剧场

1. 预设目标

①在表演中能创造性地运用语言和肢体动作等表现对剧情及角色的理解。

②感受"雪龙号"前往极地考察时的勇往直前，享受表演的快乐。

③在绘本剧的表演中，能积极、自信地参与演出活动，大胆地用目光与观众、同伴交流。

2. 活动准备

①经验准备：有绘本剧演出经验，明确本次演出的剧情，对自己的角色有信心。

②材料准备：服装、道具、电脑、音响设备、钢琴、PPT 课件等。

③环境创设：创设绘本剧情境。

3. 活动过程

（1）回顾上次游戏，激发幼儿表演绘本剧的兴趣，提升表现方式。

引导语：瞧，他们是谁？你们觉得他们表演行怎么样？为什么？你们觉得用什么动作表现比较好？还可以说些什么呢？在表演的过程中，还发现了什么问题？可以怎么解决？

（2）师幼共同提出游戏要求。

引导语：我们的绘本剧表演《雪龙冰海》马上就要开始了，谁来说说在剧场时需要遵守的规则？

①不在台上随意走动、打闹。

②认真观看他人表演，及时上下场进行角色间的互动。

③能跟随音乐大胆地用动作和语言来表现自己的角色。

（3）幼儿进行完整彩排。

①完整彩排，引导幼儿能听音乐有序地上下场。

引导语：每一个人都有属于自己的角色，想一想还可以用什么动作和语言来表现你的角色，在台上大胆地表现出来。现在我们的绘本剧即将开始，记得把刚刚说的那些方法用上哦，准备好了吗？让我们候场吧！

②幼儿表演，老师关注幼儿的表演情况，及时引导与提醒。

★　重点观察、引导幼儿大胆、创造性地用动作、语言表现角色的情况。

★　关注幼儿在舞台上的表现，引导幼儿遵守舞台礼仪。

★　认真观看表演，及时引导上场与退场。

（4）分享与点评。

引导语：你们觉得今天的小企鹅表现得怎么样？你们最喜欢谁表演的小企鹅？为什么？你觉得今天谁演得最认真？为什么？在这次的表演中，你觉得还有哪里不够好？可以怎样改进？我们的绘本剧《雪龙冰海》马上就要演出啦，我们要怎么样邀请人来观看呢？

（三）活动名称：制作邀请函

1.预设目标

①知道邀请函包括的内容，尝试围绕活动主题，自己设计舞台剧邀请函。

②了解邀请函的含义，并尝试自己设计。

③在设计邀请函的过程中，与同伴合作及互相学习，努力完善自己的作品。

2.活动准备

①经验准备：有过设计贺卡的经验。

②材料准备：不同的邀请函图片3份，白纸人手一张，水彩笔，油画棒，事先打印好文字（时间、地点、内容的邀请函半成品）。

3. 活动过程

（1）谈话导入，引发活动兴趣。

引导语：我们马上要公演绘本剧了，你们想邀请哪些人来看呢？

（2）交流、讨论邀请函包含哪些内容。

①谈话引出邀请函。

引导语：怎样才能邀请别人来看我们的绘本剧呢？制作邀请函时，邀请函上要包括哪些内容？

小结：邀请函要有邀请人、活动内容、时间、地点。

②观看图片，了解邀请函的基本做法。

引导语：这张邀请函包含了哪些内容？你是怎样看出来的？

小结：邀请函的图画很重要，画面设计要表现活动的内容。如果我们要宣传绘本剧，就要画上和绘本剧有关的东西，不会写的文字可以请老师帮忙先打印好或者写好。

（3）讨论：我们可以画上哪些元素来表现绘本剧？

引导语：要让别人从邀请函上看到我们要演绘本剧，可以画上什么图案来表示？（幕布、剧场、戏剧中的角色形象等）。

老师可以一边组织幼儿讨论，一边用简笔画的方式画出幼儿讨论的元素。

（4）幼儿制作邀请函，老师巡回指导。

①重点指导幼儿思考后自制邀请函（如图12-24所示），而且要体现绘本剧中的人物或情节。

②观察、引导幼儿在绘图方面尽量画大一点儿。

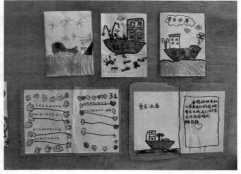

（a）　　　　　　　　　　　　　　（b）

图12-24　幼儿自制邀请函

十、第四阶段：展示与总结

在第四阶段，幼儿已经在老师的指导下做好了演出的准备，进行正式演出。在正式演出之后，如果幼儿对故事内容还是很感兴趣，老师可以引导幼儿进一步拓展——续编故事。

（一）活动名称：剧场升级

1.预设目标

①能根据自己所扮演的角色，丰富对话、动作等，进一步尝试用声音表现情绪的变化。

②会在音乐的提示下及时候场，做好表演准备。

③能自主穿着角色服饰和道具装扮相应的角色，感受合作表演绘本剧的快乐。

2.活动准备

①经验准备：有舞台剧演出经验，对自己的角色信息比较了解。

②材料准备：服装、道具、舞台背景、电脑、音响设备、PPT课件等。

③环境创设：创设绘本剧情境。

3. 活动过程

（1）回顾上次游戏，激发兴趣。

引导语：上一次的小企鹅你们觉得表现得怎么样？他们是怎样表现的？

（2）讨论如何丰富表演情景、对话内容。

①引导幼儿进一步了解各自的角色。

引导语：你扮演的是什么角色？你还可以用什么动作来表现出角色的特点？如果你是"雪龙号"，你会用什么样的动作和声音来表现"雪龙号"的自豪呢？

②邀请个别幼儿上台展示。

③确定丰富的情节和对话内容。

引导语：经过小朋友们的相互讨论，提出建议和展示，每个角色又有了属于他们自己的特点的对话和动作，让我们一起选出最适合的吧。

（3）绘本剧展示。

①老师重点观察、指导各角色新增的对话、动作的表现情况，对幼儿的语音、语调变化及时给予引导。

②观察、指导幼儿舞台的站位，引导幼儿面朝观众、声音响亮（如图12-25、图12-26所示）。

（4）分享交流。

引导语：你最喜欢今天谁的表演？为什么？觉得还可以怎样表现会更棒？

图 12-25　老师指导幼儿舞台站位　　　　图 12-26　幼儿走台

（二）活动名称：表演开始啦

1. 预设目标

①能根据故事内容，在音乐的提示下有序上下场。

②会用连贯的语言和生动的肢体动作等表现各角色。

③喜欢表演绘本剧，在表演中能积极自信地参与演出活动。

2. 活动准备

①经验准备：有舞台剧演出经验，明确本次演出的剧情，对自己的角色有信心。

②材料准备：服装、道具、舞台背景、电脑、音响设备、PPT 课件等。

③环境创设：创设绘本剧情境。

3. 活动过程

（1）幼儿在班级各自分组装扮区进行装扮。

①师生讨论装扮时的活动要求。

引导语：我们的绘本剧表演马上要开始了，拿道具的时候需要注意什么？我们怎样装扮自己会更快更美呢？遇到困难的时候可以怎么办？脱下的衣服可以怎样收放？

小结：道具要轻拿轻放，注意不要损坏道具，在装扮自己的时候可以与同伴共同讨论、互相帮助，积极动脑筋解决简单的问题，安静有序不吵闹。

②幼儿分组进入装扮区装扮，老师巡回指导，为幼儿提供帮助。

老师引导幼儿自己穿演出服，并把换下的衣服整理好，放在自己的椅子上。

（2）进入多功能厅，在舞台下面、后台及等候区分组候场，准备表演绘本剧。

①演员上台，放好自己的演出道具，工作人员各就各位。

②演出正式开始（如图 12-27 所示）。

（3）演员谢幕，与观众合影留念（如图 12-28 所示）。

图 12-27　老师指导幼儿舞台站位　　　　图 12-28　幼儿走台

（三）活动名称：属于我的故事

1. 预设目标

①能大胆地表达自己表演绘本剧的感受。

②尝试进一步想象情节的发生与发展，创编故事内容。

2. 活动准备

①经验准备：对故事熟悉，表演过绘本剧。

②材料准备：各角色服装、表演道具、音乐、PPT 课件等。

③环境创设：《雪龙冰海》的情境。

3. 活动过程

（1）回顾上次表演，激发幼儿兴趣（如图 12-29 所示）。

引导语：我们上一次的表演非常成功，你最喜欢哪个情节的表演？为什么？

（2）激发幼儿的想象力，大胆创编故事情节。

①激发幼儿创编故事的兴趣。

引导语：你最喜欢绘本剧里的哪一段情节？为什么？你们觉得还可以增加哪些情节可以让它变得更有趣？

②了解要让剧情变得有趣需要有冲突产生，也需要有解决的方法。

引导语：想要让我们的绘本剧更加精彩，那就需要有一个新事件发生。要知道发生的新事件的原因，还要想出解决这个事件的办法，现在谁愿意来说一说自己的想法？我们一起来创编新的故事情节。

③师幼共同讨论创编故事新情节（如图 12-30 所示）。

（3）讨论确定的创编情节，幼儿分组进行表现。

①重点指导幼儿新情节的表现方式、配合情况。

②观察、引导幼儿运用语言、动作、表情等表现角色的情况。

（4）分享交流。

引导语：你们喜欢今天创编出的新的故事情节吗？喜欢谁的表现？为什么？还可以有什么不同的故事情节？

图 12-29　幼儿回顾表现

图 12-30　小组进行讨论

十一、结语：环境是舞台，幼儿是主角

在《雪龙冰海》绘本剧的开展过程中，班级的环境创设为幼儿进入情境奠定了基础。幼儿和老师一起将教室布置成以蓝色调为主的"雪域世界"，使幼儿身临其境。在课程第一阶段，为了帮助幼儿充分了解绘本故事，老师引导幼儿仔细观察绘本中的"雪龙号"，并引导孩子画下心目中的"雪龙号"，和幼儿一起制作用于救援的直升机，绘制北极熊、企鹅等动物，并将这些作品装饰在教室环境中，提升幼儿参与环境创设的成就感。在第二阶段中，老

师引导幼儿一起动手制作服装和道具，在制作的过程中，幼儿对自己扮演的角色有了更深入的认识，了解了机长、厨师等职业需要穿什么样的服装，创造性地制作了冰块、海浪式的服装。在制作服装和道具的过程中，幼儿对这些角色的兴趣也加深了。第三阶段里，课程的重点就放在了排演上，老师通过拍照、录像的形式及时地记录下幼儿们排练的成果，并展示在绘本剧主题墙上，使幼儿感受到每次排练的进步，以及绘本剧从诞生到发展的完整过程。在最后一个阶段，老师通过完整的主题环境的创设，引导幼儿在表演完之后进行回顾与思考，分享自己在活动过程中的收获，并引导感兴趣的幼儿继续创编故事，为幼儿的沉浸式学习提供桥梁。

幼儿园是幼儿学习的舞台，如何帮助幼儿在学习中成为主角，而且能够自然地挥洒、快乐地展现自我，取决于老师如何创建适当的舞台。在老师与幼儿共舞的教与学的互动中，愿所有的老师都能成为优秀的环境魔法师。

第十三章　融情于"境"，赋能于"心"

　　学前教育专业师范生是未来的园丁，身担重任，针对学生教育信念不足、自我效能感较低、学习功利性较强等教学"痛点"问题，"幼儿园环境创设"课程从"心"出发实施教学创新。课程践行"立德树人""协同育人"的理念，按照教育部发布的《学前教育专业师范生教师职业能力标准（试行）》进行课程重构，构筑"全环境育人"体系。经过四轮三阶段的变革，课程教学取得了较为明显的育人成效和专业效能，被评为省级社会实践一流本科课程。本教材正是基于课程教学改革诞生的产物，希望能给教育同行们带来更多的教学设计新思路。

一、问题何在：痛在"心"间

　　本课程教学的持续变革是基于对高校学前教育专业人才培养与幼儿园工作岗位实际需求相脱节所引发的矛盾，通过对学生、园长与校外导师的调研访谈，发现学生的教育信念不足、自我效能感较低、学习功利性较强等问题，这些反映出教学出现的"心病"。

（一）教育信念不足

　　在课程调研访谈中，L园长表示当前"00后"一代出现了教育信念不足等问题，具体表现为新任幼儿教师上手难、离职率高等现象。当前就业市场对于幼儿教师这一工作岗位的需求极大，但学前教育专业师范生在修读完大学四年后往往会出现不能坚定地选择到幼儿园就业的情况，造成幼儿教师岗位存在大量缺口等问题。L园长希望高校的人才培养应重视学生的教育信念的培养，只有"未来园丁"们有信仰，能坚定地投身到幼儿教育事业中，对幼儿教育充满热情，国家才有希望。

（二）自我效能感低

在课堂主题的讨论中，学生对未来担任幼儿教师岗位表现出较多的担忧，从词云分析来看，学生使用较多的是消极词汇（如图13-1所示），体现了较低的自我效能感。在课程调研访谈中，Z学生谈到她对未来要入职幼儿园感到焦虑，她认为"学校教的和幼儿园的实情不一样"，也就是高校师范生培养体系与幼儿园工作岗位的实际需求存在着较大的落差。

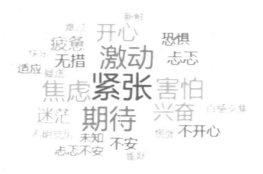

图 13-1　超星学习通主题讨论词云

（三）学习功利性较强

学生受就业压力的影响，学习存在较大的功利性和盲从性。在一场本科高校专业的教研会议中，C老师分享道，学生经常会在期末考试的时候要求老师"划重点"等"临时抱佛脚"的情况。L老师也表示同感，她指出，有学生认为老师在课上教授的内容《教师资格证》考试时不会考，便消极对待，这体现出了其较强的功利心，偏离正确的价值观，与学前教育专业师范生的人才培养目标背道而驰。

由此可见，传统的幼儿园环境创设课程在考核方式上主要考查学生的物质环境创设作品的成果展现，缺少过程性的综合评价，对学生的师德师风的养成、教学设计的思路缺乏积极正向的引导，忽视了鼓励思辨、包容创造等课堂心理环境的营造。

二、出路何在：从“心”出发

为解决上述难点，笔者在进行幼儿园环境创设课程的过程中，与校外优质教育实践基地达成协同育人共识，构建全环境育人的教育生态，培育具备思辨实践能力的高素质学前教育专业人才。

（一）“全环境”变革理念与思路

以教育生态学为理论基础，从教育共同体视角出发，同心同向、互联互动优化教育生态，打造“全环境育人”的教育共同体（如图 13-2 所示）。

首先，以实现高度认同社会主义核心价值观的价值立场和实现“立德树人”根本任务为价值目标，形成目标一致的高校学前教育专业教育价值共同体，在此基础上构建教学共同体、评价共同体与实践共同体。

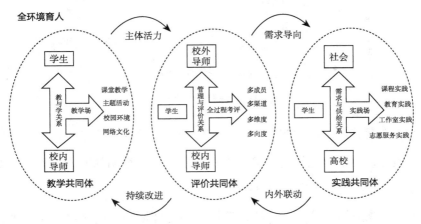

图 13-2 “全环境育人”的教育共同体

其次，通过课堂教学、双导师制度、主题活动、校园环境与网络文化等多样载体丰富师德养成教育的教学内容；通过课程实践、教育实践、工作室实践、社会实践与志愿服务等形式拓宽师范生教育的实践成效。

并且，以全过程考核评价档案的形式，以多渠道考评方式、多维度考评内容、多向度考评反馈完善师范生教育考评机制，监督幼儿园环境创设教育共同体的全过程持续改进。

（二）"创情境"变革内容与资源

结合本专业独创的幼儿园沉浸式学习课堂模式，在环境创设上强调幼儿学习经验的全局性、教育系统的生态性以及环境创设的多维性，将幼儿园环境创设带入创新的沉浸式视角，创设情境将学生引领到未来的工作场景中。

课程结合教育部发布的《学前教育专业师范生教师职业能力标准（试行）》文件指标，罗列出本课程涉及的职业能力标准，帮助学前教育专业师范生培养自己的职业能力，做好职业规划，为自己的专业发展赋能。课程内容分为理论素养篇、实践能力篇、综合运用篇三大模块（如图13-3所示）。

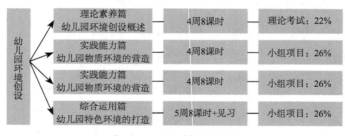

图 13-3　课程模块结构图

①理论素养篇：通过解读幼儿园环境创设相关的理论基础与沉浸式学习的前沿理念，帮助学生构建环境创设的理论框架，指明幼儿园工作需要具备的职业素养，以拓宽学生的理论视野。

②实践能力篇：从幼儿园物质环境、心理环境与时间环境创设三方面出发，帮助学生理解沉浸式学习体验中的交互作用，通过案例分析与项目实操

提升幼儿园环境创设的实践能力。

③综合运用篇：基于幼儿园环境创设的现实问题，帮助学生综合运用理论素养篇与实践能力篇所学的知识，思考幼儿园特色环境与主题环境的创设。通过已有的沉浸式学习环境创设案例，深入理解沉浸式学习理念。

（三）"破困境"变革方式与任务

本课程除涵盖幼儿园环境创设的基本理论与实务原则之外，同时结合过去在课堂教学及指导学生参与项目任务操作的实例，提供"真题真做"的"困境"，引导学生带着问题学习。运用CDIO模式开展项目式教学，每项工作任务按照"构思—设计—实现—运行"开展，详列如何在课堂上进行初步构思，课后完成设计草图或方案，到幼儿园实施与测试，最终再回到课堂进行反思、总结与修缮的步骤，以培养学生的实践思辨能力。此过程中共进行了三项任务，层层递进。

任务一：改造物质环境——室内外环境规划

任务二：改善心理环境——亲子游园会活动

任务三：协助环境创设——入园跟岗实践

（四）"养心境"变革思想与信念

参与课程实践项目活动后，学生在校内的经验分享会上，纷纷表达了真诚的感动和热切的教育情怀。有的学生从所帮扶的儿童脸上专注的笑容获得了助人的快乐；有的学生看到了孩子从活动中展现出的对知识的渴望及努力完成任务时的满足，体认到自己付出的意义与价值；更有些学生体会到不同环境下的孩子对待同一件事会有很多不同的表现。学生们通过实践项目，都衷心希望教育系统能够更加完善，给予孩子们更好的成长环境。

（五）"跨时境"变革考核与评价

1. 全过程考评档案

以发展性综合考评为原则，建立以超星学习通为支撑的教学过程记录与评价系统，对学生参与课堂表现、学习情况等情况进行全方位的记录与考核。可在每学期期初就将每节课的得分点告知学生（如表 13-1 所示），帮助学生建立成长型思维，"跨时境"记录学生在环境创设课程中的成长。

表 13-1　课程教学计划与得分点

课次	课程主题	教材章节	类型	考核项目	得分点
【理论素养篇】幼儿园环境创设的概述					22
1	1. 基于生态系统的环境观	第一章　基于生态系统的环境观	理论	章节测试	4
2	2. 幼儿园环境、资源与文化	第二章　幼儿园环境、资源与文化	理论	章节测试	3
3	3. 幼儿园环境创设的基本原则	第三章　幼儿园环境创设的基本原则	理论	课堂笔试	4
4	4. 幼儿园环境创设评价与研究	/	理论	课堂笔试	1+10
【实践能力篇】幼儿园物质环境的营造					26
5	5. 幼儿园班级环境创设	第四章　幼儿园班级环境创设	理论	章节测试	3
6	6. 幼儿园公共环境创设	第五章　幼儿园楼宇公共环境创设	实践	章节测试	4
7	7. 幼儿园户外环境创设	第六章　幼儿园户外环境创设	理论	章节测试	3
8	小组汇报：物质环境改造方案	/	实践	小组项目	1+15
【实践能力篇】幼儿园心理环境的创设					26
9	8. 幼儿园心理环境的创设	第七章　幼儿园精神环境的营造	理论	章节测试	3
10	9. 满足教师的需要	/	实践	章节测试	4
11	10. 满足家长的需要	/	理论	章节测试	3
12	小组汇报：心理环境改造方案	/	实践	小组项目	1+15
【综合运用篇】幼儿园特色环境的打造					26
13	11. 幼儿园特色环境的打造	第八章　幼儿园特色环境的打造	实践	章节测试	3
14	主题环创设计与制作		实践		1
15	主题环创设计与制作		实践		1
16	期末成果展	/	实践		1+20
满分					100

2. 多成员考评主体

每个项目都采用多成员参与考核，评价主体包括校外指导老师、校内指导老师、组外同学和组内成员（如表13-2所示），能更全面地评价学生的表现。并且可设计项目指导手册发放给学生的指导老师（具体手册内容可参照"附录"），使项目能够更好地推进。

表13-2 实践项目的成绩构成表

成绩构成	评分内容	对象	评分人
项目实践40%	校外指导教师在每阶段实践完成后，根据《入园跟岗实践项目实践活动评分标准》进行评分	个人	校外指导老师
课堂汇报30%	校内指导教师在课堂汇报结束后，根据《入园跟岗实践项目课堂汇报评分标准》进行评分	小组	校内指导老师
同伴互评20%	每组汇报后发放《入园跟岗实践项目同伴互评量表》在线问卷，在现场进行评价与反馈	小组	组外同学
组内自评10%	每组汇报后填写《入园跟岗实践项目小组自评问卷》，完成组内反思与自评	个人	组内成员

为了方便校外指导老师进行评分，以提高评分效率，可将学生成绩以在线表格的形式发送，请校外指导老师直接根据维度打分（如表13-3所示）。

表13-3 入园跟岗实践项目实践活动评分表（校外指导老师）

序号	负责班级	小组长	指导老师姓名	学号	姓名	环境制作 优秀：50 良好：40 改进：30	团队写作 优秀：20 良好：16 改进：12	知识运用 优秀：15 良好：12 改进：9	创意创新 优秀：15 良好：12 改进：9	总分
1				1929360147	吴可欣	40	20	12	12	84
2				1929360144	吴广奕	40	20	12	12	84
3	小一班	王晓静	黄晶	1929360150	周丹妮	40	20	12	12	84
4				1929360145	王晓静	40	20	12	12	84
5				1929360149	王文静	40	20	12	12	84
6				1929360141	颜淇杭	50	20	15	12	97
7				1929360117	李娟	50	20	15	12	97
8	小二班	李娟	吴婷婷	1929360130	熊洁	50	20	15	12	97
9				1929360132	林冰	50	20	15	12	97
10				1925400219	刘家辉	50	20	15	12	97
11				1929360159	范伶颖	50	20	13	13	97
12				1929360158	何琦暄	50	20	13	13	97
13	小三班	魏昱容	林星	1929360156	魏昱容	50	20	13	13	97
14				1929360155	张宝文	50	20	13	13	97
15				1929360114	林昕怡	50	20	13	13	97
16				1929360131	韦彦羽	40	20	12	12	84
17				1929360116	蔡忆瑶	40	20	12	12	84
18	中一班	黄昱	陈静	1929360118	潘日琳	40	20	12	12	84
19				1929360119	黄昱	40	20	12	12	84
20				1929360115	陈嘉颖	40	20	12	12	84

3. 多维度考评内容

在评价内容上既有幼儿园环境创设的学科理论知识，又有教学技能，更有师德行为表现，以考查学生的核心素养。在实践项目中，设计了一块自评内容，不是以定量评分表来进行自评，而是以"发现优势""持续改进""见贤思齐""收获成长"等维度来进行反思（如图 13-4 所示），考查学生的反思和学习能力，其目的是引导学生认识到评价不是为了打分，而是为了改进。

入园跟岗实践项目组内自评问卷

反思复盘者：　　　　　　　　　　　　　　　　　　　　日期：

自评等级	☐ 非常满意：项目的完成情况与小组配合非常好，超出预期 ☐ 比较满意：项目完成情况与小组配合良好，符合预期 ☐ 需要改进：项目完成情况不够理想，有很多需要改进的
发现优势	你认为本次项目开展中好的方面有哪些？
持续改进	你认为本次项目开展中不足之处有哪些？可以如何改进？
见贤思齐	你认为本组内表现最好的同学是谁？为什么？
收获成长	你在这个项目中的收获和感悟有哪些？

恭喜你顺利完成本次小组项目！继续努力哦！

图 13-4　实践项目自评问卷

4. 多渠道考评方式

充分发挥超星学习通的强大功能,将定性考核与定量考核相结合,将过程性评价与终结性评价相结合,综合各活动情况进行考评,杜绝"唯分数论"。在学习通讨论区发起贴近生活的讨论话题,帮助学生认识到自身的学习环境创设也要好好创设,以及针对讨论区的"灌水"问题及时提出指正,建立良好的学习风气(如图 13-5 所示)。

2021-09-15 12:24
首讲 你有没有爱不释手的学习工具?向大家推荐一下吧!
工欲善其事,必先利其器!我会在这里不定期更新日常爱用的学习工具,大家也可以推荐你们喜欢的工具哦!

0 13

陈璐 首讲
2021-09-15 20:24

笔(任何笔都可以),读书的时候手里拿着笔,一个是可以随时记、写,另一个是拿着笔会更有读书感觉,而且不会手里空空想文总是这里摸摸那里动动
ps:本人比较喜欢纸质等有实感的东西,所以可能对于有些人来说会不太方便

回复 陈璐:纸质会让人更专注 也是一个很好的选择 2021-09-16 00:37

2021-09-17 18:57
请大家注意 ⚠ 讨论不是留言
请大家注意,讨论区不是留言板,注重的是对话,大家不能只是在这里表达自己的观点,要去浏览、理解别人的观点,如果观点相同,可以表示赞同;如果观点相左,可以讨论;如果观点有遗漏,可以继续补充……这样才能突显讨论区的作用,不要再出现把别人的话换个语序说出来的现象啦!

0 5

图 13-5 "超星学习通"讨论区截图

三、意义何在:融情于"境",赋能于"心"

在"全环境育人"体系的推动下,高校与学校、区域的需求联系,紧密结合当地学前教育发展的需要,透过解决学前班在课程、师资与环境创设等方面的难点,形成学前教育专业"两化"教学改革模式("两化"即"工作课程化"与"课程工作化",如图 13-6 所示)。

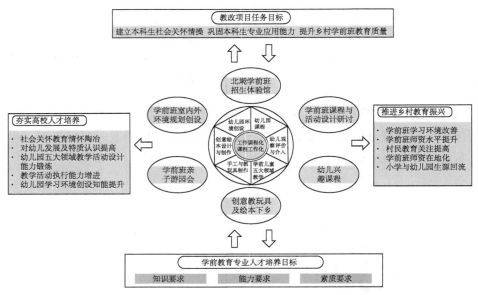

图 13-6 学前教育专业"两化"教学改革模式

本课程以助力乡村学前班优化等实践项目为核心，使学生亲身体验如何发挥专业知识和技能扶持弱势地区的幼儿教育。学生透过下乡实际接触贫困乡村的幼儿、家长和学校状况，深入了解当地教育资源匮乏、教室环境简陋、师资人才短缺难寻、家长教养观念闭塞落后等具体问题，体认到乡村学前班迫切的教育需要，对弱势地区的幼儿和教育现状产生真诚的关注和责任感。

这样的学习，正符合学前教育专业人才培养中"师德为先"的课程目标，发挥课程思政潜移默化的功效，激发学生关怀幼儿、智力扶贫教育情怀，引导学生坚定教育信念、守护教育理想，为"教育之心"赋能，成为未来的"大国良师"。

参考文献

［1］（意）蒙台梭利:《蒙台梭利教育法》，霍力岩等译，北京：中国人民大学出版社，2008 年。

［2］（美）安·巴伯:《幼儿园创造性游戏：环境创设与活动指导》，王连江译，北京：中国轻工业出版社，2017 年。

［3］刘婧月:《儿童视角下的幼儿园班级区域环境创设研究——基于马赛克方法》，长春师范大学硕士学位论文，2021 年。

［4］张唯:《由"景"入"境"——幼儿园"支持性"环境创设的探索》，《早期教育》（教育教学），2021 年第 7 期。

［5］陈玮:《践行"儿童视角"下的幼儿园环境创设》，《早期教育》（教育教学），2019 年第 12 期。

［6］陈鹤琴:《陈鹤琴文集》，南京：江苏教育出版社，2007 年。

［7］秦旭芳、陶媛媛:《科学活动中心理环境创设的探析——教师视野中幼儿园心理环境的创设》，《第五届沈阳科学学术年会论文集》，2008 年。

［8］凌莉:《儿童视角下的幼儿园墙面环境创设满意度的探究》，福建师范大学硕士学位论文，2020 年。

［9］彭玲玲:《让家长成为幼儿园环境创设的亲密合作伙伴》，《江苏省教育学会 2006 年年会论文集》（综合一专辑），2006 年。

［10］Edwards C, Gandini L, Forman G: *The Hundred Languages of Children: The Reggio Emilia Experience in Transformation (3rd ed.)*, Santa Barbara, CA:

Prager Press, 2012.

[11] Gartrell D: *A Guidance Approach for the Encouraging Classroom*（*4th Ed.*）, New York: Thompson Delmar Learning, 2007.

[12] Kemple K M, Jalongo M R: *Let's be Friends: Peer Competence and Social Inclusion in Early Childhood Programs*, Teachers College Press, 2004: 30-54.

[13] Keung C P, Fung C K: Pursuing Quality Learning Experiences for Young Children Through Learning in Play: How do Children Perceive Play? https://www.tandfonline.com/doi/full/10.1080/03004430.2019.1633313?scroll=top&needAccess=true, 2022-03-14.

[14] The Organisation for Economic Co-operation and Development（OECD）: TALIS - The OECD Teaching and Learning International Survey, https://www.oecd.org/education/talis/, 2022-03-14.

[15] Piaget J: The Theory of Stages in Cognitive Development, New York: W. W. Norton & Co, 1971.

[16] Riedman S: Environments that Inspire, National Association for the Education of Young Children，2005,5: 48-55.

[17] Shaari M, Ahmad S S: Physical Learning Environment: Impact on Children School Readiness in Malaysian Preschools, Social and Behavioral Sciences, 2016（222）: 9-18.

[18] 王富荣:《幼儿园班级环境创设的研究》, 福建师范大学硕士学位论文, 2016 年。

[19] 黄锦琪:《"背离" 与 "回归" ——儿童文化视角下幼儿园班级环境创设的问题及反思》, 湖南师范大学硕士学位论文, 2020 年。

[20] 鲁晶:《我国幼儿园环境创设的问题及几点创新的思考》,《科教导刊》, 2012 年第 32 期。

［21］杨文：《当前幼儿园环境创设存在的问题及解决对策》，《学前教育研究》，2011 年第 7 期。

［22］袁爱玲、廖莉：《幼儿园环境创设：理论与实操》，上海：华东师范大学出版社，2017 年。

［23］陈秀云、陈一飞：《陈鹤琴文集》，南京：江苏教育出版社，2007 年。

［24］吴晶、管迎香、陈巍：《学以成童：陈鹤琴"活教育"思想的再发现——以新时代幼儿教师专业发展要求为视角》，《陕西学前师范学院学报》，2021 年第 5 期。

［25］唐淑：《童心拓荒——现代儿童教育家陈鹤琴》，南京：南京大学出版社，2001 年。

［26］虞永平：《中国幼儿教育科学化的先锋——陈鹤琴——纪念陈鹤琴先生诞辰 120 周年》，《幼儿教育：教育教学》，2012 年第 4 期。

［27］何洁：《陈鹤琴儿童玩具思想研究》，南京师范大学硕士学位论文，2015 年。

［28］姜珊珊、李敏、张文莉：《学前教育专业本科"活课程"设置初探——基于陈鹤琴"活教育"思想实践》，《陕西学前师范学院学报》，2021 年第 5 期。

［29］郭亨贞：《蒙台梭利方法中的环境要素分析——以及对我国儿童教育的启示》，《社会科学论坛》（学术研究卷），2005 年第 5 期。

［30］（意）蒙台梭利：《蒙台梭利早期教育法全书》，万信琼译，北京：中国发展出版社，2004 年。

［31］丁毅：《借鉴蒙台梭利环境观　创设良好儿童心理环境》，《科学咨询》，2018 年第 24 期。

［32］（美）卡洛琳·爱德华兹、（美）莱拉·甘第尼、（美）乔治·福尔曼：《儿童的一百种语言：转型时期的瑞吉欧·艾米利亚经验》，尹坚勤、王坚红、沈尹婧译，南京：南京师范大学出版社，2014 年。

［33］汤志民:《幼儿园环境创设指导与实例》,上海:华东师范大学出版社, 2013 年。

［34］徐铷忆、陈卫东、郑思思等:《境身合一:沉浸式体验的内涵建构,实现机制与教育应用——兼论 AI+ 沉浸式学习的新场域》,《远程教育杂志》,2021 年第 1 期。

［35］郑秋贤:《"冲破坚冰"——三位浸入式教师成长的故事》,华东师范大学博士学位论文,2003 年。

［36］杨凯、刘津池:《教联网时代的学习新模式及教学应对——沉浸式学习》,《吉林省教育学院学报》,2021 年第 1 期。

［37］(美)米哈里·契克森米哈赖:《心流:最优体验心理学》,张定绮译,北京:中信出版社,2017 年。

［38］王鹏杰:《幼儿园语言领域课程游戏化研究》,北华大学硕士学位论文, 2020 年。

［39］Jackson S A, Marsh H W: Development and Validation of a Scale to Measure Optimal Experience: The Flow State Scale, Journal of Sport & Exercise Psychology, 1996, 18(1).

［40］Wertsch J V: The Zone of Proximal Development: Some Conceptual Issues, New Directions for Child & Adolescent Development, 2010(23).

［41］万中:《基于鹰架理论的幼儿园故事教学策略研究》,四川师范大学硕士学位论文,2014 年。

［42］王叶:《混龄班与同龄班幼儿助人行为表现的比较研究》,华中师范大学硕士学位论文,2018 年。

［43］王晓彦:《浅谈幼儿园环境材料创设的适宜.适度.适量》,《科幻画报》, 2020 年第 7 期。

［44］文菊香:《加强幼儿园环境创设 发挥环境的育人功能》,《学周刊》,2021 年第 25 期。

［45］何茜：《基于鹰架理论的幼儿园扎染教学策略》，《早期教育》（美术版），2019 年第 10 期。

［46］胡少慧：《生态教育背景下幼儿园环境创设的原则》，国家教师科研专项基金科研成果 2019（六），2019 年，第 209-210 页。

［47］俞悦：《通过 STEAM 教育活动促进幼儿自主学习发展的行动研究》，上海师范大学硕士学位论文，2020 年。

［48］袁爱玲、廖莉：《幼儿园环境创设：理论与实操》，上海：华东师范大学出版社，2017 年。

［49］刘焱、何梦燚：《幼儿园教育环境创设》，北京：高等教育出版社，2014 年。

［50］Anna V, Fisher: *Visual Environment, Attention Allocation, and Learning in Young Children*, Psychological Science, 2014.

［51］Fisher A V, Godwin K E, Seltman H: Visual Environment, Attention Allocation, and Learning in Young Children: When too much of a Good Thing may be Bad, Psychological Science, 2014, 25(7): 1362-1370.

［52］Clinton J, Callaghan K, Baird L, et al: Think, Feel, Act: Lessons from Research about Young Children, Ontario Public Service Research Brief, 2013.

［53］Ontario Public Service: The Kindergarten Program, Ontario，Canada: The Service Ontario, https://files.ontario.ca/books/kindergarten-program-en.pdf, 2022-03-14.

［54］Tarr P: Aesthetic Codes in Early Childhood Classrooms: What art Educators can Learn from Reggio Emilia, Art Education, 2001, 54(3): 33-39.

［55］Debbie M. Reggio Emilia Classroom. Pinterest，2021. https：//www.pinterest.com/pin/490822059393531261/, 2022-03-14.

［56］Victoria State Department of Education and Training: Victorian Early

Years Learning Children and Development Framework, East Melbourne, Victoria: The Department of Education and Training（Victoria）, https：//www.education.vic.gov.au/Documents/childhood/providers/edcare/veyldframework.pdf, 2022-03-14.

［57］Vygotsky L S: *Mind in Society: Development of Higher Psychological Processes*, London：Harvard University Press, 1978.

［58］教育部:《幼儿园管理条例》, http：//www.moe.gov.cn/srcsite/A02/s5911/moe_621/201511/t20151119_220030.html, 1989-09-11.

［59］教育部:《幼儿园教育指导纲要（试行）》, http：//www.moe.gov.cn/jyb_sjzl/moe_364/moe_302/moe_309/tnull_1506.html, 2001-07-02.

［60］教育部:《幼儿园教师专业标准（试行）》, http：//www.moe.gov.cn/srcsite/A10/s6991/201209/t20120913_145603.html, 2012-09-13.

［61］教育部:《3-6 岁儿童学习与发展指南》, http：//www.moe.gov.cn/srcsite/A06/s3327/201210/t20121009_143254.html, 2012-10-09.

［62］教育部:《学前教育专业师范生教师职业能力标准（试行）》, http：//www.moe.gov.cn/srcsite/A10/s6991/202104/t20210412_525943.html, 2021-04-05.

［63］中华人民共和国住房和城乡建设部:《托儿所、幼儿园建筑设计规 范（JGJ39-2016）》, http://www.mohurd.gov.cn/wjfb/201605/t20160517_227480.html, 2016-04-20.

［64］中华人民共和国建设部:《城市幼儿园建筑面积定额（试行）》, https://www.csdp.edu.cn/article/587.html, 2015-09-09.

［65］汤志民:《幼儿园环境创设指导与实例》, 上海：华东师范大学出版社, 2013 年。

［66］袁爱玲、廖莉:《幼儿园环境创设：理论与实操》, 上海：华东师范大学出版社, 2017 年。

［67］崔岚、许批:《孩子眼前一面墙:图解幼儿园班级主题墙的虚与实》,上海:华东师范大学出版社,2018 年。

［68］赖佳媛、姚孔嘉:《幼儿园环境装饰设计与制作》,广州:新世纪出版社,1998 年。

［69］陈飞:《"勇气圈"模型对幼儿园班级环境创设的启示》,《家教世界》,2017 年第 12 期。

［70］安瑞:《2 ~ 3 岁儿童行为问题与家庭心理环境的相关研究》,陕西师范大学硕士学位论文,2008 年。

［71］丁毅:《借鉴蒙台梭利环境观 创设良好儿童心理环境》,《科学咨询》,2018 年第 24 期。

［72］方芳:《幼儿教师创设宽松语言交往心理环境的策略研究》,哈尔滨师范大学硕士学位论文,2017 年。

［73］胡春雁:《家庭环境创建与儿童健全人格塑造》,华中师范大学硕士学位论文,2006 年。

［74］皇甫佳珍:《幼儿教师区域环境创设能力的现状研究》,内蒙古师范大学硕士学位论文,2019 年。

［75］蒋晨:《幼儿园支持性环境的创设》,《学前教育研究》,2013 年第 2 期。

［76］刘艳:《幼儿园教师专业成长中"高原现象"研究》,浙江师范大学硕士学位论文,2011 年。

［77］盛群力、孙爱萍:《交往与合作——儿童幸福成长的心理环境》,《幼儿教育》,2003 年第 3 期。

［78］朱汉英:《改善教育态度给幼儿创设良好心理环境》,《学前教育研究》,2000 年第 6 期。

［79］蔡春美、洪福财主编:《幼儿行为观察与记录》,上海:华东师范大学出版社,2012 年。

［80］（美）朱莉·布拉德:《0-8 岁儿童学习环境创设》,陈妃燕、彭楚芸译,

南京：南京师范大学出版社，2014年。

［81］霍力岩、房阳洋、孙蓓蓓：《美国学前教育项目质量评价：内容、特点与启示》，《教育理论与实践》，2016年第5期。

［82］西尔玛·哈姆斯、理查德·M·克利福德、戴比·克莱尔：《幼儿学习环境评量表》，上海：华东师范大学出版社，2015年。

［83］李克建、胡碧颖、潘懿等：《美国＜幼儿学习环境评价量表（修订版）＞之中国文化适宜性探索》，《幼儿教育》（教育科学），2014年第11期。

［84］林耿芬：《基于ECERS-R测评工具的幼儿园班级学习环境创设的行动研究》，广西师范大学硕士学位论文，2017年。

［85］刘海丹、梁入文、周兢：《让每位幼儿都享有优质教育——＜早期学习环境评量表＞的背景、结构和启示》，《外国教育研究》，2020年第11期。

［86］史瑾：《幼儿园物质环境质量评价工具述评——以美国ECERS-R和中国KEQRS-2为例》，《幼儿100》（教师版），2019年第12期。

［87］魏婷：《如何支持幼儿教师评估与提升幼儿园教育质量——基于＜幼儿学习环境评量表（ECERS）＞的考察》，《陕西学前师范学院学报》，2021年第7期。

［88］蔡春美、洪福财、邱琼慧等：《幼儿行为观察与记录》，上海：华东师范大学出版社，2012年。

［89］李晓巍：《幼儿行为观察与案例》，上海：华东师范大学出版社，2016年。

附　录

2021-2022学年第一学期

幼儿园环境创设

入园跟岗实践
项目指导手册

2021年10月

目 录

入园跟岗实践项目简介

入园跟岗实践是师范生培养专业能力的重要方式之一，在跟岗实践中，学生可以在校外指导老师的指导下完成幼儿教师岗位中的真实工作任务。因此，本项目以入园跟岗实践为主线，分为"协助环境创设"与"自主环境创设"两个阶段，旨在帮助学生实现从辅助工作到独立工作的转变。主要目标与要求如下：

一、项目目标

（1）了解幼儿园物质环境创设的主要面向，掌握幼儿园环境创设的主要方法，能够协助园方完成班级环境、公共环境与户外环境等内容的创设。

（2）小组成员在校内外老师的指导下，根据幼儿园的实际情况与需求，独立完成一个幼儿园环境创设项目。

二、主要任务

（1）跟岗实践：在第一阶段"协助环境创设"中入园协助园方完成班级环境、公共环境与户外环境等物质环境的创设；在第二阶段"自主环境创设"中根据园方提出的需求与实际情况，自主设计并实施幼儿园环境创设方案。

（2）课堂汇报：准备两次小组汇报内容，制作小组汇报幻灯片，每次汇报每组限时 5 分钟，汇报人数、形式不限。第一阶段主要汇报协助环境创设过程中活动开展情况、活动成果与活动反思；第二阶段主要汇报自主环境创设过程中的设计思路、实施情况与活动反思。

（3）材料提交：根据项目要求提交相关文档与课堂汇报等材料。

三、项目要求

1. 校内指导老师

在学生入园前向学生明确具体的项目内容与要求，在学生入园过程中指导学生完成项目任务，入园后以课堂交流、研讨等方式收取反馈信息，帮助学生总结与分析，切实提高学生入园跟岗活动的效益。

2. 校外指导老师

指导学生完成幼儿园环境创设的工作，提供学生需要的信息和材料，强化学生幼儿园环境创设的先进理念，丰富学生的感性经验。

3. 跟岗学生守则

（1）明确项目任务，严格按照项目要求积极主动、全面完成各项见任务。

（2）虚心接受学校、幼儿园双方指导教师的指导，尊重幼儿园的教职员工。

（3）严格遵守学校和幼儿园的各项规章制度，不迟到，不早退，离园、离校必须请假，在活动中应特别注意来园离园的交通安全和幼儿安全，自觉维护公共卫生和秩序，爱护幼儿园各种设施，不随便使用幼儿活动器械。

（4）在幼儿活动期间不得使用手机、娱乐工具等，不穿高跟鞋、超短裙以及其他奇装异服，不佩戴耳环等装饰物，注意仪表整洁、大方，为人师表。

四、评价方式

本项目总分为 100 分，成绩构成与主要评分内容如下：

成绩构成	评分内容	对象	评分人
项目实践 40%	校外指导教师在每阶段实践完成后，根据《入园跟岗实践项目实践活动评分标准》进行评分	个人	校外指导老师
课堂汇报 30%	校内指导教师在课堂汇报结束后，根据《入园跟岗实践项目课堂汇报评分标准》进行评分	小组	校内指导老师
同伴互评 20%	每组汇报后发放《入园跟岗实践项目同伴互评评量表》在线问卷，在现场进行评价与反馈	小组	组外同学
组内自评 10%	每组汇报后填写《入园跟岗实践项目小组自评问卷》，完成组内反思与自评	个人	组内成员

入园跟岗实践项目流程表

阶段	流程	活动内容与注意事项	时间
第一阶段 协助环境创设	确定分组	在教师指导下根据园方需求进行分组，填写分组情况在线文档	10 月 27 日
	项目开展	依据项目要求入园开展协助幼儿园环境创设的活动。校外指导老师在第三次活动后进行评分	11 月 9 日至 11 月 23 日
	课堂汇报	在汇报之前提前布置好环境，提前调试多媒体设备，汇报时全程摄像，以利于评价与改进。在汇报后根据评分标准与评量表进行教师评价、同伴评价（在线问卷）与项目复盘（在线问卷）	12 月 1 日
	提交材料	提交本小组的项目材料电子版，包含方案 word 文档和汇报 PPT，打包为一份压缩文件，以"入园跟岗项目＋第一阶段＋组别＋日期"命名，发送至邮箱 254325195@qq.com	课堂汇报后 一周内
	教师总评	校内指导教师根据现场评价材料与小组提交的材料进行成绩汇总	提交材料后一 周内
第二阶段 自主环境创设	项目开展	依据项目要求入园开展自主创设幼儿园环境的活动。校外指导老师在第三次活动后进行评分	12 月 7 日至 12 月 21 日
	课堂汇报	在汇报之前提前布置好环境，提前调试多媒体设备，汇报时全程摄像，以利于评价与改进。在汇报后根据评分标准与评量表进行教师评价、同伴评价（在线问卷）与项目复盘（在线问卷）	12 月 28 日
	提交材料	提交本小组的项目材料电子版，包含方案 word 文档和汇报 PPT，打包为一份压缩文件，以"入园跟岗项目＋第一阶段＋组别＋日期"命名，发送至邮箱 254325195@qq.com	课堂汇报后 一周内
	教师总评	校内指导教师根据现场评价材料与小组提交的材料进行成绩汇总	提交材料后一 周内

入园跟岗实践项目实践活动（第一阶段）评分标准

园所：　　　　　评分人：　　　　　　　　　　　日期：

序号	学号	姓名	环创制作（50%）	团队协作（20%）	知识运用（15%）	创意创新（15%）	总分
1			□优秀：50 □良好：40 □改进：30	□优秀：20 □良好：16 □改进：12	□优秀：15 □良好：12 □改进：9	□优秀：15 □良好：12 □改进：9	
2			□优秀：50 □良好：40 □改进：30	□优秀：20 □良好：16 □改进：12	□优秀：15 □良好：12 □改进：9	□优秀：15 □良好：12 □改进：9	
3			□优秀：50 □良好：40 □改进：30	□优秀：20 □良好：16 □改进：12	□优秀：15 □良好：12 □改进：9	□优秀：15 □良好：12 □改进：9	
4			□优秀：50 □良好：40 □改进：30	□优秀：20 □良好：16 □改进：12	□优秀：15 □良好：12 □改进：9	□优秀：15 □良好：12 □改进：9	
5			□优秀：50 □良好：40 □改进：30	□优秀：20 □良好：16 □改进：12	□优秀：15 □良好：12 □改进：9	□优秀：15 □良好：12 □改进：9	
参考指标			【优秀】动手能力强，环创材料制作效果好，任务完成情况优异，超出园方期望 【良好】动手能力较强，基本完成任务，完成情况较好 【需要改进】完成情况有待提高，需要改进才能投入使用	【优秀】能够积极与园方积极沟通，和同学积极配合，协同各方完成任务 【良好】能够较好地与园方沟通、与同学配合 【需要改进】没有与园方进行良好沟通，合作能力需提升	【优秀】能够体现较高的理论素养，环创内容具有较高的教育价值 【良好】活动过程中能够体现一定的理论素养 【需要改进】理论素养不足，知识储备有待提升	【优秀】能够发挥创意，不局限于园方的要求，进行独特有效的设计 【良好】有一定的创新能力，环创制作较为新颖 【需要改进】创新能力不足，照搬现有设计	

入园跟岗实践项目实践活动（第二阶段）评分标准

园所：　　　　　　评分人：　　　　　　　　　　　　　　　日期：

序号	学号	姓名	环创设计（50%）	环创制作（20%）	团队协作（15%）	创意创新（15%）	总分
1			□优秀：50 □良好：40 □改进：30	□优秀：20 □良好：16 □改进：12	□优秀：15 □良好：12 □改进：9	□优秀：15 □良好：12 □改进：9	
2			□优秀：50 □良好：40 □改进：30	□优秀：20 □良好：16 □改进：12	□优秀：15 □良好：12 □改进：9	□优秀：15 □良好：12 □改进：9	
3			□优秀：50 □良好：40 □改进：30	□优秀：20 □良好：16 □改进：12	□优秀：15 □良好：12 □改进：9	□优秀：15 □良好：12 □改进：9	
4			□优秀：50 □良好：40 □改进：30	□优秀：20 □良好：16 □改进：12	□优秀：15 □良好：12 □改进：9	□优秀：15 □良好：12 □改进：9	
5			□优秀：50 □良好：40 □改进：30	□优秀：20 □良好：16 □改进：12	□优秀：15 □良好：12 □改进：9	□优秀：15 □良好：12 □改进：9	
参考指标			【优秀】能够根据园方的实际情况与需求、运用理论知识进行环创设计，实施情况优秀 【良好】能够基本满足园方提出的需求，方案设计较合理 【需要改进】方案设计没有满足园方需求，无法在实践中实施或实施效果不佳	【优秀】动手能力强，环创材料制作效果好，任务完成情况优异，超出园方期望 【良好】动手能力较强，基本完成任务，完成情况较好 【需要改进】完成情况有待提高，需要改进才能投入使用	【优秀】能够积极与园方积极沟通、和同学配合，协同各方完成任务 【良好】能够较好地与园方沟通、与同学配合 【需要改进】没有与园方进行良好沟通，合作能力需提升	【优秀】能够发挥创意，不局限于园方的要求，进行独特有效的设计 【良好】有一定的创新能力，环创制作较为新颖 【需要改进】创新能力不足，照搬现有设计	

303

入园跟岗实践项目（第一阶段）课堂汇报评分标准

班级与组别：　　　　　　　　　　　　　　　日期：

评价维度	定义	优秀（100%）	良好（80%）	需要改进（60%）	得分	备注
动手能力（30%）	能够明确园方交办的环境创设任务，积极完成任务，制作效果好，获得园方的认可，并投入到实际使用中	能够基于科学的环境观完成园方交办的任务，动手能力强，完成效果好，制作成果超出园方预期	基本完成园方交办的任务，动手能力较强，完成效果较好。稍加调试即可在实际的工作场景中使用	没有顺利完成园方交办的任务，完成情况一般，效果较不理想，无法在实际的工作场景中使用	□ 优秀：30 □ 良好：24 □ 改进：18	
表达能力（20%）	通过语言、文字、图片、音乐、视频、表情和动作等形式清晰明确地表达自己的想法和意图，并善于让他人理解、体会和掌握	现场汇报时能够简明扼要地介绍方案内容，表达清晰流畅；能够结合多种形式辅助表达；对理论知识、概念的运用无误，可信程度高	现场汇报时比较简明扼要、全面，表达有一定的流畅性，合理运用一种以上的形式表达，可信程度比较高	现场汇报时对方案介绍得不清楚、不全面，没有借助多种形式进行表达，表达的让人怀疑	□ 优秀：20 □ 良好：16 □ 改进：14	
知识运用（20%）	运用幼儿园环境创设的相关理论知识和实务知识分析问题和解决问题的能力	正确运用幼儿园环境创设的相关理论与实务知识对项目提出的任务进行分析与阐释，并提出适用于幼儿园实际工作场景的解决策略	汇报内容能够结合相关理论知识进行一定的分析、评价，能够提出比较合理的问题解决办法	汇报内容没有结合相关理论知识进行合宜的分析与评价，没有提出有效解决问题的策略	□ 优秀：20 □ 良好：16 □ 改进：14	
合作能力（15%）	具有集体意识和团队精神，成员之间在开展任务中表现出协作能力、沟通能力等	重视团队任务，能够充分同组员进行分工合作，十分懂得合作技巧，有很好的沟通能力	比较重视团队任务，能够与组员进行分工合作，比较懂得合作技巧，具有一定的沟通能力	对团队任务漠不关心，不能同组员进行合作，合作技巧十分薄弱，几乎很少同其他人进行沟通	□ 优秀：15 □ 良好：12 □ 改进：9	
创意创新（15%）	充分发挥主观能动性，积极调动智力和非智力因素进行创造性思维的能力	汇报内容新颖、有趣，呈现方式独特，有新意	汇报内容比较新颖，呈现方式比较有新意	汇报内容中规中矩，呈现方式普通	□ 优秀：15 □ 良好：12 □ 改进：9	
总分（满分100分）						

入园跟岗实践项目（第二阶段）课堂汇报评分标准

班级与组别：　　　　　　　　　　　　　　　日期：

评价维度	定义	优秀（100%）	良好（80%）	需要改进（60%）	得分	备注
方案设计（30%）	明确幼儿园环境创设的主要内容，能够统筹考虑幼儿园的物质环境、心理环境和时间环境，从科学的教育观和环境观出发进行方案设计	能够基于科学的环境观设计幼儿园的物质环境、心理环境与时间环境等内容，方案考虑周全，满足幼儿、教师和家长的需求，适宜本地文化	对幼儿园物质环境、心理环境与时间环境有一定的认知，能够提出较为全面，且具有实操意义的方案	对幼儿园物质环境、心理环境与时间环境没有基本的认知，提出的方案不够全面，不切合幼儿园实际	□ 优秀：30 □ 良好：24 □ 改进：18	
表达能力（20%）	通过语言、文字、图片、音乐、视频、表情和动作等形式清晰明确地表达自己的想法和意图，并善于让他人理解、体会和掌握	现场汇报时能够简明扼要地介绍方案内容，表达清晰流畅；能够结合多种形式辅助表达；对理论知识、概念的运用无误，可信程度高	现场汇报时比较简明扼要、全面，表达有一定的流畅性，合理运用一种以上的形式表达，可信程度比较高	现场汇报时对方案介绍得不清楚、不全面，没有借助多种形式进行表达，表达的让人怀疑	□ 优秀：20 □ 良好：16 □ 改进：14	
知识运用（20%）	运用幼儿园环境创设的相关理论知识和实务知识分析问题和解决问题的能力	正确运用幼儿园环境创设的相关理论与实务知识对项目提出的任务进行分析与阐释，并提出适用于幼儿园实际工作场景的解决策略	汇报内容能够结合相关理论知识进行一定的分析、评价，能够提出比较合理的问题解决办法	汇报内容没有结合相关理论知识进行合宜的分析与评价，没有提出有效解决问题的策略	□ 优秀：20 □ 良好：16 □ 改进：14	
合作能力（15%）	具有集体意识和团队精神，成员之间在开展任务中表现出协作能力、沟通能力等	重视团队任务，能够充分同组员进行分工合作，十分懂得合作技巧，有很好的沟通能力	比较重视团队任务，能够与组员进行分工合作，比较懂得合作技巧，具有一定的沟通能力	对团队任务漠不关心，不能组员进行合作，合作技巧十分薄弱，几乎很少同其他人进行沟通	□ 优秀：15 □ 良好：12 □ 改进：9	
创意创新（15%）	充分发挥主观能动性，积极调动智力和非智力因素进行创造性思维的能力	汇报内容新颖、有趣，呈现方式独特，有新意	汇报内容比较新颖，呈现方式比较有新意	汇报内容中规中矩，呈现方式普通	□ 优秀：15 □ 良好：12 □ 改进：9	
总分（满分100分）						

入园跟岗实践项目同伴评量表

下面是关于刚刚进行展示的小组的一些描述，请你给他们打个分吧！

评分维度	非常赞同	比较赞同	一般	比较反对	非常反对
他们对环境创设的把握很到位	20	18	16	14	12
小组成员之间能够很好地配合	20	18	16	14	12
他们的讲解清楚，我全听明白了	20	18	16	14	12
他们对知识的运用准确	20	18	16	14	12
他们的汇报很有创意	20	18	16	14	12
谁的汇报让你印象深刻?为什么?					
我想对他们提出的改进建议					
总分（满分100分）					

谢谢你的评价！你的分数对大家来说很重要哦！

入园跟岗实践项目组内自评问卷

反思复盘者：   日期：

自评等级	□ 非常满意：项目的完成情况与小组配合非常好，超出预期 □ 比较满意：项目完成情况与小组配合良好，符合预期 □ 需要改进：项目完成情况不够理想，有很多地方需要改进的
发现优势	你认为本次项目开展中好的方面有哪些？
持续改进	你认为本次项目开展中不足之处有哪些？可以如何改进？
见贤思齐	你认为本组内表现最好的同学是谁？为什么？
收获成长	你在这个项目中的收获和感悟有哪些？

恭喜你顺利完成本次小组项目！继续努力哦！